大阪食文化大全

浪速魚菜の会

笹井良隆 編著
Sasai Yoshitaka

西日本出版社

〇〇一

昆《こ》布《ぶ》舟《ぶね》鯛《たい》蕪《かぶら》。大阪好みの真《ま》昆布を舟に見立て、鯛のあらと相性のよい蕪（天王寺蕪）を合わせた料理。鯛をすべて使いきる「始末の心」が感じられる大阪料理。

明治〜大正時代（一八六八〜一九二六年）に使われていた靭《うつぼ》の海産物問屋（生魚を除く塩干物や昆布、鰹節など）や雑喉場《ざこば》の生魚商の引き札（チラシ）。（図版：大阪市中央卸売市場本場資料室所蔵、左下は酒井亮介氏所蔵）

き
生魚問屋
大阪ざこば
小泉國次郎
電話長土佐堀七八番
振替大阪三六五二番

萬青物問屋
大坂天満市場
幸三商店

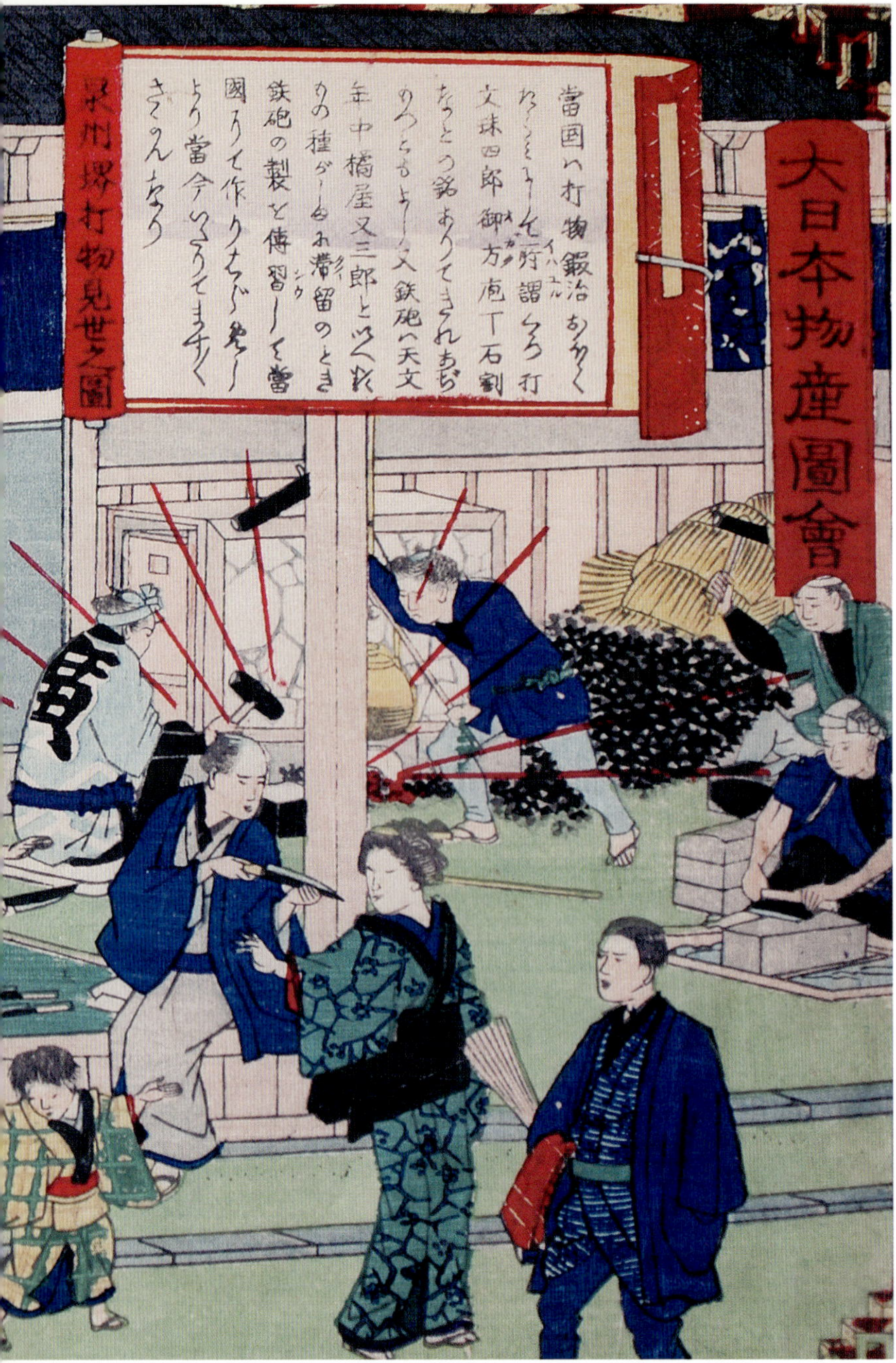

『大日本物産図会』「堺包丁」（三代広重 画）。第一回の内国勧業博覧会が明治十（一八七七）年に東京上野公園で開催された。この図会はそれにちなんで出版されたものとされる。日本全国の物産が紹介され大阪では堺の包丁のほかに河内の木綿などが掲載されている。（図版資料提供：ケンショク「食」資料室）

泉
帳箱

船場《せんば》料理

「これが船場料理、というものがあるわけではありません」。船場料理研究家の近江晴子《おうみはるこ》氏はよくそう言われる。土佐堀川・長堀川・東横堀側・西横堀川の、四つの堀川に囲まれた船場が大阪の商業の中心地であった。このことから船場の食生活が大阪商人の食生活を象徴するものとなり、船場料理という言葉が生まれたのかもしれない。船場料理といえば塩鯖を余すことなく使う「船場汁《せんばじる》」が有名だが、それだけではない。他にも船場でよく食べられてきたであろうものを、明治時代（一八六八～一九一二年）の「大阪のおかず」から選んでみた。

昆布の一種である「あらめ」を使った料理「めえ」。

大阪しろ菜と油揚げを炊き合わせた料理。

鰻の頭と焼き豆腐に難波葱《なんばねぎ》を合わせた料理「半助豆腐」。

夏の定番であった太刀魚《たちうお》の塩焼きと淀川の鼈甲蜆《べっこうしじみ》の鰹まぶし。

祇園坊（干し柿）を使った膾《なます》料理。

鱧皮と毛馬胡瓜のざくざく。

鱧のすり流し料理（すすり鱠《なます》）。

鱧ちりと水茄子漬け。

鱧の子を使ったご飯。

白天と素麺の汁椀。

『浪花自慢名物尽』（長谷川貞信 画）。天保年間《てんぽう》（一八三〇～四四年）ころに描かれた大坂名物を集めた錦絵。木津で有名であった人参や雑喉場《ざこば》の生魚商の櫻鯛なども紹介されている。（図版資料提供：ケンショク「食」資料室）

大阪食文化大全　目次

大阪食文化資料雑記 二九五

【巻頭言】

食い倒れと大阪

「京の着倒れ、大阪の食い倒れ」といわれる。

くいだおれ人形で有名であった、道頓堀《どうとんぼり》「くいだおれ」の創業者・山田六郎氏が自店名を「くいだおれ」とした時、親類縁者から「食べ物商売で、くいだおれとは何ごとか。食って倒れる。食中毒のようで縁起が悪い。すぐに改名するように」と迫られたという。けれども山田六郎氏は頑として譲らなかった。じつは、それには理由があった。くいだおれの創業者は、このユニークな店名を付けるにあたり、『元禄曽我物語』（元禄《げんろく》十五〈一七〇二〉年刊）からヒントを得ていたというのだ。

元禄《げんろく》時代（一六八八〜一七〇四年）に都《みやこ》の錦《にしき》が書いたこの物語には、京都人と大坂人の気質が巧みに書き記されている。料亭「浮瀬《うかむせ》」研究の第一人者である平松弘之氏によると、それは『元禄曽我物語』の「難波《なにわ》なる 咲梅《うめさく》津国色所《つくにいろどころ》 伏見の船に花のあらそひ」の段に見ることができるという。

京都の人と大坂の人が伏見船で郷土自慢をはじめる。

京都人 「大坂は水が悪くて（京のような）染物ができない。晒《さら》しの帷子《かたびら》も大坂では一度水に入れてしまえば玉子色になり、二度洗えば鼠色《ねずみいろ》になるそうだな」

大坂人 「いくら京の水をほめても、（大坂にあって）京にはないものが多い。京には（大坂のように）ぴちぴちとはねる鯛はないだろ」

京都人 「それをいうなら、では（大坂に）京のような糸織物はあるのか」

大坂人　「(京には)すっぽん料理てなものはないだろ」
京都人　「くくし染め、鹿子染めなどの技は都ならではのもの」
大坂人　「都といっても、天王寺蕪《てんのうじかぶら》や浮瀬亭《うかむせてい》はないだろ」

このようなやりとりを聞いて、郷土自慢を京の者が衣類をもって、大坂の者が食物をもってするところから「まことに京は着て果て、大坂は食うて果てるとかや」と都の錦は述懐している。

では、こうした大坂人の気質は、いつごろから、クローズアップされるようになったのだろうか。『近世「食い倒れ」考』の著者である渡邊忠司氏によると、大坂の食い倒れが全国に轟くようになった時期というのが、北前船[1]などに利用された西廻り航路[2]を河村瑞賢《かわむらずいけん》が整備した直後の一七世紀後半にあたっているという。一七世紀後半は、北国や全国の産物が日本海を渡って大坂に集中した時期である。このあたりから大坂の勢いは、京を凌駕するようになり、整備された流通を基盤に、商業が発展していった。よく指摘されるように、こうした流通ルートの整備がもたらした影響は大きなものがあった。しかし、それ以上に、初代淀屋常安《よどやじょうあん》、二代目个庵《こあん》[3]らによって早期に形づくられた青物、魚、米といった市場と、それにまつわる大坂的な市場システムにこそ注目すべきだと思う。

大坂市場が全国諸大名にとっての中央市場となり、加賀の前田家の蔵屋敷を皮切りに諸藩の蔵屋敷が立ち並び、市場流通に長《た》けた大坂商人のなかからは、蔵元業務を代行する町人蔵元が出現し、次々と流通ルートの拡大などを図っていった。まさに食と商が表裏一体となったパワーが、大坂に「諸国の台所」を形成させ、「食い倒れ」をブランド化させたといえよう。

全国の食の拠点であり、食の情報発信地である大阪。そこには全国から様々な人と食材が集まってくる。こうした食の嗜好《しこう》が異なる人達に対して、誰もが満足できる味を提供するにはどうすればいいのか。試行錯誤の末に生まれたのが、大阪料理研究家である上野修三氏が指摘する「喰《く》い味」である。甘《あま》すぎず辛《から》すぎず、濃《こ》過ぎず淡《うす》(薄)すぎない。

より多くの人達が「旨《うま》い」と思って食べることができる味わい。それが「浪速《なにわ》の喰《く》い味」であった。全国から集められる食材を使って「喰《く》い味」で料理する大阪。それが現在の日本料理の味の礎《いしずえ》になっているといっても過言ではないだろう。

また商人の町・大阪では、食が商内《あきない》[4]に取り込まれることで、独自の発展を遂げていったことも見逃すことはできない。

大阪の商内《あきない》慣習といったものに、いかに食が入り込んでいるか。元来、大阪における商内《あきない》は口約束が原則であった。いわゆる手付金というものは意味をなさなかったし、それを嫌うのが大阪だった。大事なのは、その人の信用に基づいた口約束であった。商談がまとまれば茶屋や料理屋で飲食を共にし、最後に手合《てあわせ》(手打ち酒)を行う。

また、大阪の料理はよく「始末の料理だ」といわれる。この始末の精神というのは、大阪商人の気質に相通ずるものである。

「始末」とは、始めと末(終)わりを意味する。つまり物事の辻褄《つじつま》がきちんと合っていること、算盤《そろばん》勘定ができていることである。

いくら安く買った魚でも食べられないところがあったり、腐らせてしまったのでは、大阪の始末には合わない。それよりも値段は高くともすべて食べ尽くせる鯛を買う方が、始末の精神に適《かな》っているのである。食材すべてを、無駄なく使い切ってこその大阪料理である。

では、大阪人は遊ぶことなくずっと働いてきたのかといえばそうではない。大阪商人の間では、昔から「なまけ者の節句働き」と、よく言われる。どういう意味かというと、「大阪人たるもの、始末を旨として質素な暮らしをしているが、常に倹約ばかりではない。お祭りの時など遊ぶときには大いに遊び、場合によっては大きな散財もする。これぞ大阪人」であって、日ごろ怠けている奴が、節句の休みの時になって一生懸命働く姿など、けなしこそすれ誉められたものではないというわけだ。

　仕事や生活のなかに、始末と散財を使い分けながら人生を送っていく。これは商内《あきない》の町であった大阪が、長い歴史のなかで学んできた知恵であったように思う。食についても同様で、常日頃は質素な「ケ」の食事をしていても、「ハレ」の時は仕出屋《しだしや》を用いたり、今ではあまり見ることがなくなったが、「ハレ(晴れ)着」で料理屋に出かけたりして、大いに食事を楽しむ。そんな大阪人たちが作り上げたのが、「食い倒れの街、大阪」であったのだ。

[1]北前船　日本海航路を渡り、北海道や東北の物資を松前をはじめ、日本海に寄港し、大坂などに輸送した船。明治三〇年代(一八九七〜一九〇六年)に敷かれた鉄道網により衰退し、歴史的役割を終えた。

[2]西廻り航路　当初は山形県の酒田から日本海の湊を経由して、下関から瀬戸内海に入り、大坂へいたる航路。寛文《かんぶん》十二(一六七二)年に幕府の命を受けた河村瑞賢が整備、さらに改良したことで秋田以北に及び、のちに松前(北海道南西部)にいたる。

[3]淀屋常安、淀屋个庵　淀屋の初代淀屋常安(岡本与三郎)は、もとは材木商人で秀吉の大坂町づくりの折に淀川築堤工事に尽力。これを商機とし、大坂三郷の惣年寄ともなり財と権力を手に入れる。大坂城落城後には中之島へと移り、開発工事に取り組む。後半は剃髪し、「常安」と名乗る。その淀屋の二代目が「言當(个庵)」。初代を凌ぐ商才で元和《げんな》二(一六一六)年に京橋で青物市を再開させ、さらに靭《うつぼ》に海産物市場、中之島には米市をひらくなど富を築いた。

[4]商内　商い。昔、商内と書いていた。

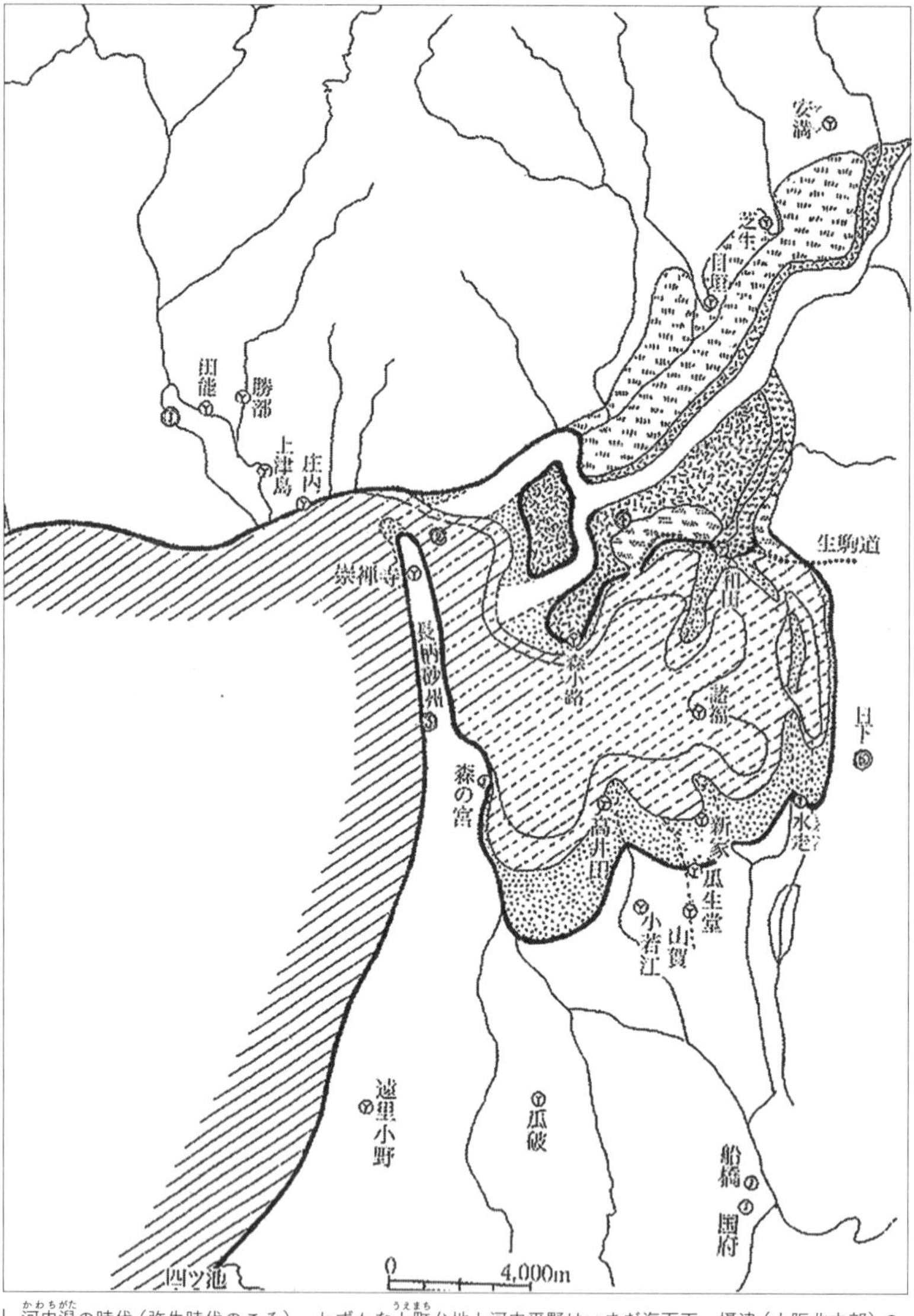

河内潟《かわちがた》の時代（弥生時代のころ）、わずかな上町《うえまち》台地と河内平野はいまだ海面下。摂津（大阪北中部）の部分に淀川が流れ込んでいる。次第に河口の土砂で多くの砂洲ができ、難波八十島《やそしま》といわれるようになり、湾岸部が後退していった。図の最左の斜線部分が埋まり今の大阪湾となる。現在の八尾市から古い水田跡が発見されていることから、大阪における米作は、河内平野のほぼ中央からはじまったとされている。(『大阪府漁業史』より)

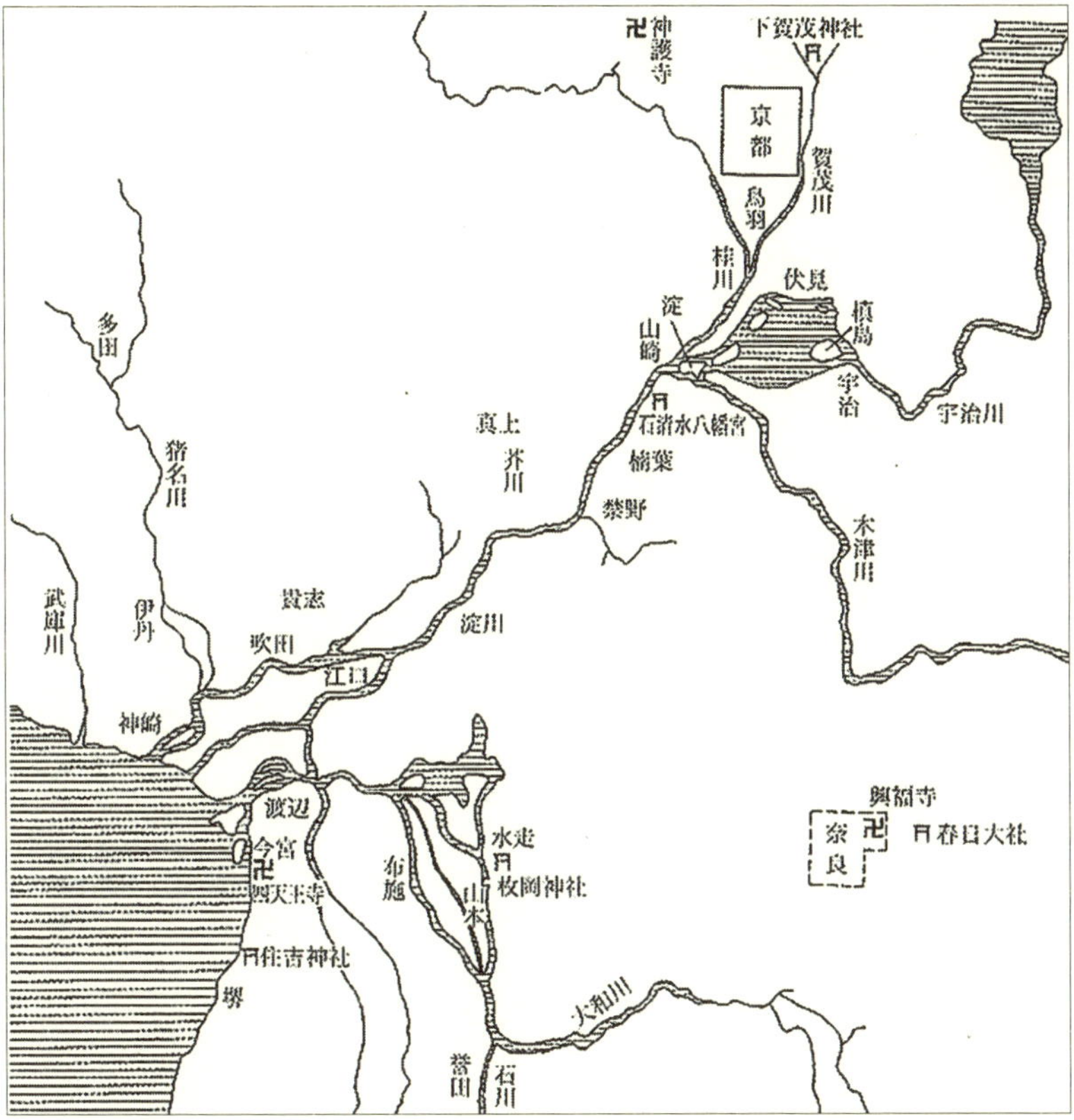

中世の大坂。大坂と京を淀川が結んでいる。大和川はいまだ付け替えがなされていない。たび重なる洪水により宝永《ほうえい》元（一七〇四）年に新大和川が開削され、住吉と堺を分かつこととなる。（『大阪府漁業史』より）

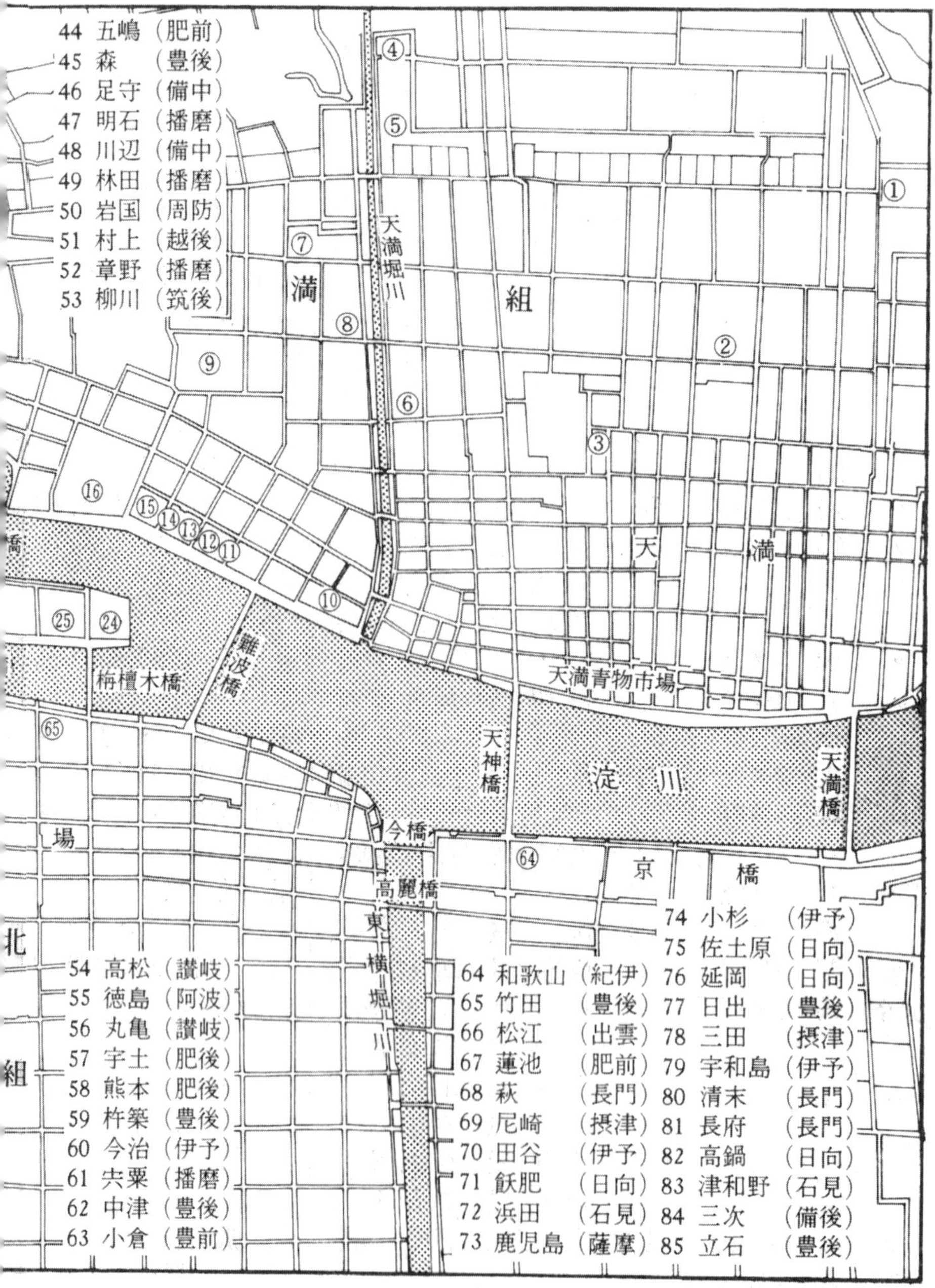

元禄《げんろく》期（一六八八～一七〇四年）における大坂蔵屋敷分布図。元禄期になり、諸藩からの蔵物量は増大。これらの蔵屋敷には蔵米のほか、特産物なども納められていた。図では八十五蔵屋敷となっているが、最大で百三十五もの蔵屋敷があった。（『新修大阪市史』より）

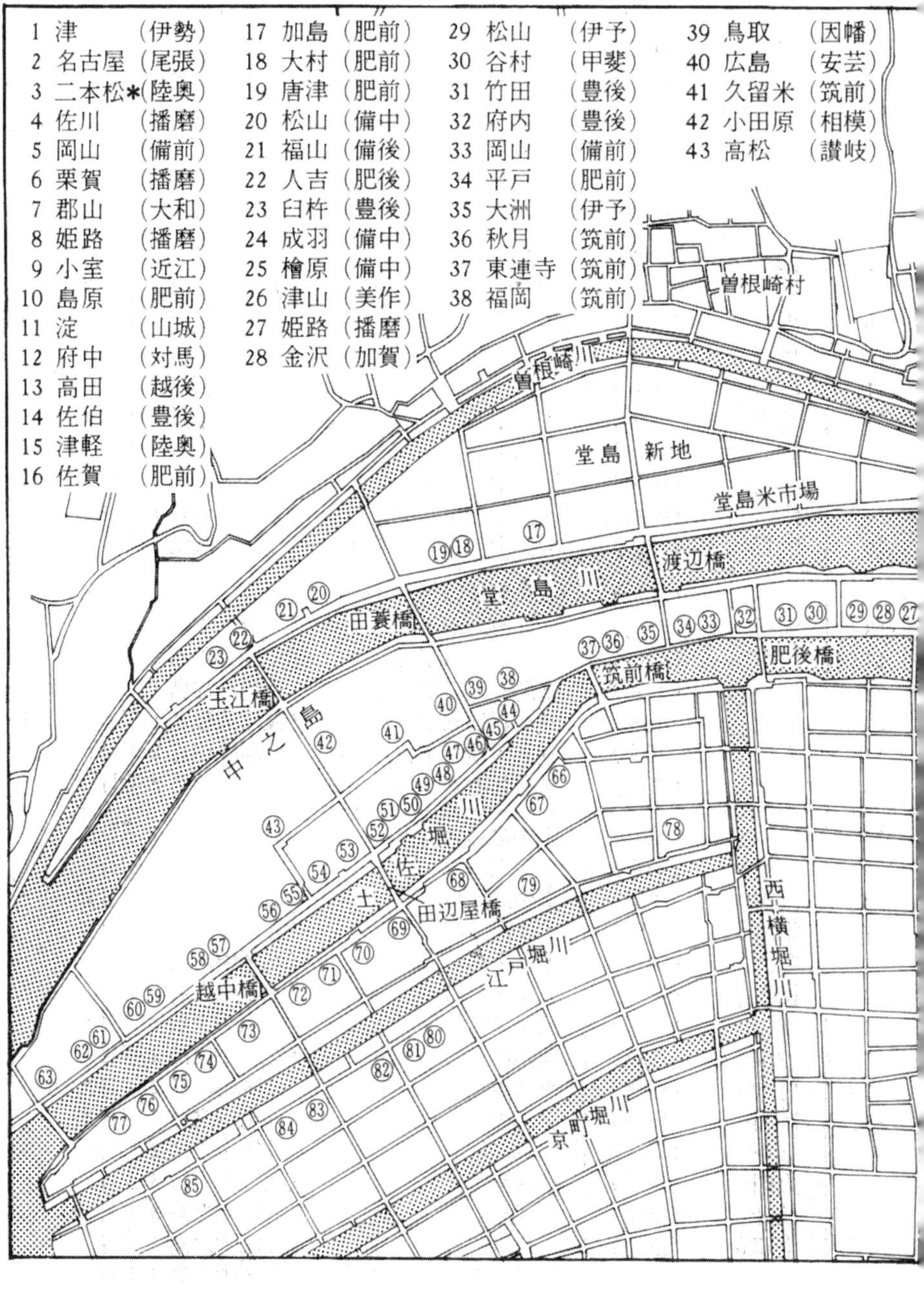

1 津 （伊勢）
2 名古屋（尾張）
3 二本松＊（陸奥）
4 佐川 （播磨）
5 岡山 （備前）
6 栗賀 （播磨）
7 郡山 （大和）
8 姫路 （播磨）
9 小室 （近江）
10 島原 （肥前）
11 淀 （山城）
12 府中 （対馬）
13 高田 （越後）
14 佐伯 （豊後）
15 津軽 （陸奥）
16 佐賀 （肥前）
17 加島（肥前）
18 大村（肥前）
19 唐津（肥前）
20 松山（備中）
21 福山（備後）
22 人吉（肥後）
23 臼杵（豊後）
24 成羽（備中）
25 檜原（備中）
26 津山（美作）
27 姫路（播磨）
28 金沢（加賀）
29 松山 （伊予）
30 谷村 （甲斐）
31 竹田 （豊後）
32 府内 （豊後）
33 岡山 （備前）
34 平戸 （肥前）
35 大洲 （伊予）
36 秋月 （筑前）
37 東連寺（筑前）
38 福岡 （筑前）
39 鳥取 （因幡）
40 広島 （安芸）
41 久留米（筑前）
42 小田原（相模）
43 高松 （讃岐）
曽根崎村
曽根崎川
堂島新地
堂島米市場
渡辺橋
堂島川
田蓑橋
肥後橋
筑前橋
玉江橋
中之島
土佐堀川
田辺屋橋
江戸堀川
越中橋
京町堀川
西横堀川

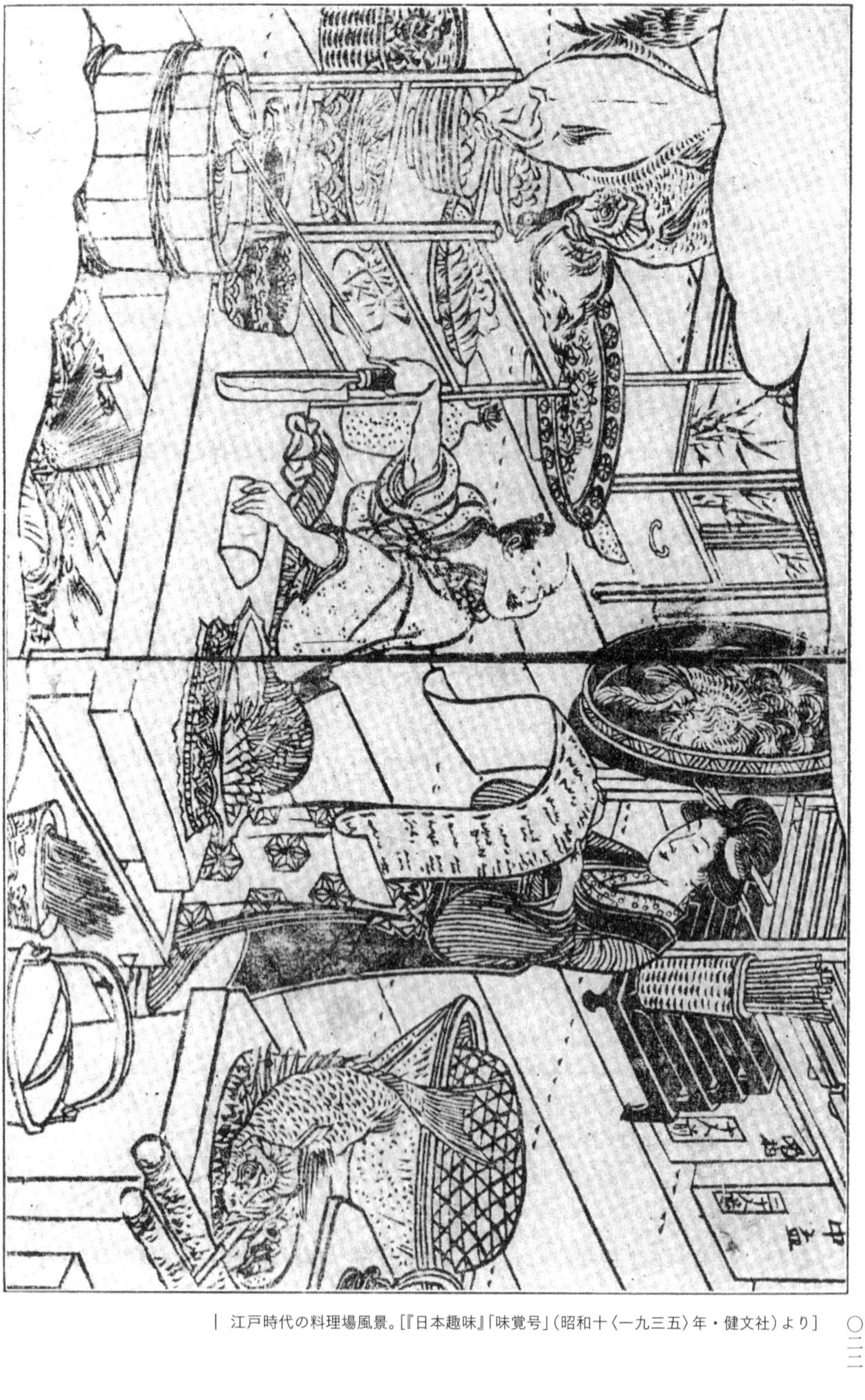

｜江戸時代の料理場風景。[『日本趣味』「味覚号」(昭和十〈一九三五〉年・健文社)より]

第一章 大阪の割烹《かっぽう》と料亭《りょうてい》

弘化《こうか》三（一八四六）年。当時の大坂観光マップ。京からの旅人が降りる八軒《はちけん》家浜船着場いを拠点とした大坂観光、または住吉大社ろから四天王寺は、住吉街道を経て道頓堀《どうとんぼり》に等への各コースが描かれている。料理屋や芝居小屋そして菓子店など、当時の有名店やプレイスポットが紹介されており、四天王寺の下に「ふくや」ほ、その左下に「浮瀬亭《うかむせてい》」へがあるのがわかる。（図版資料提供：大阪市中央卸売市場本場資料室）

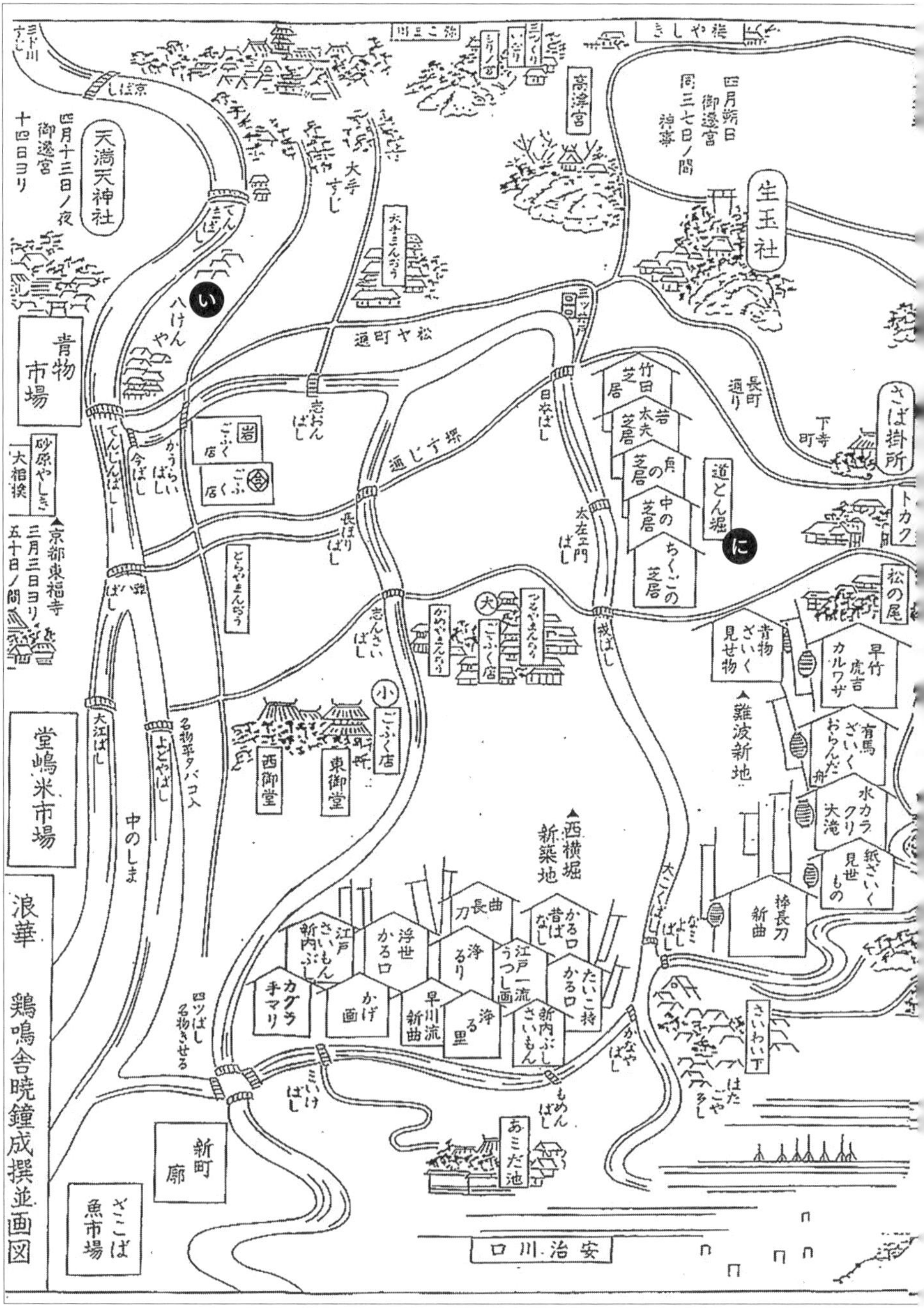

浪華 鶏鳴舎暁鐘成撰並画図
天満天神社
四月十三日ノ夜
御遷宮
十四日ヨリ
青物市場
砂原やしき
大相撲
京都東福寺
三月三日ヨリ
五十日ノ間
堂嶋米市場
ざこば魚市場
新町廓
生玉社
四月朔日
御遷宮
同三十七日ノ間
神事
高津宮
さば掛所
松ヤ町通
堺すじ通
長町通り
下寺町
大手すじ
八けんや
てんまばし
てんじんばし
今ばし
かうらいばし
志おんばし
長ぼりばし
志んさいばし
日なばし
太左ヱ門ばし
戎ばし
大こくばし
なミよしばし
よどやばし
大江ばし
中のしま
四ツばし
名物きせる
名物平タバコ入
きいけばし
もめんばし
かなやばし
道とん堀
竹田芝居
若太夫芝居
角の芝居
中の芝居
ちくごの芝居
松の尾
青物ざいく見せ物
早竹虎吉カルワザ
有馬ざいくおらんだ
水カラクリ大滝
紙ざいく見世もの
棒長刀新曲
難波新地
西横堀新築地
江戸さいもん新内ぶし
浮世かる口
長曲刀
かる口昔ばなし
浄るり
江戸一流うつし画
かる口
たいこ持
カグラ手マリ
かげ画
早川流新曲
浄る里
新内ぶしさいもん
さいわい丁
はたごや多し
あミだ池
安治川口
西御堂
東御堂
ごふく店

『摂津名所図会』に見る雪の「浮瀬亭《うかむせてい》」(元禄期《げんろく》〈一六八八～一七〇四年〉)。現在の四天王寺前夕陽丘にある大阪星光学院辺りに建っていたとされる最古の料亭。大阪星光学院の校内には浮瀬で句会を催した松尾芭蕉と与謝蕪村の句碑が今も残されている。(四〇ページ参照)

三十cm以上もある巨大なアワビの貝殻に細工を施し作られた酒杯(奇杯)。写真は「浮瀬亭」で使用されていた奇杯のひとつではないかとされているもので、京都「角谷《すみや》」が所蔵。これほど巨大なアワビは国内ではとれないことから、堺を通じて海外から持ち込まれたものではないかと推測される。(四〇ページ参照)

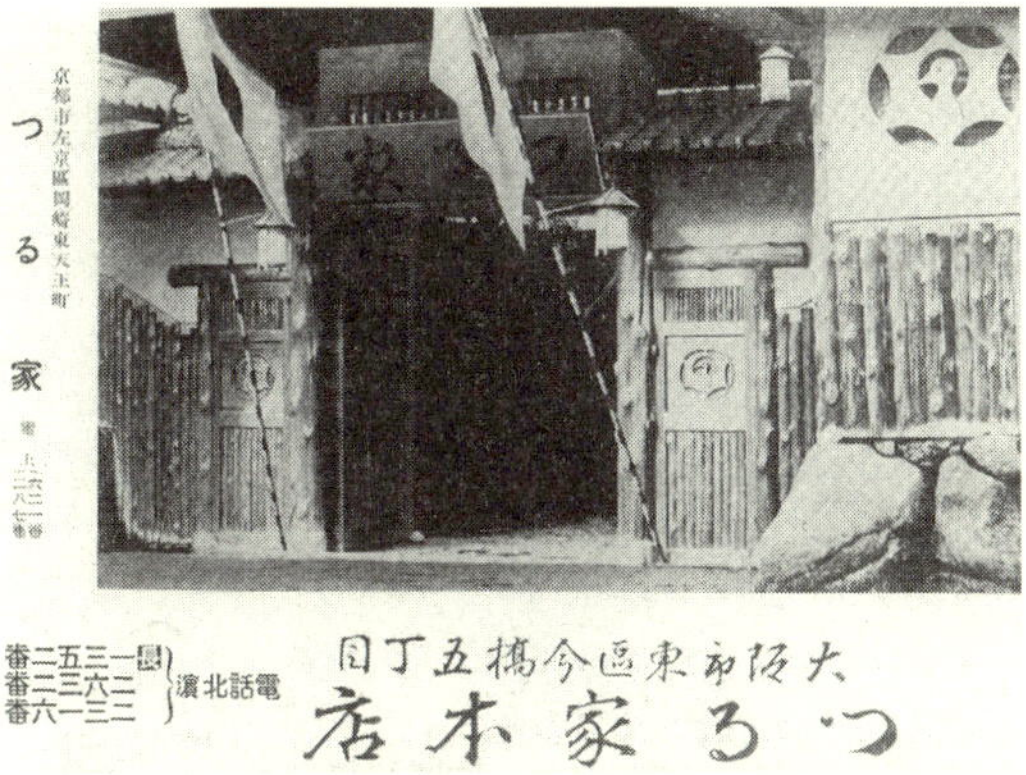

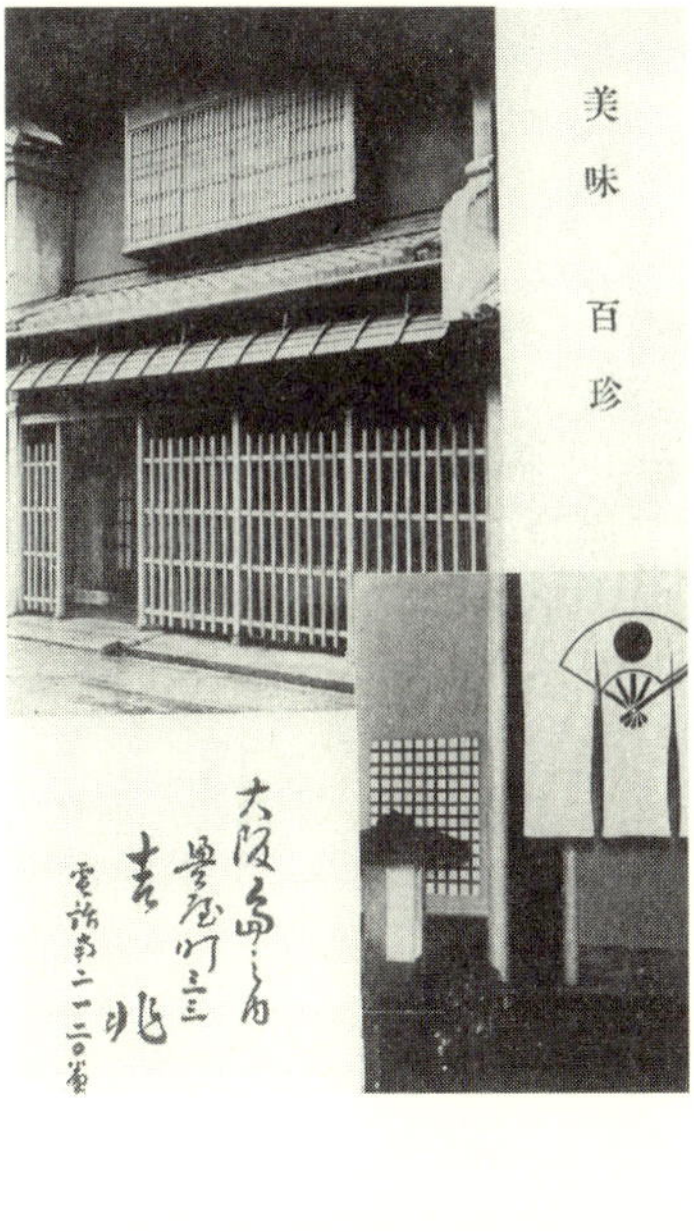

昭和初期の料亭。写真は上から「つる家」本店（大阪今橋）、「播半」（大阪江戸堀）、「吉兆」（畳屋町）。（三五ページ参照）

割烹《かっぽう》

割烹《かっぽう》の発祥地・大阪

国内だけでなく海外でも見かけるようになった割烹《かっぽう》店。店構えは様々だが、大半はいわゆるカウンター割烹と呼ばれるものだ。割烹という料理法、カウンター割烹という飲食スタイル。そのいずれもが、大阪を発祥としていることは意外と知られていない。

明治時代（一八六八～一九一二年）の大阪。料理屋は大きな変革期を迎えていた。中之島の堂島川沿いには洋食の「自由亭」[1]が開業。多くの見物客が押し寄せた。この賑わいとは裏腹に、元禄のころから隆盛を極めてきた新清水の「浮瀬《うかむせ》」、天王寺の「福屋《ふくや》」など（二四ページ地図参照）の料亭が廃れはじめ、生玉《いくたま》にあった「西《さい》照庵《しょうあん》」など（二五ページ地図参照）、大衆が気軽に楽しめる宴会料理屋が次々と開業しはじめた。食のスタイルだけでなく、料理もまた形式的なものが厭《いと》われるよ

祇園・浜作創業当時の写真（昭和二〈一九二七〉年）。包丁をふるう森川栄（写真中央）。（資料提供協力：大阪商工会議所）

うになってきたのだろう。

こうした流れは料理屋だけでなく、大阪市中に数多くあった仕出屋にも影響が及んだものと思われる。さらに大衆は料理屋に軽便性をも求めるようになっていった。小さくてもてっとり早く旨《うま》いものを食べさせてくれる。大阪好みともいえる実質本意の料理屋ができはじめた。

明治時代後半、大阪に既にカウンター割烹の走りともいえそうな腰かけ的な料理屋[2]があったことは、大阪料理研究家の上野修三氏が大阪船場の老舗店として知られる「吉野鮨《よしのずし》」の先代から伝え聞いている。

大正十三（一九二四）年、北浜にあった仕出屋で修行した森川栄氏、塩見安三氏の二人の料理人が、新町に「浜作《はまさく》」を開業した。森川が新鮮な魚介を割《さ》き、塩見が烹《に》方を担当する。また、カウンターを取り巻くように置かれた椅子は、板前の手許《てもと》が覗き込めるように一段高く作られていたという。こうして「浜作」は、華麗な割烹の技をカウンター越しに客に見せる、斬新なスタイルを取り入れたのである。

「浜作」のような割烹店は他にもあったかもしれないが、ここまでカウンターを意識した店はなかっただろう。また、新しい割烹として、料理を食べるだけでなく、観ても楽しんでもらう。そのお得感の高いサービス精神は、いかにも実利の町、大阪らしい発想だといえよう。

割烹店ができるまでの料理は、すべてが仕込み料理、客が来る前に、事前に作っておくという作り置き料理であった。しかし、これでは旨《うま》さのタイミングを逸してしまう。

仕出料理にしても同様で、仕出店で作ったものを料理屋に運んでいた。しかし割烹店ができたことで、料理人が直接料理屋に出向いて、その場で料理して出す「出仕事《でしごと》」も行われるようになった。こうして、食べたいものをその場で注文し、目の前で調理された出来たてを食べることができるようになった。

大阪人は新時代の料理として割烹に大いに注目して

いたようで、「浜作」開業の同年に、大阪ガスは割烹料理にガスは欠かせないものであることをPRする目的から、割烹研究会を開催している。

雑喉場《ざこば》の魚市場をはじめ、長年にわたって魚食文化が培われてきた大阪は、どこよりも魚の味にうるさい土地柄。また昆布を中心にした、独特な出汁《だし》文化を持つ大阪の椀物には、微妙な熱加減が求められる。割烹はまさに、食い倒れの町大阪にふさわしいものとして誕生したのである。

割烹料理と割烹店

割烹は、大阪の新しい家庭料理法として明治初期のころに広まりはじめた。

割烹にはいろんな捉え方があるが、当時は家庭で作ることができる専門料理的な意味合いであった。大阪の食にはハレとケということがよくいわれる。割烹が広まるまでは、大阪のケの料理といえば惣菜であり、ハレの料理とはプロが作る料理で、これを担ってい

相愛女学校、明治四十五（一九一二）年の割烹（料理）実習風景。
（『写真集おおさか百年』〈産経新聞社刊〉より。資料提供協力：大阪商工会議所）

たのが町の仕出屋であった。しかし、「家庭でもハレの料理を作りたい」という子女のニーズから割烹は広まっていった。

同様のことは東京においても起こっていたようで、割烹着の発案者とされる赤堀峯吉氏は、料理教育の重要性を説き、明治十五（一八八二）年に日本橋《にほんばし》に赤堀割烹教場（現・赤堀栄養専門学校）を開いている。さらに商都大阪では東京や京都に先駆け、学校で読み書き算盤だけでなく、割烹も教えていたとされている。

明治後期に大阪に増えはじめた割烹店は、大阪の仕出屋、さらには料亭が培《つちか》ってきたハレの料理文化を引き継ぐものとして誕生したと考えていいのではないだろうか。

船場料理研究家の近江晴子氏によると、船場には家族で楽しめる割烹の名店が多くあったそうだ。ハレの日に家族で出かける料理店には、色板《いろいた》と呼ばれる食材が書かれた板がかけられている。客は自由に様々な食材を選び、好みの料理法で注文できる。まさに割烹店の原点ともいえるものだ。

大正時代（一九一二～二六年）になって大阪に誕生した、本格的なカウンター割烹店も、ハレの料理を出す店ということでは同じだが、客層は家族連れではない。当時のカウンター割烹店の常連客は、一部の食通を自認する富裕層などの客に限られていたのだ。またカウンターというスタイルも、そうした客のニーズに、より応えられるものとしてできたと考えてもいいだろう。

明治三十九（一九〇六）年生まれで、大阪の法善寺「みどり」で真板（料理長）を務めていた西中熊一氏は、自著『板前の気概』のなかで次のように述懐している。

「私が自分で開いた店をカウンター式にしましたのは、お客様の反応が直接にわかり、そのお客様の好みに適した料理ができると思いましたことと、逆にお客様の側から料理が作られるところを見物していただくのも一興と考えたからです」。

お客の好みに適した料理を作る。カウンター越しに食事を楽しんでいただく。それは、ただ客との距離が近いというだけでできるものではない。大阪ならではの客とのかけ合いの妙や、大阪人が得意としてきた「口あい」の魅力のようなものがあってこそ。しかも口あいというのは、ただの洒落や言葉遊びではない。客が投げかけてくる話への機知にとんだ受け応えであり、文化芸能まで、客の話題を当意即妙に料理してみせる。それが大阪のカウンター割烹であったのだ。

　現在でも、とある京都のカウンター割烹店主は、よくこう洩《も》らす。

「カウンター割烹は料理人にとって逃げ場のない舞台、京都人の私にはそこが辛いです」。

　カウンター割烹の真味とは、大阪のハレの味であるだけでなく、大阪人の味でもあるのだ。

大阪の「喰《く》い味」

　全国に普及した大阪を発祥とする割烹料理店。どの地方の割烹店で食べても同じ味なのかといえばそうではない。では、大阪ならではの割烹店の味や魅力はどこにあるのだろう。大阪、東京、京都で比べてみよう。

　まずは地の利から考えてみたい。大阪は海に近く、肥沃な河内《かわち》平野がある。しかも海は内海である瀬戸内海につながっており、多種多様な魚が生息している。淀《よど》川をはじめ多くの河川が土砂を運び、淡路島の西側沖にある「鹿《しか》の瀬《せ》」〔3〕など、魚にとっては最適な産卵場がいくつもある。つまり鯛など白身魚の宝庫といってもいいだろう。

　一方、東京は海に近くても、東京湾を一歩出れば外洋。大阪に比べると漁に恵まれた場所であるとはとてもいえない。関東において、鰹《かつお》や鮪《まぐろ》など赤身魚が好まれてきたというのも、じつはこうした漁場条件が大きく関係している。

　海から離れた京都となると、明治初期のころまでは、生魚ではなく干物魚や川魚の料理が中心であった。これら魚類は福井などから運ばれてきたが、なかには若狭の「ぐじ」（甘鯛）のように、今でも京料理の定番魚になっているものもある。余談だが、若狭《わかさ》で獲《と》れた甘鯛に、一汐《ひとしお》したものをじっくりと焼き上げる料理を「若狭焼き」という。京都の板前の技量は、この若狭焼きで、はかられてきたともいわれている。

食材流通が進んだ現代にあっても、これまでに培われてきたその土地ならではの嗜好《しこう》は、今も残っている。大阪の割烹店の料理における最大の特長とは、地の利を生かした新鮮な瀬戸内の白身魚を割《さ》き、良質な河内平野の野菜を烹《に》るところにあるといえるだろう。しかも大阪では、これらの食材を最上のタイミングで味わえるようにと、カウンター割烹が生み出されたのである。

では次に、味の決め手となる出汁《だし》はどうだろう。出汁《だし》には昆布出汁《だし》、鰹出汁《かつおだし》、昆布と鰹の合せ出汁《だし》があるが、これにも違いがみられる。ご存知のように関東は鰹出汁《だし》文化。もっとも関東で利用されている硬水（カルシウムイオンやマグネシウムイオンが比較的多量に溶けている水）では、昆布から思うように出汁《だし》がとれなかったという事情があったのかもしれない。

また同じ関西でも、京都と大阪では出汁《だし》の在り方が異なっている。たとえば割烹店で使われている昆布。京都では主に利尻昆布が使われるが、大阪では真昆布《まこんぶ》だ。この昆布の用い方の違いは、味に対する嗜好の違いを反映している。つまり大阪は昆布出汁《だし》文化圏なので昆布の出汁《だし》がよく出て、しかも出汁《だし》が濁らない真昆布を使ってきた。

一方、京都では濃厚な昆布味が嫌われ、昆布から真昆布ほどには出汁《だし》が出にくい利尻昆布を用いてきたのである。

合せ出汁《だし》について、京都の「浜作」現主人は次のように語っている。

「大阪では真昆布と鰹の合わせ比率は半々、けど京都になると、昆布は利尻で鰹との比率は三対七位の割合になります」。

京が食材の味を引き立てる淡味とするなら、大阪割烹の味とは深い昆布の味わいが食材の旨《うま》さをさらに補い、強い余韻として残る味わい。これが昔からいわれてきた、「京の持ち味、浪速《なにわ》の喰《く》い味」なのである。割烹店は全国にあるかもしれないが、地の利を生かした食材と昆布出汁《だし》のきいた深みのある味わい。これが楽しめるのは、大阪の割烹店ならではなのである。

江戸のイキ、浪速のスイ

大阪の割烹を語る時に、大阪の客とその気質を語らないわけにはいかないだろう。おおよそ大阪で名店といわれてきた料理屋の主人は、口を揃えて「店を育ててくれたのは客である」といい切る。

「江戸のイキ（意気）、大阪のスイ（粋）」とはよくいわれることだが、東京の客は、料理が口に合わなくても文句をいわず、そして二度とは行かない。このようになんともさっぱりした江戸に比べ、大阪の客と料理屋の関係はそうではなかった。自分が納得できなければ、料理ひとつにしても純粋に突き詰めるのが大阪人の気質。こうした客の小言を聞き続けた店が、名店として磨かれ残ってきたのだ。

もちろんこうした気質は料理だけではなく、近松の

カウンター割烹店が数多く店を出した新町。桜の季節の美しい新町の街並み（大正後期）がわかる。
（『写真集なにわ今昔』〈毎日新聞社刊〉より。資料提供協力：大阪商工会議所）

『曽根崎心中』や『心中天網島』といった作品などにもみることができる。コッテリした男女関係をさらに突き詰めて最期は心中にまで至るというスイが大阪ではうけるのである。

大阪では料理屋で出されたものに文句もいわずに食べ、ただ散財することは通ではないのである。大阪における食通とは、上手に遊び食べて、生かして金を使い、その金が次の肥やしになるようにもする。通はもちろん味にも厳しい。江戸の料理屋「八百善《やおぜん》」[4]のエピソードと同じではないが、大阪の通人のなかにも、造り身に移った包丁の金気《かなけ》のにおいを嗅《か》ぎ分けた人もいた。時には料理人を他店へ連れていき、味の勉強をさせてやるという通人もいたようだ。

商人の町である大阪では、商談を決める大事な時には料理屋が使われていた。座敷という密室で商談を行い、話が決まると、「ここらで手を打ちまひょか」と大阪手打ち[5]をする。それを合図に仲居が座敷に料理を運ぶ。商人にとっての料理屋とは、自分の味の好みはもちろんのこと、お得意先の好みをも熟知し、共に接待してくれるビジネスパートナーでなければならなかった。カウンター割烹の料理人もまた、客の好みを熟知した料理を提供することが求められた。

客の目前で新鮮な魚を割《さ》き、烹《た》きたて出来たての温かい旬菜をその場で塩梅《あんばい》（調味）して出す。カウンター割烹の濫觴《らんしょう》[6]は、大正時代（一九一二～二六年）にできた新町の「浜作」より早く、明治時代（一八六八～一九一二年）に遡《さかのぼ》ることになるだろうが、急速に市内に増えたのはやはり昭和に入ってからのことである。

戦前の大阪と料理屋

昭和という時代（一九二六～一九八九年）の大阪の料理屋を語るとすれば、どうしても最初に触れておかなければならない店がある。それが「つる家《や》」と「吉兆《きっちょう》」である。（二七ページ写真参照）

「つる家」の創業者である出崎鶴吉氏は、十一歳で北新地の鰻屋で、その後は江戸堀にあった料亭「槌《つち》」

田《だ》」で修行を重ねた。「槌田」には政財界の常連客が多かったが、誰もが鶴吉の料理に魅せられた。

　独立を決意した鶴吉は、贔屓筋《ひいきすじ》から金を借り受け、北浜五丁目に「つる家」を開業。鯛の頭の山椒焼きを店の名物としながらも、残った鯛のアラを店先で売った。後に、鶴吉は京都にも出店。大阪ならではの始末を旨とした料理を各地に広めることとなった。

　「吉兆」の創業者である湯木貞一氏もまた料理屋の板場から独立。昭和五（一九三〇）年、湯木氏が数えで三十歳の時に、大阪の新町に暖簾《のれん》をあげたのがはじまりである。間口が二メートルに満たない小さなこの店は、当初は鯛茶漬を食べさせるいわば専門料理店であった。けれど、江戸時代後期の大名茶人として知られる松平不昧《まつだいらふまい》公の「茶会記」[7]を読み、茶道に傾倒するようになった湯木氏は、季節感と茶心をふんだんに盛り込んだ、独特な日本料理を志向するようになっていった。

　じつはこれが昭和初期の、時代を先取るひとつのスタイルでもあったと思われる。というのは、大阪の商家は大事な商談を料理屋で行い、一般の催事は自宅でもてなし、その際の料理はすべて仕出屋が担っていた。しかし、大正から昭和に移り、商家は企業となり、取引先が増加していく。もはや自宅での接待が難しくなり、外になじみの料理屋を定め、利用するようになった。「なだ萬」「堺卯《さかう》」「丸水」などの仕出屋が、このようなニーズを受けて料亭や料理屋へと移り変わっていったのもこの時期だ。

　もちろん接待に使われたのは、大きな料理屋ばかりではない。島之内のころの「吉兆」をはじめ、樋之上町の「いせ半」、心斎橋の「つる源」、今橋の「いせや」など、専門店的ながらもこだわりの日本料理を出す料理屋が、次々と誕生してきたのである。しかも大きな料理屋と勝負するためには板前の包丁さばきに加えて、茶趣味など接待に使っていただけるにふさわしい文化度の高さも要求されたことだろう。まさにその先端を走っていたのが「吉兆」だったのではなかろうか。

大阪の料理屋の接待風景。(『実記百年の大阪』〈読売新聞大阪本社社会部著、朋興社刊〉より。資料提供協力：大阪商工会議所)

「吉兆」は昭和十二（一九三七）年に新町から畳屋町へ店を移すが、その後に戦争勃発。配給制の時代に、料理屋はどこも営業ができなくなっていったが、「吉兆」など数軒の営業は許可されている。

戦後の大阪と割烹

第二次世界大戦によって焼き払われたものは人家だけではなかった。日本料理の発信地であった大阪の様々な食文化も消滅してしまった。

戦前、大阪には座敷を中心とした、料亭風の一見《いちげん》お断りの日本料理屋が多くあった。宗右衛門町《そうえもんちょう》にあった「濱作《はまさく》」[8]もそのひとつだ。新町から森川栄氏は京都へ、塩見安三氏は東京へと移った「浜作」だが、同じ包丁兄弟のひとり池畑氏は大阪に留まって「濱作」を開いた。だが、ミナミの料亭「大和屋」にほど近いこの店も戦争で失われてしまった。しつらえにこだわった日本料理店が、戦後になって蘇ることは、皆無に等しかったであろう。もっぱら商用に使われてきたこれらの店

新町にあった「浜作」の料理人と包丁兄弟であった池畑氏が開業した「濱作」。
大和屋と同じ宗右衛門町にあったとされる。

が大阪からなくなり、贔屓《ひいき》筋は京都のお茶屋などに、ずいぶん流れたともいわれている。

こうした料理屋とは反対に、戦後の焼け跡から次々とできてきたのが割烹店であった。ミナミでは泉南で獲《と》れた菱蟹《ひしがに》の甲羅揚げを名物料理にした「八三郎」が人気を集めた。初代の場所とは少し異なるが、その割烹「八三郎」は今も営業している。

また道頓堀五座（浪花座・中座・角座・朝日座・弁天座の五つの芝居小屋）のひとつ、中座の横にあったのが割烹「まつ本」。昼間は汗して働く商売人の街である大阪。京都とは違い、料理は味だけでなく量も必要とされる。実際にこの「まつ本」で造り身を食べた料理研究家は、「大人でも食べきれないほどの量であった」と話している。また同氏の証言によれば、大阪では料理の器そのものが、京都よりもかなり大ぶりであったようだ。

これらのほかにも、素晴らしい包丁さばきが評判であった「門三《もんぞう》」。三寺筋にあった割烹「清中《きよなか》」。大阪の料理人で知らぬ者はないといわれた渡辺儀五朗が真板を務めていた「川富」。この店名は、本店横に流れていた小さな溝ノ川にちなんでいるそうで、戦後は戎橋《えびすばし》筋と千日前《せんにちまえ》に二店あった。現在は場所を近鉄難波ビルへ移し、日本料理「川富本店」として営業している。

　昭和四〇年代（一九六五～七四年）、高度成長期に入り、大正時代（一九一二～二六年）の「浜作」を彷彿させるカウンター割烹も、次々と誕生。浪速《なにわ》割烹の「㐂《き》川《がわ》」が笠屋町にできたのもこの時期で、昭和五十二（一九七七）年には法善寺へと店を移した。地物はもちろん、旨いものなら全国から集め吟味し、客の目の前で料理する。そのスタイルを真似て、さらに多くの割烹店ができ、全国へと広がっていったのである。

　個性ある店主のもてなしと、創意に溢れた料理、当意即妙ともいえる話術。大阪を訪れた人達は、いつしか大阪の割烹をして「関西割烹」と呼ぶようになっていった。

［1］自由亭　大阪中之島に明治十四（一八八一）年に開業。のちに大阪ホテルと改名。

［2］腰かけ的な料理屋　屋台形式で腰掛け（椅子）で食べさせる料理屋。

［3］鹿《しか》の瀬　明石川の河口沖から播磨灘《はりまなだ》付近にかけて広がる浅瀬。ここではイカナゴなど稚魚が多く育つことから、鯛やハマチなど高級魚も獲れる良漁場。

［4］八百善　八百善は江戸屈指の料亭。料理や食客にまつわる話が多い。なかでも研ぎたての包丁で切った刺身の金気《かなけ》（香《か》）を嗅ぎ分けた客の話はよく知られている。

［5］大阪手打ち　武士の町であった江戸では「手打ち」という言葉を嫌い、「締める」が使われる。歌舞伎の本締めなどがあるが、大阪では「手打ち」。大阪の手打ちは、大阪の生国魂神社の太鼓打ちのかけ声がもとになっているとされる。一般的なものに、「打～ちましょ（チョン、チョン）、もひとつせえ（チョン、チョン）、祝うて三度（チョチョンガチョン）」の型がある。

［6］濫觴《らんしょう》　物事のはじまりを指す。「大河もその源は觴《さかずき》を濫《うか》べるほどの小さな流れである」（『孔子物語』より）に寄る言葉。

［7］「茶会記」　茶会の日時、場所、道具、懐石のメニュー、参加者の名前などが記されたもの。

［8］「濱作」　大正時代（一九一二～二六年）に開業した新町の「浜作」ではなく、同じ包丁兄弟であった池畑氏が宗右衛門町に開業した料理店。大阪南地にはもうひとつ、お座敷割烹の「濱作」もあった。現在の京都祇園の「浜作」はかつて新町にあった「浜作」の主人が開いた店。

大阪と料亭

料亭の元祖、浮瀬

料亭の元祖は大坂四天王寺の「浮瀬《うかむせ》」といわれている。何をもって元祖というのか、ということになるだろうが、料亭だけに、年代的なこと以外にも、しかるべき「しつらえ」や「もてなし」があってこそのものだろう。

となると、京都の「中村楼《なかむらろう》」や「瓢亭《ひょうてい》」などは歴史は古いが、いまだ掛茶屋（腰かけ茶屋）であったころを除くとするなら、もっとも古い料亭は元禄《げんろく》十五（一七〇二）年に刊行された『元禄曽我物語』に出てくる「浮瀬」ということになるだろう。『元禄曽我物語』を書いた都《みやこ》の錦《にしき》は、この本を元禄《げんろく》十四（一七〇一）年に執筆したとされているので、この時点で誰もが知っているほど評判の料亭であったことからすると、一六〇〇年代の終わりには既にあったと考えていいだろう。

さらに具体的に推測するなら、元禄《げんろく》七（一六九四）年に松尾芭蕉が天王寺支院清水寺北の茶店で、半歌仙（一巻が一八句の俳諧）を巻いたことが記録に残っているので、このころ既に、大坂四天王寺に料亭らしきしつらえを有した建物があったことになる。

ちなみに「浮瀬」というのは、この料亭で使われていた巨大鮑《あわび》の貝杯の名である。（二六ページ参照）直径

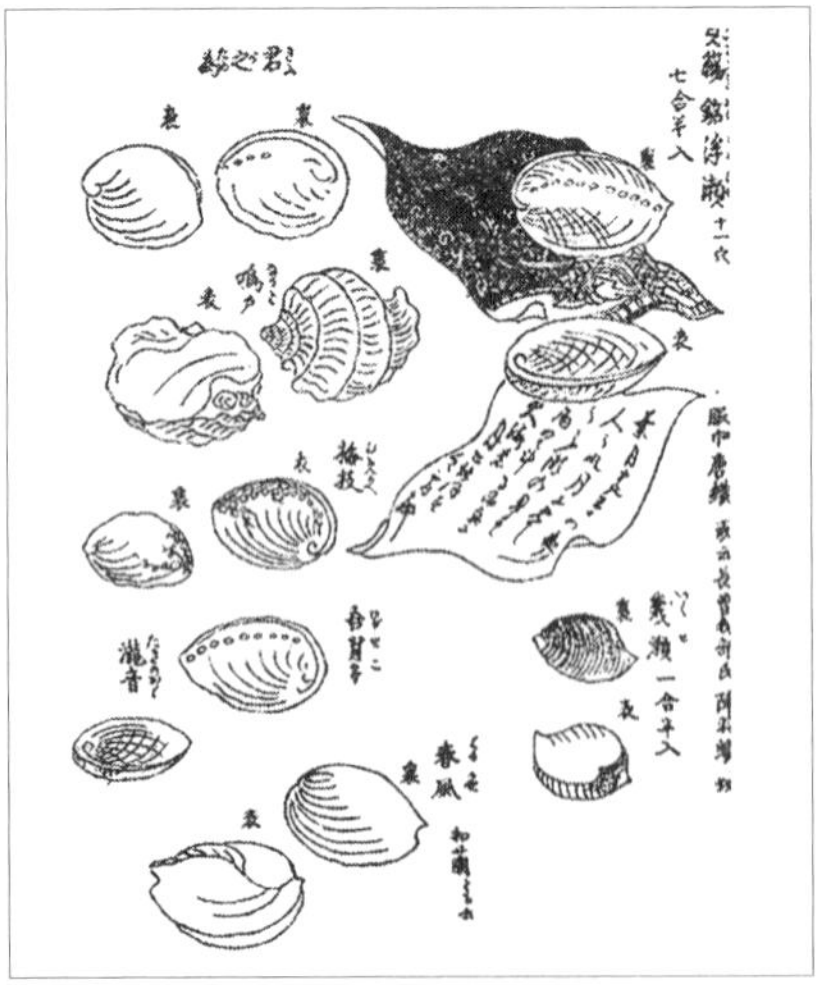

「浮瀬《うかむせ》」の奇杯のことは十返舎一九『東海道中膝栗毛』でも紹介され、全国に知られるようになった。一度は行きたいと思わせる仕かけをいち早く付けた意味でも、「浮瀬《うかむせ》」は最古の料亭といえよう。

シーボルト（ドイツ人の医師・博物学者）の図。シーボルトは文政九（一八二六）年五月六日、住友家にて製銅法を見学、翌七日には道頓堀で観劇する。浮瀬にも立ち寄ったことだろう。
（『心斎橋筋の文化史』より）

が約六十センチもあったようだ。なみなみと酒を注げば一升弱は入った。

この料亭で浮瀬杯を所望し、酒を飲み干した客は、その名を記帳することができた。これが大いに話題となり、いつしかこの料亭の名そのものが「浮瀬」となっていた。さらにこの料亭では、特注の漆杯「七人《しちにん》猩々《しょうじょう》」を作らせている。この杯は何と六升五合（約十一・七リットル）もの巨大杯。糸底《いとぞこ》[1]だけで一升入ったといわれている。当時の文化人を京阪から招いては歌会を催したり、酒席を盛り上げる大杯の趣向を用意したり、見事、飲み干した客は記念に記帳できるといった仕かけでリピーターを作る。「浮瀬亭」の最初の主《あるじ》とされる四郎右衛門の商才には驚かされるばかりである。人を集わせ、もてなし楽しませる。この点でも「浮瀬」は、料亭の元祖といえるのではないだろうか。

「浮瀬」の繁盛ぶりは全国的にも有名になっていったようで、宝暦《ほうれき》年間の後期（一七六〇年ごろ）には、京都にも京都版の「浮瀬」が、さらにその十数年後には江戸にも「浮瀬」ができているが、いずれも十年足らずで店を閉じている。またちょうどそのころ京都では、生間流《いかまりゅう》の式包丁《しきぼうちょう》[2]などで有名な「萬亀楼《まんかめろう》」が、料亭としての営業をはじめている。

福屋宴席と西照庵

さて、「浮瀬」に続いて正徳《しょうとく》元（一七一一）年に大坂に誕生した料亭が「福屋宴席《ふくやえんせき》」であった。『浪華百事談《なにわひゃくじだん》』という明治ごろに書かれ浪速の事柄を随筆風にまとめたなかに、「福屋宴席」のことが記されている。それに

よると、

「一心寺の少し北側に、近年まで福屋又平という料理店がありました。この店の歴史は古く正徳元年の開業と聞きます。その庭が素晴らしく芝生に噴水をつくり、天神山を再現したかのような名庭が評判でした。開業当時は客も多く繁盛していましたが、次第に衰えて近年（江戸後期と思われる）廃業しました。この店では例年晦日に、ご贔屓筋に大きな年始の札を配り、また歳暮として天王寺蕪を干したものを贈っていたようです。ちょうど乾物店で売っている干し蕪と同じものだと思われます」。

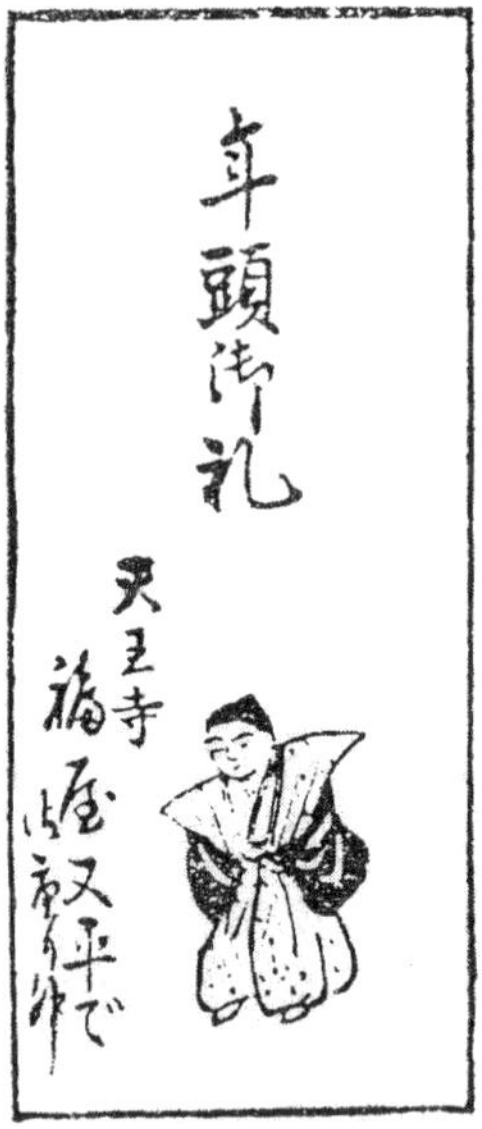

「福屋宴席《ふくやえんせき》」の年始札。

「福屋宴席《ふくやえんせき》」については、南木芳太郎氏が編纂した雑誌『上方《かみがた》』[3]にも紹介されており、「浮瀬《うかむせ》」ほど堅苦しくなく、大衆が気軽に利用できる料亭であったことがわかる。

　もうひとつ、同じ上町《うえまち》台地で大坂湾を一望できる料亭として知られていたのが「西照庵」。この料亭も泉が湧き出る庭が評判であったようだ。場所は天王寺区生玉町、ちょうど現在の大阪夕陽丘学園高等学校がその跡地に建っている。「浮瀬」の跡地に大阪星光学院が建っていることを思うと何とも面白い。

　これら料亭と世代交代するかのように、明治から大正（一八六八～一九二六年）にかけて、天保《てんぽう》年間（一八三〇～四四年）ごろからの仕出屋などから料亭となった店がいくつも開業している。「なだ萬」「つる家」「花外《かがい》楼《ろう》」「播半《はりはん》」などがそうで、大坂平野町《ひらのまち》の「堺卯《さかう》」は寛《かん》政《せい》二（一七九〇）年と少し古い。「なだ萬」の開業は天保《てんぽう》元（一八三〇）年。初代灘屋萬助が料理屋からはじめた。料亭となったのは大正時代からで、昭和三〇年代

（一九五五～六四年）ごろまで大阪の今橋で営業を続けていた。その後に「東京灘萬」との合併を経て「株式会社なだ万」と社名を変更し、現在に至っている。

「つる家」については本書の割烹の項を参照いただくとよいが、盛時には「商工会議所の別館」と呼ばれていたほど、関西の財界人が利用していたといわれている。

「花外楼」の創業は天保《てんぽう》年間（一八三〇～四四年）。明治八（一八七五）年には、伊藤博文、板垣退助、大久保利通らが集った「大阪会議」の場所となり、それが縁で木戸孝允から「花外楼」の名を受けている。

「播半《はりはん》」の創業は明治十二（一八七九）年。初代の播磨出身の平山半兵衛が、大阪心斎橋で料亭をはじめている。播磨の半兵衛ということで、播磨屋半兵衛と呼ばれるようになり、それが「播半」になったといわれる。

また、明治十（一八七七）年には、大阪ミナミに初代の阪口うしが置屋の「南地《なんち》大和屋《やまとや》」を開業している。その後「大和屋」は「大和屋芸妓養成所（芸者学校）」を作り、これを背景に南地五花街（宗右衛門町《そうえもんちょう》・九郎右衛門町《くろうえもんちょう》・櫓町《やぐらまち》・坂町《さかまち》・難波新地《なんばしんち》）が全盛期を迎える。また、大和屋自身も、置屋から茶屋そして料亭へと事業を拡大させていった。

［1］糸底　陶磁器の底の部分。ろくろから糸でくくり取ることからいう。
［2］式包丁　烏帽子《えぼし》、袴、狩衣《かりぎぬ》を着用し、まな板の上の魚や鳥に直接手を触れずに包丁を使って料理し、おめでたい形に盛りつける流儀のひとつ。
［3］『上方』　歴史家・南木芳太郎が昭和六（一九三一）年に発行した雑誌。

第二章 魚《うお》市場と青物《あおもの》市場

写真は、昭和六（一九三一）年に大阪市中央卸売市場本場に統合される前の、
天満青物市場風景。（資料提供：大阪市中央卸売市場本場資料室）

『摂津名所図会』〈巻之四〉天満青物市場「大川側からの荷揚げ風景」寛政《かんせい》十（一七九八）年。（五七ページ参照）

天満市之側《いちのかは》

こゝは菓物の市なり又毎年極月廿四日の夜より紀州より多く積上《つみのぼ》すみかんはてしなく市をなす并歳暮《さいぼ》の賑《にぎは》ひ諸人《しよにん》群をなせる市の繁栄思ひやるべし

紀氏六帖

草結のくさひろしはす　天地と　人この志れはさらにまうふなり　貫之

｜『摂津名所図会』〈巻之四〉寛政《かんせい》十（一七九八）年。

｜ 大阪天満宮に献灯された「雑喉場《ざこば》」の常夜燈。

雑喉場《ざこば》の市立《いちだち》（セリのはじまり）。毎朝午前二〜五時ごろからはじまり、
午前八時にはセリがすべて終了していた。

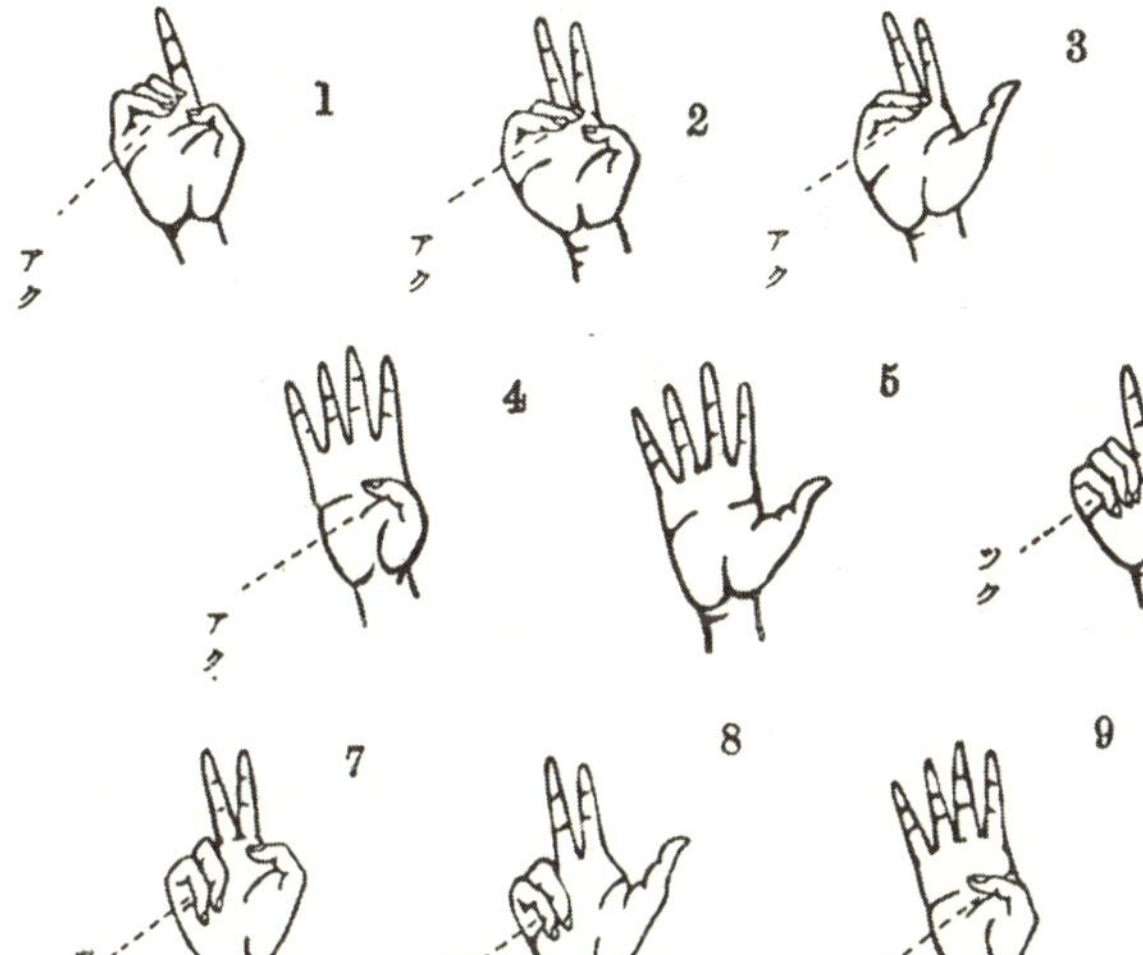

大正中期ごろにセリで使用されていた符帳《ふちょう》。図にある手振りの型を１から９までを順に「サリトワオモシロイ」という九字をもって符帳としていた。支払いは通常月末〆翌七日払い。支払わない者は「不払」として雑喉場《ざこば》の入口に名を挙げられ、商内《あきない》ができなくなった。

｜ 昭和中ごろの木津市場の場内風景。（六二ページ参照）

｜ 鶴橋市場の場内風景。（六六ページ参照）

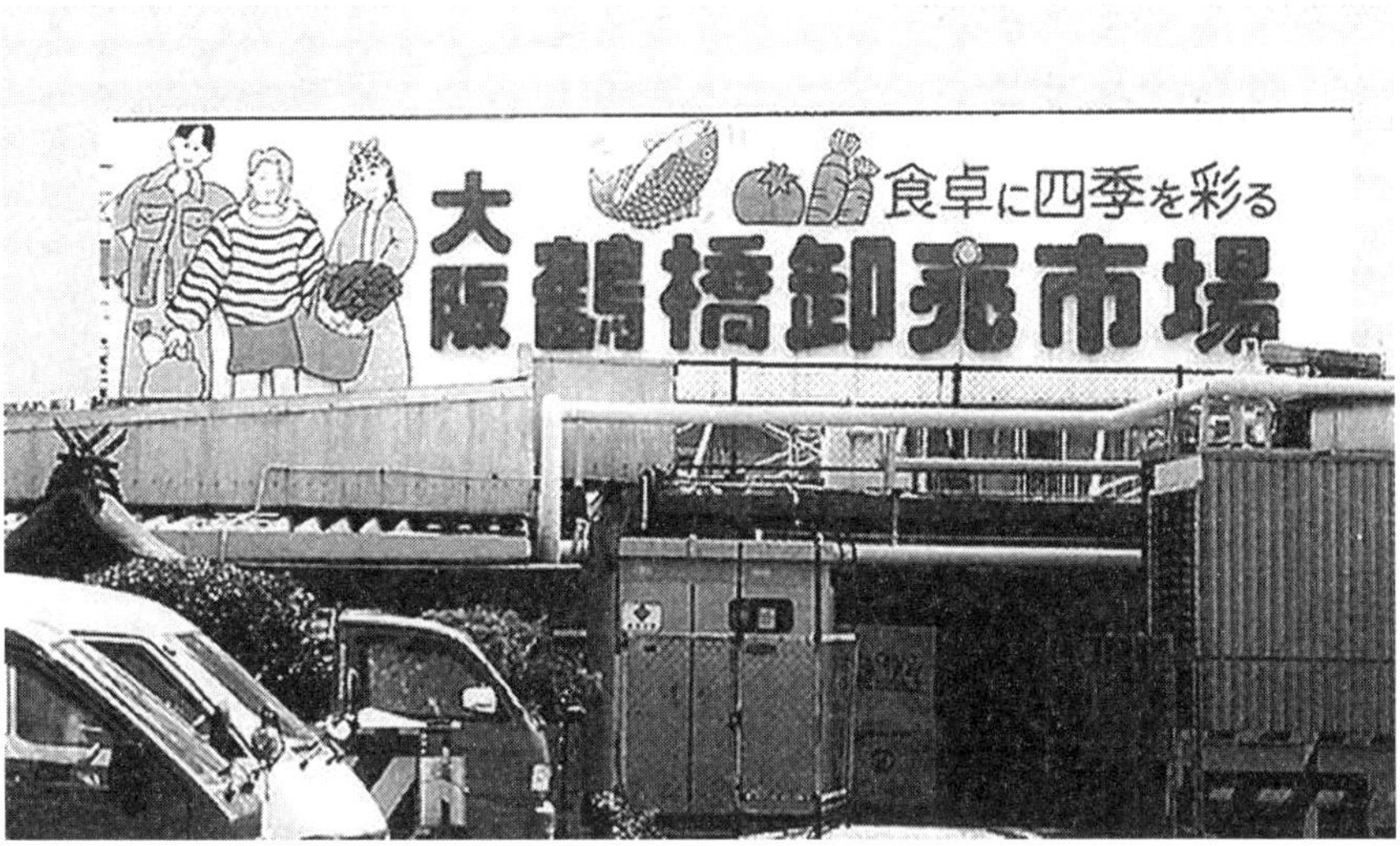

最近の鶴橋卸売市場。（六六ページ参照）

かつぎの運送人を乗せた伊勢からの「鮮魚専用列車」。（六七ページ参照）

大阪魚市場の変遷

靭《うつぼ》海産物市場と永代濱《えいたまはま》

豊臣秀吉の時代となり、大坂城の築城（天正《てんしょう》十一〈一五八三〉年）と進められる城下町づくりによって次第に人口が増加し、様々な食料が求められるようになり、市《いち》ができはじめてくる。

大坂における魚市場としては、先ず、築城前にあった石山本願寺時代に自然発生的にできた、京橋北詰の鮒《ふな》市場（慶長《けいちょう》三〈一五九八〉年に市場として認可）がある。もちろん、川魚だけでなく海魚への需要もあっただろうが、築城後、そして大坂夏の陣が終息した後も城近くで行われていた市場では、海魚を調達できるまでにはなっていなかった。そこで京橋鮒市場[1]に対して、城内で食される川魚の他にも、海魚を膳魚用として差し出すよう命じた。

これを受けて鮒売仲間は生魚を堺・尼崎《あまがさき》から飛脚で運ばせて納入、残りの海魚は市で商内《あきない》していた。海魚への供給と需要がさらに高まってきたので、海魚を扱う魚市場が天満魚屋町にできた。その後、天満魚屋町[2]から靭町[3]・天満町へと、海魚商人達は商圏の拡大を図っていった。

なかでも生魚を扱う業者は、上魚屋町（魚の店）に十七軒会屋《といや》[4]をつくって分離する。その後これが雑喉場《ざこば》生魚市場として発展していった。

さて、上魚屋町へは進出せず靭町・天満町に残った塩魚干魚などを扱う商人達は、さらに船舶流通の便利な阿波堀川の北岸にあたる津村の田畑葭島《よしじま》を開拓し、新市場をつくることを計画した。この新地は新靭町・新天満町・海部堀町を合わせ「三町」と称されている。

葭島《よしじま》に新市場を求めて移ってきた塩魚商人らは、当初は西横堀川を利用していたが、さらに船舶による輸送を考え、新堀を開削することを願い出た。この新堀川によりできたのが永代濱という荷揚げ場であった。

寛永《かんえい》元（一六二四）年頃までは、干鰯《ほしか》は摂津では尼崎、和泉では堺だけの業者が取り扱い、大坂へは到着していなかったが、この永代濱を拠点に大坂でも大々的な干鰯の取り扱いが可能となった。

余談になるが、永代濱には住吉神社を祀る社があった。毎年七月三十一日から八月一日にかけて（現在の夏の住吉大社の祭り日と同日）祭礼が行われた。その際には大堤燈を永代濱に建て並べ紅白の幕を引き、塩魚干魚商は町の辻数箇所に塩魚干魚で作った人形を飾った（たとえば巴御前の人形なら、着物は干した小鯛や鱧の皮、帯は昆布、所々に赤いクルマエビを梅の模様にあしらっていたそうである）。これは西横堀川筋の瀬戸物陶器人形とともに、夏の名物でもあった。今では陶器神社の祭礼に飾られている。

干鰯問屋と仲買人

江戸時代（一六〇三〜一八六七年）に入ってから西日本を中心に菜種生産が拡大。また近畿地方を中心に綿作が普及しはじめた。これらはいわゆる自給自足的な栽培ではなく、換金を目的としたものだけに何よりも生産性を高める必要があった。

このことによってこれまでは自給肥料で事足りていた農家も、菜種油の絞りかすや干鰯《ほしか》といった「金肥（きんぴ・かなごえ）」と総称される買入肥料を使用するようになった。また、食用の干魚を取り扱ってきた靭の商人達も、肥料としての干鰯の取引を行うようになった。既に大坂は全国主要産品の集積地としての地位を確立していたことから、たちまち日本最大の干鰯の集散地となった。

当時の干鰯の仕入方法は、塩魚干魚と同様に、まず縁故を求めて諸国の網元に訪ね、網や漁船を購入するための仕入銀を貸し付ける条件として、漁獲した鰯を干鰯に加工し大坂に積み送らせる方法をとっていた。

干鰯の独占販売で干鰯商は急激に成長していった。上方落語の中に、干鰯商になりすまして、偽の薬を売り歩く「牛の丸薬」という話があるが、これからもわかるように干鰯商と有力農家の間に強い連携が築かれており、毎年契約販売することも行われていた。

元禄《げんろく》年間(一六八八～一七〇四年)の記録によると、大坂では干鰯を入荷先産地によって西国物、関東物、北国物の三種類に大別していた。西国物とは、四国・九州・隠岐・対馬産のものをいい、関東物とは主に房総・常陸等から入荷するものをいった。これらの他にも松前物と呼ばれる北海道の干鰯も入荷していた。

大坂・永代濱で荷揚げされた干鰯は、原則としてすべていったん問屋の手に渡るが、大半はその場(永代濱)で干鰯仲買にせり売りがなされ、干鰯仲買から各産地の干鰯問屋や干鰯仲買に売却されていたのである。

川魚市場の変遷

一方、川魚市場だが、もともと河内《かわち》平野は古くは海へと連なる河内湾であったが、琵琶湖を水源とする淀川、奈良盆地の水を集めた大和《やまと》川が流れ込むことで河内湖となった。河内平野が形成された後も、山裾以外の平野部は、農作とともに、湖や沼での漁撈《ぎょろう》も盛んであった。古代から無数の灌漑地《かんがいち》でのコイ・フナの養魚は、村人の食料にもなり、生業であった。大坂城築城前の時代には、淀川と旧大和川の合流点になる城の北側(現・大阪城北側)の門前で川魚販売が行われていた。

生魚の流通と雑喉場

平和になると大坂は、各地から集まる人たちで繁盛してきた。東横堀川の入口になる高麗橋や今橋周辺の船は混雑し、上魚屋町の生魚問屋衆は海辺に近い場所を求めるようになった。鮮度保持が最大の命である生魚は、夏季になると海岸から遠く離れている船場《せんば》では腐敗が早く、漁船の到着に便利な鷺島《さぎしま》が生魚市場の最適地に選ばれるようになった。

当時、鷺島はまだ砂州《さす》のままで、直接漁船が横付けできた。慶安《けいあん》から承応《じょうおう》年間(一六四八～五五年)ころには、夏季は鷺島で商内《あきない》し、冬季には船場の本店《ほんだな》で営業するようになった。

鷺島に到着した魚荷を揚げ下ろしする仲仕《なかし》が、瀬取《せどり》舟《ぶね》[5]で本店まで運ぶ。これを「沖揚《おきあが》り」といった。鷺島の対岸にある野田、福島の漁師たちが、漁獲した雑魚類を商内《あきない》していた。

延宝《えんぽう》七（一六七九）年になると鷺島に本店を移転する生魚問屋が十軒になり、その後も移転問屋が増え、次第に生魚問屋の大部分が移住するようになった。

明暦《めいれき》元（一六五五）年の「大坂三郷町絵図」には、すでに雑喉場が町名としてみえる。北船場の上魚屋町から西船場の雑喉場へ。生魚問屋がこの場所へ移転してきたのは、この雑喉場の浜辺が西日本各地から「活魚《いけ》船《ぶね》」で出荷してくるには好都合の場所であったからだ。

当時の生魚の流通は、産地の漁港から、主に白身の魚を船の生間《いけま》[6]で泳がせながら、活魚船で大坂・雑喉場に向かい、安治川《あじがわ》の河口少しの沖合まで来ると、生間の通水口を木栓で塞ぎ、川の水が入らないようにして一尾ずつ〆《しめ》ていくのだ。ただ冬季には水温が低いので泳がせながら運ぶことができず、その季節だけは出荷前に浜で〆て運ぶので、「活魚船」は「生魚船《なません》[7]」と呼ばれ

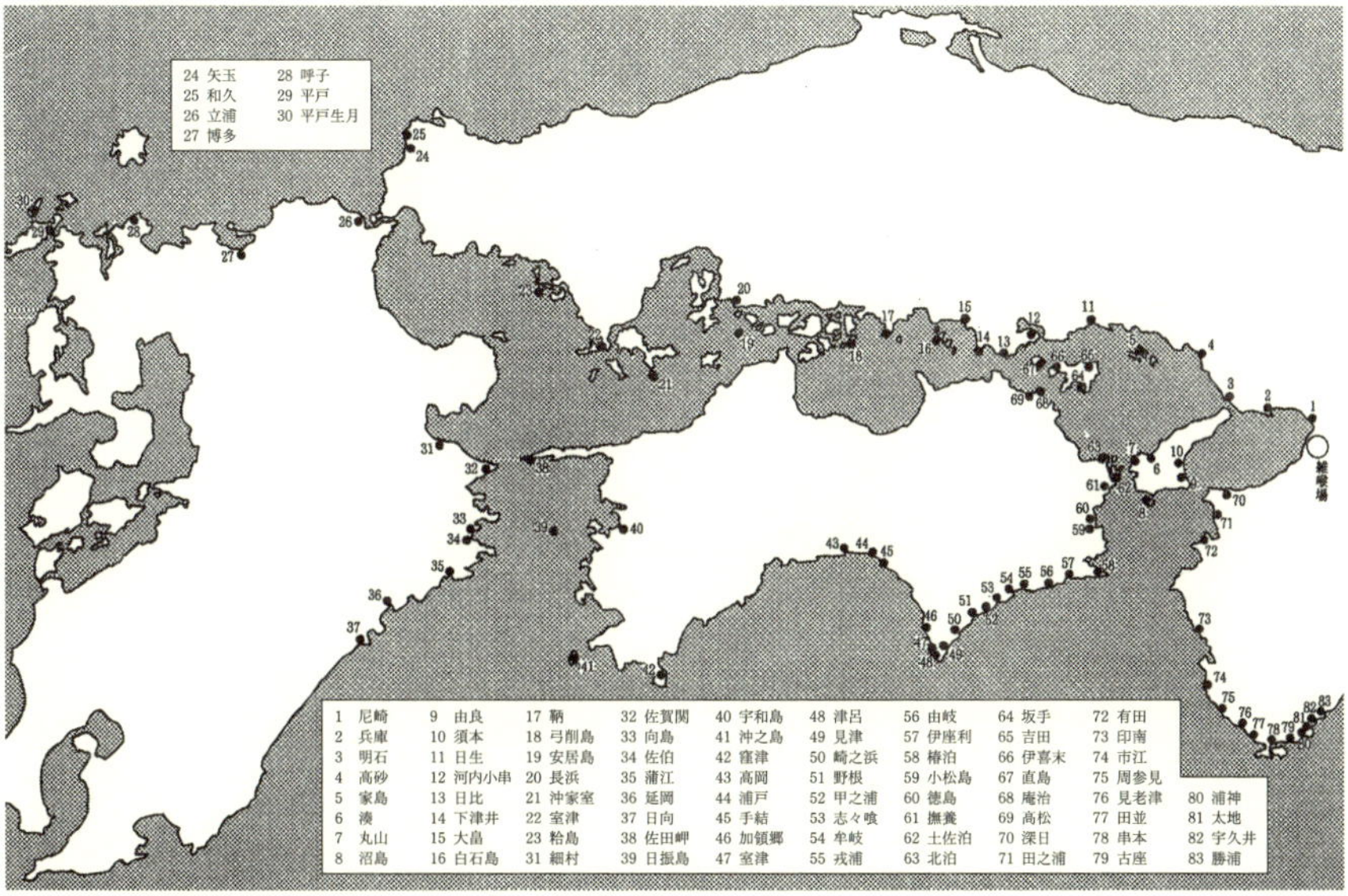

大坂雑喉場へと荷を運んだ『諸国客方控《きゃくかたひかえ》』に見る客方（荷主）の分布図。

大阪の白身魚文化を生んだ大正時代（一九一二〜二六年）ごろの雑喉場生魚市場風景。
（『大阪市大観』より。資料提供協力：大阪商工会議所）

るようになる。

　このようにして深夜から明け方にかけて運ばれた魚は、雑喉場の生魚問屋の納屋裏へと運ばれる。この深夜に〆られた天然魚が、朝方セリにかけられ、その日の夕刻の食卓で供される。〆られてから約十三時間前後。魚肉が十分に熟成し、魚の持つ旨味《うまみ》であるイノシン酸が最高潮に達し、適度な歯ごたえも残る。この白身魚の味わいこそ、大阪魚食文化の起点となっているのである。

[1] 京橋鮒市場　京橋鮒市場の京橋とは大坂城京橋口の旧大和川に架かっており、京街道の入口にあたる要衝であった。

[2] 天満魚屋町　大阪の魚市場には海魚市場、川魚市場の両市場がある。海魚市場は、本願寺が山科から大坂へ移転してくる一五三〇年代まで、淀《よど》川の対岸北部の西中島《にしなかじま》地域にあり、ここにはのちの天満《てんま》の天満宮《てんまんぐう》があった。この天満宮の西に二筋目が魚屋町《うおやまち》で、その西が旅籠町《はたごまち》と近世の地図類に記載されている。

魚屋町の町名は、大坂がひらける以前、この地域に大坂湾や瀬戸内の魚介類を京に運ぶ海魚商人たちの集落があったことに由来している。またこの地は、西日本各地から京に上る旅人たちの休憩所でもあった。

中世・近世は、堺や尼崎から京に、生魚・塩魚干魚《しおうをほしうを》を今井船《いまいぶね》で運んでいた。今井船とは、淀川を上下して朝廷御用の魚介類を輸送した早足の輸送舟で、尼崎の今井氏が創始したもの。

[3] 靭町　靭町の町名については伝説がある。ある時、秀吉が市中を巡回していた時、「ヤスイヤスイ」と市《いち》の呼び声を聞き、「あの喚声は何か」と家来に聞くと、「あれは魚を鬻《ひさ》いでいる（売っている）声です」と答えたので、秀吉は「廉《やす》矣《い》は、矢が巣（靭）に居るとは天下太平ならん、これ吉兆の言葉なり、今後この地を靭と称せよ」（「安い」とは矢が巣《サヤ》（武士などが背中につけた、矢を入れる太い筒型の武具のこと）に入ることにつながる。矢が収まるとは平和の兆しなのだから、以降この地を靭と呼べ）といったので、靭町と呼ぶようになったという。

[4] 十七軒会屋　会屋を「といや」と読むのは、商人が日々会合して値を問い尋ねる、つまり相場を立てることから来る名称であった。

[5] 瀬取舟　沖の大型船からの積荷を受け渡しする小型舟。

[6] 生間　漁船の船体に作りつけた、海水が通ずるようにした生け簀《す》をいう。

[7] 生魚船《なません》　魚を生かしたまま運ぶ船。

天満《てんま》青物《あおもの》市場

京橋から天満へ

天正《てんしょう》十一（一五八三）年、豊臣秀吉が大坂城の築城をはじめ、大坂の町づくりにかかってから、大坂城の北側にあたる京街道の入口、京橋の南詰（現・京橋一丁目）、いわゆる城北土手下にあった、初代淀屋常安《よどやじょうあん》の邸宅内で青物商内《あきない》がはじまった。

豊臣時代を通じて、京橋南詰で青物商内《あきない》は賑わっていたが、大坂冬の陣、夏の陣で大坂の町が焼け落ち、町人たちは町から離れてしまったが、戦の終わった翌年の元和《げんな》二（一六一六）年には、町人たちは再び元の場所に戻ってきて青物商内《あきない》が復活した。

慶安《けいあん》四（一六五一）年に、二代淀屋《よどや》个庵《こあん》（言當《げんとう》）の屋敷が幕府用地として収用されたため、京橋片原町（のちの相生町、現・都島区片町）に移転させられる。

この片原町は京街道に面しており、人の往来が多く、市場にしては不便であった。家主から家賃の値上げが持ち出されたのを機会に、青物商人たちは商内《あきない》に差し支えると、大坂町奉行の曽我古祐《そがこゆう》・松平重継《まつだいらしげつぐ》に、天満の地への移転を願い出て許可された。

天満青物市場の区域は、天神橋の北詰から濱通を東へ龍田町の西角まで(天満十丁目・同九丁目・同八丁目・同七丁目・同六丁目・市之側・瀧川町・龍田町)の八ケ町と定められた。問屋久寶寺源右衛門らは、土地を買入れ、市場を建築し、二年後に京橋片原町から引っ越して商内《あきない》をはじめた。町奉行所からは「官許《かんきょ》青物市場」の標札を受けた。この時、承応《じょうおう》二(一六五三)年で青物問屋は三十二軒だった。

天満に移転してから、蔬菜《そさい》(野菜)が売買される唯一の市場であったが、寛文《かんぶん》・延宝《えんぽう》年間(一六六一～八一年)になると、道頓堀川の太左衛門橋畔《きょうはん》に新市場を開業する者がでてきたが、町奉行彦坂重紹・石丸定次はこれを禁止した。

その後、思案橋《しあんばし》・日本橋《にっぽんばし》・炭屋町《すみやまち》と次々に新市場を開く者があり、そのたびに禁止された。大坂の南になる道頓堀川以南の木津村・難波《なんば》村・天王寺村・高津《こうづ》村等は古くからの蔬菜の産地であったが、この辺りから舟で天満青物市場まで運ぶには、時間と労力の損失が少なくなく、道頓堀川付近に青物市場が出現しても不思議ではなかった。

しかし、幕府は一度決めたら多少の便宜があっても、新計画の営業は特別の理由がない限り許可を与えない方針であったので、これらの新市場はことごとく停止になった。この当時の天満青物問屋は総計二十軒で、承応《じょうおう》二(一六五三)年より十二軒が減少している。

その後、昭和六(一九三一)年に大阪市中央卸売市場本場《ほんじょう》が開業するまでの二七八年間、この場所で連綿として栄えてきた。大阪本場《ほんじょう》が開業したあとも、天満配給所(のちに分場)として一部残っていたが、昭和二十(一九四五)年三月十四日の空襲で焼失し、五月に廃場となった。

営業習慣と大坂町人

貞享《じょうきょう》三（一六八六）年、初物《はつもの》の蔬菜や果物を珍重する風習が盛んになってきたので、幕府は最初の売出日《うりだしび》を決めた。

「生椎茸《なましいたけ》は正月と四月、真桑瓜《まくわうり》は六月、蜜柑《みかん》は九月から三月、林檎《りんご》は七月、松茸《まつたけ》は八月、葡萄《ぶどう》は八月、御《ご》所柿《しょがき》は九月から十一月」（いずれも太陰暦である）。

元禄《げんろく》二（一六八九）年になると、走り物（旬の初物）の蔬菜や果物の商内《あきない》季節を決め、元禄《げんろく》六（一六九三）年になると売出日を次のように決めた。

「椎茸正月から四月まで、つくし二月から、ぼうふう（防風）二月、葉せうか（葉しょうが）三月から、ねいも（根芋）三月から、竹の子四月、茄子《なす》五月、白うり五月から、枇杷《びわ》五月から、真桑瓜六月から、大角豆（ささげ）五月から、林檎七月から、松茸八月から、めうと（みょうが）八月から、御所柿九月から十二月まで、葡萄八月から十二月まで、九年母《くねんぼ》九月から三月まで、蜜柑九月から三月まで、たで三月から、梨子《なし》七月から十二月まで、わらひ（わらび）三月から」。貞享《じょうきょう》三（一六八六）年の初物表からみれば若干品数が増えている。

明和《めいわ》八（一七七一）年に天満青物問屋が株仲間《かぶなかま》[1]の出願の際、町奉行の諮問に応じて提出した「営業習慣」には、西瓜《すいか》、かも瓜、山椒《さんしょ》は一貫《かん》[2]文の扱いにつき七十文《もん》、西条柿、近江柿、干物類は一貫文の扱いにつき五十文、他は一切一貫文の扱いにつき六十文の口銭（手数料）であったと書かれている。

次の十二品目は、問屋は仲買だけに売り、小売商人たちは仲買から買い受けることになった。

葡萄・蜜柑・若和布《わかめ》・片田布・独活《うど》・山椒・いけ栗・山葵《わさび》・駿河《するが》茄子・西条柿・ほうづき・近江柿である。

青物問屋のなかで、多くの荷物を取り扱う問屋は仲間に分けてもよく、また小売してもよい。この商内《あきない》のやり方は、古来からのしきたり通りであると町奉行所に上申している。天満青物市場に出荷される蔬菜や果物は、

・摂津、河内、和泉周辺の農村から集荷されるもの
・河川による舟運利用による輸送が可能になったもの
・遠国から舟運で運ばれてきたもの

がある。

『摂津名所図会』[3](大坂部・四・上)(寛政《かんせい》十〈一七九八〉年)に、天満青物市場の紹介がある。江戸中期の大坂に出荷された青物類が記載されている。

「天満《てんま》菜蔬市《あおものいち》(市場は天神橋北詰上手より龍田町まで浜側通三町ばかりの間なり、天神橋より下手は市場にあらず。市の側というなり。(中略)東西の市場、天神橋より上手龍田町までの中にての通称なり。問屋四十軒、中買百五十軒といふ)

この市場は、日々、朝毎に多く人聚《あつま》りて、菜蔬を買《あきな》ふ。そもそも春の春日野の若菜より売初め、鶯菜《うぐいすな》・礒菜《いそな》・嫁菜《よめな》・杉菜・芥子若葉《けしわかば》・蕗《ふき》姑根《しゅうとね》・白草《しろくさ》・早蕨《さわらび》・天花菜《てんづくし》・獨活芽《うどめ》・濱防風《はまぼうふう》・枸杞《くこ》・五加木《うこぎ》・三葉《みつば》・芹《せり》・菠薐菜《ほうれんそう》は木津・難波の名産。天王寺蕪《てんのうじかぶら》・椋橋菜箙《くらはしだいこん》・海老江冬瓜《えびえとうがん》・勝間浦《こつまうら》の海藻・住吉の神馬艸《じんばそう》・姫松の麦蕈《しょうろ》・濱村瓠蓄《はまむらかんぴょう》は夜小歌節《こうたぶし》にて批《む》くとかや。

伏見孟宗笋《もうそうそう》・壬生菜《みぶな》・白慈姑《しろくわい》・白芋《しろいも》は京より下る。宇陀《うだ》の薯蕷《しょよ》・河内蓮根《かわちれんこん》・昆陽《こや》池の蓴《ぬなは》。茸市《たけいち》・栗市《くりいち》は、九月重陽《ちょうよう》の前二、三夜は、松明挑灯《たいまつちょうちん》を多く照らして夜の市めざしましけれ。また時雨月上旬[4]には紀の海士《あま》・有田の両郡より蜜柑数百万積来り、師走二十四日まで大市あり(以下略)」。

当時の食用の蔬菜や果物を列記している。すでに名前だけしかわからないものもあるが、大坂町人たちの食の好みがわかる。

天満青物市場で扱われた品

同じ時期に天満青物市場が町奉行所に提出した「淀川筋下り荷物の小廻賃」[5]から、産出国と商品名を見る。

・近江・多賀…釣枝柿、牛蒡《ごぼう》、芽獨活《うど》、山獨活《うど》、御所柿、梨子、漬松茸、生蕪

・京口…里芋、慈姑《くわい》、根芋《ねいも》、水菜、長蕷《ながいも》
・淀伏見出・伊賀口…薯蕷《じねんじょ》
・淀伏見出・山崎口…牛蒡《ごぼう》、里芋、山蕨《わさび》、笋《たけのこ》、道灘《みちなだ》
・淀伏見出…さつま薯、松蕈《まつたけ》、番椒、庶梨、紀州口蜜柑
・山城…柿、柑子《こうじ》、松蕈《まつたけ》、棗《なつめ》、蕗根《ふきね》、牛蒡《ごぼう》、里芋、薩摩薯、欒《むくろじ》、梨子
・下山城…牛蒡《ごぼう》
・伏見…生大根、蓮根
・田山・石打…松蕈《まつたけ》、枯露柿《ころがき》、渋柿
・交野《かたの》口…薩摩薯
・淀・下津・神ノ木…松蕈《まつたけ》
・前島…松蕈《まつたけ》
・三島・唐崎出…栗、獨活《うど》、菓物類、其外諸品、北山口柿、牛蒡《ごぼう》、滴露子、苧柄
・神崎川・広芝出…菓物類、其外諸口、笹ノ葉
・大和川筋河州喜志出・河州石川口…里芋、餅米、大和牛蒡《ごぼう》、薯蕷《じねんじょ》
・美濃…細干大根、千切干、梨
・尾張名古屋…獨活《うど》
・丹波…栗　酸漿《ほうづき》、梨子、御所柿
・伊勢…若布《わかめ》、干瓢《かんぴょう》
・道灘…西瓜《すいか》、里芋
・地名なし…茄子、越瓜《しろうり》、胡瓜《きゅうり》、梅、梅干、煮梅、李《からもも》、柚《ゆ》、何首烏《かしゅう》芋、林檎、菱《ひし》、錦根《きんかん》、百合根、海《うみ》素麺《そうめん》、干藻《かんてん》、辛子《からし》、胡麻、蓮葉《はす》、あき籠類、菓物類、獨活《うど》、其外諸品。

この一覧からも、大坂へは摂津、河内、山城、大和、近江からの淀川の舟運をはじめ、広く美濃（岐阜県）、尾張（愛知県）、伊勢（三重県）からも天満青物市場に入荷していたことがわかる。まさに大坂は諸国の台所であった。

［1］株仲間　幕府、諸藩から冥加銀（租税）を差し出すことを条件に、営業の独占権を与えられた組織。
［2］一貫文　貨幣の単位。一貫文は千文にあたる。
［3］『摂津名所図会』　江戸時代後期に流行した名所本のひと

つ。寛政十（一七九八）年刊行。
［4］時雨月　旧暦の十月。現在の十一月。
［5］小廻賃　運賃や手間賃のことで、天満青物市場に荷揚げするまでの運賃一覧表をいう。

木《き》津《づ》市場

木津のはじまり

およそ千四百年前の推古《すいこ》元（五九三）年、上町《うえまち》台地の北端に近い荒陵《あらはか》に聖徳太子が四天王寺を建造した。これが日本最古の寺として存在する「四天王寺」である。

この四天王寺の建造用の木材は、紀伊（和歌山県）、阿波（徳島県）、土佐（高知県）、讃岐（香川県）、周防（山口県）等から海運を利用して運ばれ、浪速《なにわ》に着いた場所が木の津（湊《みなと》）であり、のちに木津といわれるようになった。

木津村に第二次世界大戦前まであった鼬川《いたちがわ》には、この当時、木津の湊から四天王寺のある上町台地の坂下まで、鼬《いたち》が木を運ぶために堀を通したという伝承が残っている。

また木津には、戦前まで「材木置場」という地名もあった。現在の浪速区木津川一丁目・二丁目と久保吉二丁目辺りである。鼬川《いたちがわ》は昭和十四（一九三九）年から翌十五（一九四〇）年にかけて大半が埋め立てられている。浪速の南西部周辺には、古代には「難波津」という良湊《りょうみなと》があり、中世になると「渡邊津」という湊になり、地域一帯には漁村集落があったことが、その後の遺跡調査でわかってきた。

時代が経つにつれ、上町台地は東西に広がり、上町台地の西端に東横堀川の前身の自然河川が生まれ、その後、日本橋《にっぽんばし》筋をはじめは「名呉《なご》の浜」、そして「名呉浜」から「長町《ながまち》」へと町名が変わっていく。この名呉浜筋は、日本橋から住吉街道が通り、西成《にしなり》区を経て、住吉大社まで続く街道であるが、道頓堀川にかかる日本橋から恵美須《えびす》町までを名呉町ともいい、近世に入ると旅籠屋《はたごや》や木賃宿《きちんやど》が並んでいた。『東海道中膝栗毛』（十返舎一九作。江戸後期）にも紹介された有名な大坂の宿屋街であった。この名呉町の南側が今宮村になり、西側が難波村で、その隣の西南側が木津村である。

余談になるが、中世に京へ摂津から上ってくる今宮《いまみや》商人がいたことが資料に残されている。その商人が商っていたものが蛤《はまぐり》で、今宮商人とは「蛤売」の一団を指していた。各種の職能民が左右に分かれて競い合う絵巻『七十一番職人歌合《うたあわせ》』[1]（明応《めいおう》九〈一五〇〇〉年ごろに成立）には、魚売《いをうり》のライバルとしてなにわの蛤を商う者が登場している。

今宮の蛤売は、小袖に袴を履き侍烏帽子《さむらいえぼし》をかぶって腰刀を差した男性、また魚売は小袖を着た女性で、頭は垂髪《すいはつ》で桂巻《かつらまき》にしており、桂女《かつらめ》を髣髴《ほうふつ》とさせる。

木津市場の誕生

蔬菜販売において力を振るっていた天満青物市場。しかし難波村、木津村、今宮村の農民たちは「天満青物市場の仕切値段の安價（価）なるを嫌い、村内又は付近に於いて賣却する傾向を生じ、道頓堀久左衛門町に搬出して市中の笊《ざる》商人（野菜行商人）と取引を開く」ことを願った。

何とか天満ではなく自村近辺で自作の青物を立売《たちうり》し[2]たいとの思いから、文化《ぶんか》六（一八〇九）年、難波村の農民たちは青物立売十三種の端荷《はしに》[3]について、立売ができるよう訴えたことから、天満青物市場の問屋と仲買との間で交渉がまとまった。

ただし十三種端荷以外の蔬菜類は、天満青物市場から仕入れることが条件であった。青物十三種端荷とは、一荷にならない少量の荷物のことを指し、大根・菜類・茄子《なす》・葱《ねぎ》・胡蘿蔔《にんじん》・冬瓜《とうがん》・越瓜《しろうり》・南瓜《なんきん》・西瓜《すいか》・牛蒡《ごぼう》・芋類・蕪《かぶら》・分葱《わけぎ》である。

翌文化《ぶんか》七（一八一〇）年には、木津村の農民も自作の青物を立売したいと天満青物市場に申し出て、難波村と同様の条件で承諾されている。これが明治以降の木津難波魚青物市場への発展につながっていった。

大正二（一九一三）年、難波青物市場と木津魚市場の合併によって、木津難波魚青物市場が成立。国鉄（当時）の湊町駅から南へ数町で、鴎橋《かもめばし》を中心として南北に延び、南区木津大国町一丁目、勘助町一丁目、難波元町四・五丁目にまたがり、敷地は五千四百八坪（約一万七千八百五十平方メートル）で、付近一帯は食料品を商う店舗があり、ことに鴎橋周辺に多かった。総計で七百軒もあったという。

難波青物市場の問屋は、青物専業者が一軒で、青物と果物の兼業者が一軒の合計二軒であった。

蔬菜果物の仲買人は二十四軒あり、資格としては大阪市内在住五カ年以上、本市場《ほんしじょう》で商内《あきない》に従事した経歴があり、また組合に加盟している同業者の半数以上の承諾を受けた者で、加入金三十円と信認金百円を納入した者に限られている。

加入金は組合の収入となり、返戻しないことは問屋の場合と同じである。菜果部の内訳は、青物専業が一軒、果物専業が八軒、青物果物兼業者が十五軒で、合計二十四軒になる。

難波青物市場の市は、毎日午前六時にはじまり、正午までとされていた。また毎年一月一日は休業した。

出荷荷主は、天満青物市場と大差はなかったが、本市場が大阪市の南にある関係から、和歌山・三重・奈良方面の荷主が多かった。成行委託を主とし、当時の問屋の委託手数料は十％以内であった。ただし難波青物合名会社の手数料は六％と決まっていた。

木津魚市場には、大阪市内の他の魚市場にはない「立売人《たちうりにん》」と「組合外の仲買人」制度があった。立売人というのは、大阪南部の堺・岸和田・貝塚方面の漁業者や産地市場の仲買人が、南海電鉄の早朝鮮魚電車で木津魚市場に鮮魚を持ち込み、市場内の店舗を借りて小売商に売った者で、大正中期には十三人がこうした形で営業していた。

組合では立売人から月額三円の使用料を徴収していた。この他に組合に加盟していない生魚仲買人が十五人前後おり、問屋のセリに参加し、買付けをしていた。

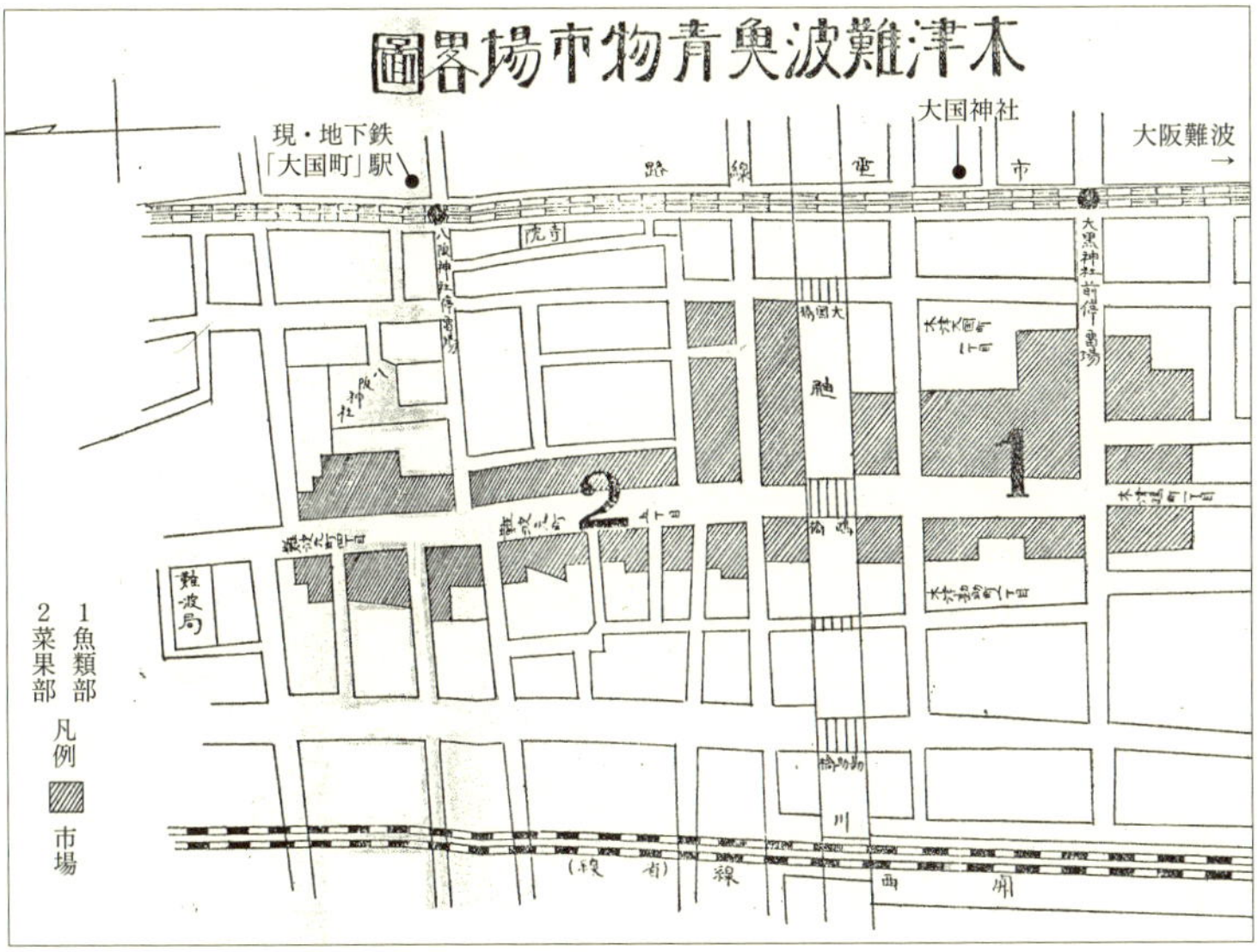

明治ごろの木津難波魚青物市場周辺図。（『大阪府漁業史』より）

木津魚市場の販売先は中央から南大阪一円であったが、特に難波・島之内を中心とした大阪最大の繁華街「ミナミ」をひかえ、「食い倒れの大阪」を象徴する飲食店や花街[4]（南地五花街）などを得意先としていた他、南海電鉄や国鉄・関西本線を通じて、河内地方一帯から奈良県のほぼ全域を市場の商圏内におさめていた。

そのうえ木津魚市場の魚問屋には、明治以後になってこの世界に入った若い業者が多く、古い「暖簾《のれん》」を誇る雑喉場《ざこば》や、青物市場の力に依存しつつ発展した天満魚市場に比較すると、市場全体に両市場とはやや違った活気があふれていたといわれている。

そのため大正一〇（一九二一）年代にはすでに集荷力、販売力ともに天満魚市場のそれと比肩し、あるいは凌駕するまでに発展していた。

[1]『七十一番職人歌合』　いろいろな職人に仮託して歌を詠《よ》み、それを歌合の形式にしたもので、絵も伴う。機織《はたお》り、紙漉《かみす》き、豆腐売りなど、中世の職人歌合のうちで最も多くの職人が描かれている絵巻。

［2］立売　特定の店舗を持たず、路上でする商売。
［3］端荷　「はたに」ともいう。天満青物市場が主に取り扱う蔬菜以外の野菜。
［4］花街　芸者屋や遊女屋が集まっている町。江戸時代の大坂には、新町・堀江・南地・北新地に大きな花街があった。こと南地には南地五花街といわれる、五つの花街（宗右衛門町・九郎右衛門町・櫓町・坂町・難波新地）があった。第一章、四三ページ参照。

鶴橋《つるはし》市場

誕生と歴史

鶴橋の地名は「つるのはし」に由来している。大和と難波をつなぐ要衝であったこの場所には、旧平野川が流れており、そこに架けられた橋の近辺に多くの鶴が飛来してきたことからこう呼ばれるようになったと伝えられている。

戦後、鶴橋に市場が形成された理由は、まずひとつに国鉄線（当時）と近鉄線が交差するいわゆるターミナルの地であったこと。そしてもうひとつは、幸いにも鶴橋が第二次世界大戦の大空襲から免れたことがあげられるだろう。

昭和二十（一九四五）年八月の終戦とその後の食糧難の時代。食を求めて多くの人が集まるこの街に「闇市」が形成されたのは、自然の成り行きでもあった。闇市で売買される様々な食材。昭和二十三（一九四八）年には、鮮魚の商内《あきない》も開始された。約五十もの店が集い鮮魚商内《あきない》を行っていた。

マダイやエビなど、高級魚の扱いに関し統制が解除となり、商内《あきない》も活気を増した二年後の昭和二十五（一九五〇）年、当時の鮮魚商、塩干魚商、練製品商が中心となって、株式会社鶴橋卸売市場が設立された。そこからさらに四年後の昭和二十九（一九五四）年、大阪鶴橋卸売市場協同組合が、大阪府知事から認可を受けている。

また鶴橋には、数多くの商店街組織があったことから、これら商店街組織の連携役として、大阪鶴橋卸売市場連合会があった。

鶴橋市場における鮮魚商内《あきない》の特徴に、様々な近郊産地からの魚介類を直接に集荷するための荷受会社（大阪鶴橋魚市場株式会社）がある。ここでは紀州、泉州、伊勢など各方面から集められた魚介類が、仕入れされた後にセリにかけられるスタイルではなく、直接、市場に運び込まれ集荷したものを荷受会社の役員がセリに立ち、鮮魚商がその場で新鮮なうちにセリ落とすというものであった。この形式を以後踏襲したことが、近郊産地のものを扱う市場として発展する、ひとつの基盤になったといえるだろう。

鶴橋市場の場内風景。

鮮魚専用列車

昭和二十五（一九五〇）年に水産物統制が全面撤廃となってからは、鶴橋市場に東からの荷が激増。松阪、伊勢、鳥羽、香良洲《からす》から魚介類が持ち込まれる。そしてこの物流を支えていたのが、昭和三十八（一九六三）年からはじまった「鮮魚専用列車」（五一ページ参照）であった。

伊勢等から「カンカン」（ブリキ缶）と呼ばれる荷をかつぎ、近鉄線に乗り込む。この仕事を担っていたのはほとんどが女性で、彼女らはいわゆる運送人であった。鶴橋に到着すると、それぞれ得意先である鮮魚卸商へと運び荷を下ろす。鮮魚卸商はこれをその場で商い、販売手数料だけを受け取り、その日の売上げを運送人に現金で渡していた。時には売掛金が発生するケースもあるが、その場合は鮮魚卸商が立替え払いを行っていた。いずれにしても運ばれた荷をその日のうちに現金化して、商内《あきない》を終えるというのがひとつのルールであった。

伊勢から主に運ばれていたものとしては、春はクロメバル、鯛、アサリ、トリガイなど。夏はカレイ、アジ、スズキ、コチクルマエビなど。秋はヒラメ、ハマチ、ワタリガニなど。冬はハゲ（カワハギ）に牡蠣《かき》など。

電車を使って市場へ持ち込むというスタイルは、紀州や泉州、兵庫方面からも増加していった。国鉄の夜行列車に乗り込む者や、国鉄を乗り継ぐ者。淡路方面からだと泉南の深日《ふけ》港までは船でやってきて、そこから南海線で大阪へ。ただし、伊勢の運送人の商内《あきない》と違って、これら地域からの持ち込み人たちは、鮮魚卸商の軒を借りて自らが商内《あきない》を行っていた。

電車を主とする流通、ターミナルという位置づけから、鶴橋市場における販売先には市内東部、河内地区、北摂と奈良大和地方の顧客が多かった。特に奈良方面からの買出人にとっては何でも揃う市場として重宝された。

当時は大阪と奈良における食習慣も異なった点が多かった。大阪では結婚式にマダイが使われるが、奈良ではレンコダイであった。また奈良には秋に「大和のエソ祭り」[1]があり、その時期にエソを焼いて食べる習慣などがあった。鶴橋市場は、いわばこうした地域の食文化の交流地点としても発展していったのである。

［1］エソ　主にかまぼこなどの練り物の原料として使われる白身魚。

第三章
大阪と料理《りょうり》

春ばんざい 歳せわいらず おかづの早見《み》

	小二月	大三月	小四月
一日	いれ焼物	いれ焼物	いれ焼物
二日	ほしな	かぶらざこ煮	おから
三日	手切とまめ	わか菜したし	蜊じる
四日	とし娘じる	漬まめんこぶ	庵ちしや煮
五日	ずいきといも	蛤じる	菊なしら和
六日	かぶしな	豆のめ手切かく	とうふ芽汁
七日	大根ざこ煮	にんじんまめ	ねぎ油あげ
八日	豆のめみそしる	かきしじる	卵しじ焼
九日	かぶら風呂吹	めざしいわし	大根油あげ煮
十日	にしんよこぶ	ねぎ油あげ	豆子こんぶ
十一日	わかなしら和	とうふみそしる	とうふみそ汁
十二日	のつぺい	ほしな	にしん若焼
十三日	小芋むきこぶ	糸こん蒻煮汁	なしたし身の

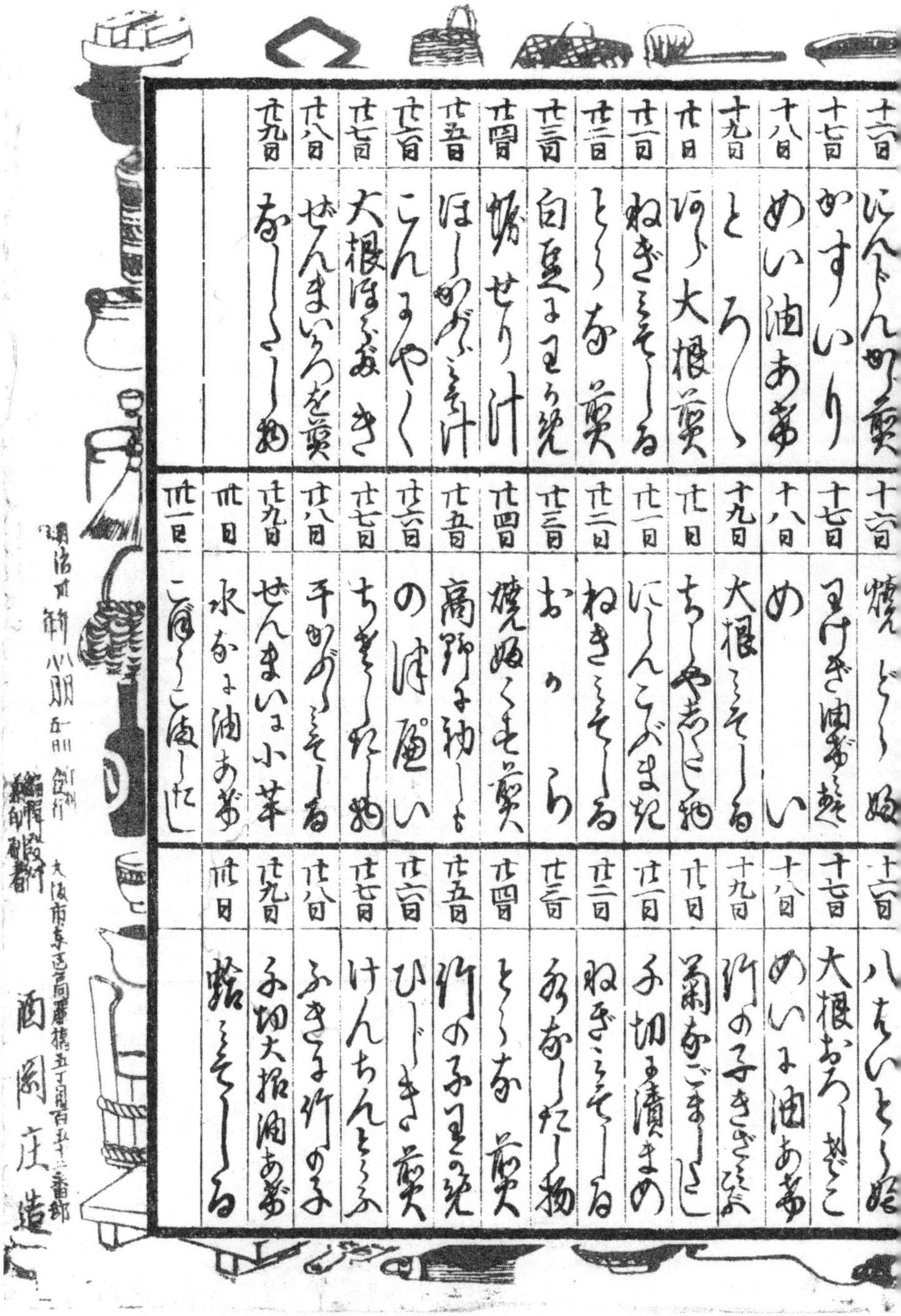

明治時代（一八六八〜一九一二年）の「おかづの早見」表。春の部ばんざい、せわいらず。
せわいらずとは手早く作れるという意味。（八〇ページ参照）

｜小鯛雀鮨で人気だった〇政《まるまさ》の店内風景（明治後期）。（一〇一ページ参照）

明治中期に大阪長堀北詰にできた関東煮《だき》の「たこ六」。おそらく大阪でできた関東煮の第一号店だと思われるが、看板には、本店が神戸元町となっている。

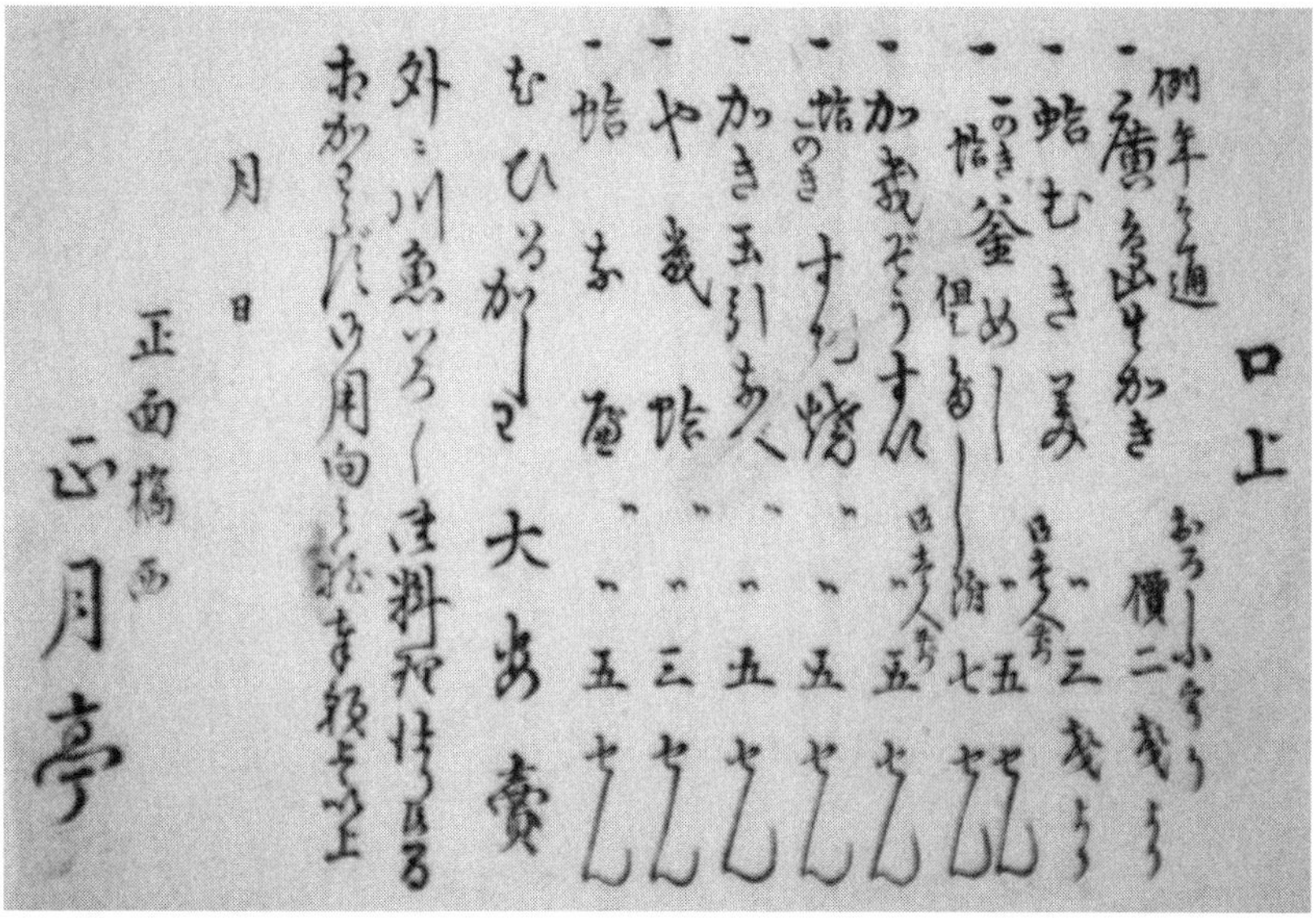

牡蠣舟《かきぶね》おしながき（大正末期頃）。当初は広島からの牡蠣を舟座敷で食べさせるものであったが、口上にもあるように、次第に牡蠣以外に鰻など様々な川魚料理を供するようになった。また冬だけの季節営業でなく、陸に上がって周年営業を行う料理店も生まれた。大阪の料理屋を語る際には牡蠣舟の存在と味は欠かせない。

千日前《せんにちまえ》法善寺の料理店「二鶴」。
鮨が有名であった。

大阪名物の「海魚《うお》すき」の元祖として
知られる、戎橋《えびすばし》の「丸万《まるまん》」。

船場《せんば》と河内和泉《かわちいずみ》にみる大阪の食文化

船場の「ハレ」と「ケ」

大阪の食のスタイルを二分するとすれば、ひとつが市内の船場商家《せんばしょうか》における食生活。もうひとつが、市外の泉南地域における食生活になるのではなかろうか。

食には、よく「ケ」と「ハレ」がいわれるが、船場における「ケ」と「ハレ」は少し事情が違っていた。いわゆる「ケ」とは普段食、「ハレ」とは毎月の節句や行事、慶事や法事の折の食事。そのような特別な日の食事は、どこでもあるといえばそうかもしれないが、船場の場合は暖簾《のれん》を何代にもわたり守り続けた商家であることから、「ハレ」の食事が様々な名目で頻繁に行われていたようだ。

また丁稚など奉公人の普段の食生活が、朝夕の茶漬とお漬物、昼も質素な一汁一菜であったため、これだけでは身が持たない。そこで「ハレ」の日を名目に、少し魚などを食べさせて栄養を補ってきたのだろう。船場の食事情を研究されている近江晴子《おうみはるこ》氏によると、法事ひとつにしても百回忌まで行われていたそうで、ほぼ毎月のように何かしら「ハレ」の食事がなされていたものと思われる。

また主《あるじ》が忘れていたとしても、なじみの仕出屋の頭には、すべての「ハレの日」が記録されていたようで、そのような仕出屋が船場の町々には必ずあった。

各商家は「ハレ」の日のために必要なすべての器を揃え、仕出屋は商家の台所で新鮮な魚介や旬の野菜を料理し、商家自前の器に料理を盛る。月毎に移り変わる食材を吟味調理し、腕を競い合う大阪の仕出屋。そんな仕出屋のなかから、大阪を代表する料亭もまた生まれてきたのである。

大阪の商人街の中心地であった船場。主をはじめ、番頭や丁稚など使用人が寝食をともにしてきた。普段は質素な食事だが「ハレの日」には、ご馳走が出された。近江晴子氏が、船場の旧家出身の水落家から行った聞き取り調査では、正月の雑煮は、一日と三日が白味噌雑煮、二日がすまし雑煮。また白味噌雑煮には、丸餅は焼かないで入れ、雑煮大根の輪切り、小芋、豆腐を入れていたそうである。

正月の「仕来《しき》たり」としては、祝い膳が使われる。男性の祝い膳は、脚の短い朱塗り膳で、金または黒で家紋が入っている。女性用は、外が黒、内が朱塗り、脚が長く蝶脚と呼ばれる形。男性用の脚が短く、女性用が長いのは、氏によると女性は正座し、男性が胡座《あぐら》をかいて食べていたことに関係しているようである。

年明け後の「初午《はつうま》」[1]から「雛祭」、そして春の「魚島《うおじま》季節《どき》」[2]に「端午の節句」、「夏祭」や「盂蘭盆会《うらぼんえ》」[3]、「お月見」、「亥《い》の子《こ》祝」[4]が済むと晦日に「麦飯」を食べて新年を迎える「事始め」。大晦日の夕飯は、節分の献立と同じで、『浪花の風』[5]にもあるように、江戸の年越しそばが、大坂では麦飯だったことが何とも面白い。

このように船場の食文化とは、いわば何代にもわたり受け継がれてきた「仕来《しき》たり」の文化であり、しきたりを支えてきた道具の文化でもあった。その大切な家屋や道具類が戦争でほとんど焼き尽くされてしまったことで、船場の食文化もまた失われてしまったのではないか、と近江氏は述べている。

船場の家庭料理

世間でよくいわれている「船場の家庭料理」とは、どのようなものであったのだろう。靱《うつぼ》の干鰯《ほしか》商が残した資料（助松屋文書《すけまつやもんじょ》）を編纂した近江氏によると、毎月一日と十五日には、あずきご飯と魚が普段の食事についたが、他日は野菜の炊いたものや、船場汁《せんばじる》や海藻類の炊いたものが多かったそうである。

船場汁とは塩鯖《しおさば》と大根の汁椀で、塩鯖の塩と魚の味をそのまま出汁《だし》に利用する、いわば「潮汁《うしおじる》」の一種でもある。また同食材を煮込んだものは、船場煮《せんばに》と呼ばれている。

店によっては、一匹の塩鯖を三日に分けて食べていたという船場。一日目は塩鯖の頭で出汁《だし》をとり、これに大根など具を入れて食べる。二日目、三日目にはわずかな切り身や、残った出汁《だし》を煮込んだ料理や骨だけが入ったすまし汁なども食べていたようである。

海藻類の炊いたものといえば、「八のつく日」に「めい（荒布《あらめ》・海藻の一種／六ページ参照）」を炊き、黒く残った茹《ゆ》で汁を店の門口にまいて商売繁盛を祈った。「めい」をまいて「芽を出す」という縁かつぎが由来であるかどうかはわからない。

さて船場商家の「ハレの日」のなかでも、特筆すべき月がある。それが大坂三郷（天満組、北組、南組の行政区画の総称）内にあった、氏神の夏祭りが行われる旧暦六月（現在の七月）である。普段のお茶漬とお漬物《つけもん》の他に汁物や、夏の鱧《はも》を使った大阪らしい「すり流し」。焼き魚には、アジの塩焼き。現在でも大阪では、夏祭りの宵宮にアジの塩焼きを、本祭りの日に鱧を食べる習慣が残されていた。

ちなみに鱧のすり流しとは、鱧の身を包丁でたたき身をこそぎとり、これをすり鉢で十分にすり、出汁《だし》を合わせたもの。よほど新鮮な鱧でなければ旨《うま》さが味わえない料理。雑喉《ざこ》場《ば》生魚市場を間近にひかえた、大阪ならではの料理といえよう。

船場商家のひとつ、水落家の献立を見てみよう。

> ❖水落家における坐摩《ざま》神社御祭礼の献立
>
> 「行事帳」（文政六〈一八二三〉年）より
>
> 朝　平　（薄くず）なすび　汁　見斗　めし
>
> 昼　鱠　はもかハ、白うり、しそふ　汁　は
> も摺《す》りながし　平皿　（ゆ）すり身油上ケ、ねき
>
> 焼物　（塩やき）あじ

朝の献立は、お平《ひら》（縁《ふち》が持ち上がっている皿）の料理になすびの薄くず、おつい（汁物・見計《みはか》らい）、飯。昼の献立は、すすり鱠《なます》（生の鱧のすり身をすって、すり流しにしたもの）、鱧皮、白うり、紫蘇麩《しそふ》。汁物に鱧

のすり流し。平皿料理は、(ゆ)すり身の油揚げとネギ。焼き物にアジの塩焼きと思われる。

近江氏の記述によると、船場で商売をしている商家では家宝の屏風を店の間に飾る習慣があった。座摩神社の祭りの日は朝早くから男衆《おとこし》が、献湯《けんとう》料と御膳料を奉納に行き、坐摩神社では朝から「お湯」といわれる神事が行われていた。

坐摩神社は正式には「いかすりじんじゃ」と読むが、船場の守護神であるこの神社を、船場人は「ざまさん」と呼んでいる。水や住居守護の神である坐摩さんは、船場の食と住の守り神であった。

・宵宮の昼　冷やそうめん、おすまし(白天　越瓜《しろうり》のつら〈越瓜を桂むきにしたもの〉)

・本祭の昼　「森吉《もりきち》」の鱧のつけ焼き

料理は仕出屋に任せ、家では、お膾《なます》、鱧の皮と毛馬《けま》胡瓜《きゅうり》のざくを作り、酢の物として添える。「森吉」は、安土町の水落家の近くにあった船場屈指の料理屋。

白天とかいわれ菜のお汁《つい》は、おすましのお汁《つい》にする家と、お汁《つい》が多めの煮物にする家があった。白天とは大阪版のてんぷら。大阪は関東と違って、魚のすり身を油で揚げたものを「てんぷら」という。いわゆる「薩摩揚げ」。そのなかで、鱧のすり身などを使った、白く平たい円形のてんぷらを白天と呼んでいる。

白天という名の由来は定かではないが、一説には「菅原道真の怨念(激しい怒り)が白光雷となり天に満ちたり」からつけられたからとか、「大自在天」(雷を司る神)が白牛に乗っていたからといった諸説がある。いずれにしても菅原公と強い関係があることは事実だろう。

天神祭の宵宮でも、「白天とかいわれ菜のお汁《つい》」が食べられるようになったとされている。

余談だが、大阪では夏にかまぼこ店で並ぶものに「あんぺい」と「魚そうめん」(かまぼこのそうめん)がある。「あんぺい」は関東の「はんぺん」ではない。「あんぺい」は魚のすり身だけを、丁寧に柔らかく練り上げて蒸したもの。「はんぺん」は山芋粉などをつなぎにして作られたものである。食感もまったく異なっている。

河内和泉の食について

元旦の雑煮は白味噌仕立て。豆腐に丸餅、小芋、雑煮大根など。材料は、すべて角を落とさず輪切りにするのが習慣であった。おせち料理には、カタクチ鰯の幼魚を干した「田作《たづく》り（ごまめ）」は欠かせない。泉南でたくさん獲《と》れていたカタクチ鰯を田の肥料にしたところ豊作となったことから、これを正月料理に食べる習慣が生まれたとされている。焼き魚には鯛、そして鰤《ぶり》などが食べられていた。

二日には「おみい」が田畑への感謝として食べられた。「おみい」とは、里芋や大根葉などが入った味噌仕立ての雑炊。その語源は、お味噌という言葉から生まれたものであろうとする説が有力である。

寒の入り（一月五日ごろ）を迎えると、風邪封じに大根飯を食べる。そして七日には七草。十四日には、古いものを焼き、新しいものを迎える「とんど（どんど）」。とんどは、もともと小正月（一月十五日）に行われてきた火祭りである。当初は朝廷での公事であったが、いつしか子供行事となった。町内に門松などをもらい歩いて、空地に集めて焼く。「おーしめなーわ、くーだんせ。一把か二把か三把か四把か、しぶいかか（母）追い出し、おみい（味噌汁）炊こ……」などと歌いながら家を回ったといわれる。

大阪府八尾《やお》市にある玉祖神社《たまおやじんじゃ》では、十五日に大とんどが行われる。半紙に「天筆和合楽」と書いた紙をコヨリで笹に付け、とんどのなかへ入れ、舞い上がると字が上達するとされた。とんどの火を家へと持ち帰り竈《かまど》の火種とした。一月十六日は奉公した子らが帰ってくる、年に二回（もうひとつは七月十六日）の最初の「藪入り」。都から藪の深いところへ帰ることからとか、藪刈りを手伝う日から呼ばれたとかいわれている。

大阪の農家などでよく食べられた冬のおやつに、「干し飯《いい》」がある。残ったご飯を水洗いし、ぬめりを除いてザルで干し、煎って食べるもの。ほのかな甘みがあり、地域によっては砂糖を加えて食べていた。

二十日は、「二十日《はつか》正月」。別称「女《おんな》正月」ともいう。

正月の祝い納めで、業（仕事）を休み、くつろぐ日。この日に「ん」（運）がつくもの（ニンジン・レンコン・ダイコンなど）を煮物にし、それをお平《ひら》（縁《ふち》が持ち上がっている皿）に盛り付ける。大阪では、野菜に加えて、凍り豆腐や干瓢《かんぴょう》など乾物がよく食べられていたのが特徴といえるだろう。

二月に入ると「麦飯」に「干し蕪の味噌汁」。三月桃の節句には「ばら寿司」に、餅を小さく角状にした「キリコ」。十六日には各村々で伊勢への旅の宴会、「伊勢《いせ》講《こう》」が行われ、「塩餅」（白餅に塩味の餡をまぶしたもの。砂糖などをつけて食べる）を、二十一日の彼岸には米粉で作られた丸団子（赤・緑・白・黄）を食べる。

四月になると「春ごと」になる。花見や野遊びに重箱を持ってでかける。こうした習慣は今も大阪では河《か》南町《なんちょう》などで行われている。この時の御馳走は、「和《あ》え餅」（きな粉や砂糖を食べる時に付ける餅）に「押し寿司」などである。五月の端午の節句には「赤飯」「ばら寿司」。

六月そして七月は「田植えはじめ」「田植え終い」。田植えの重労働を「タコ料理」で癒す。タコの足のように稲がしっかりと大地に根を張るよう祈って食べる。エンドウ豆の餡で和えた小麦団子なども食べられる。鱧そして土用の鰻。

八月には、塩あん団子にお盆のお迎え団子。この時期に「しんかい」と呼ばれるナス料理を食べるのも習慣として残っている。九月は月見、芋の節句。団子に見立てた丸い石川《いしかわ》早生《わせ》芋《いも》（月見芋）が食べられる。

十月の秋祭りには「鮒《ふな》の昆布巻」料理に「箱寿司」、「じゃこ豆」や亥の子の日に食べる「亥の子餅」。十一月には「えい」を煮つけなどにしてよく食べる。十二月の三十日には餅つき。柳の枝に綿作りと五穀豊穣を願って、餅花《もちばな》[6]が付けられる。

[1] 初午《はつうま》　陰暦で年明け最初の午《うま》の日。稲荷神社ではこの日に祭礼が行われる。

[2] 魚島季節《うおじまどき》　四月初旬から五月初旬までをいう。外洋で越冬していた鯛が、産卵のために瀬戸内海へ入り込んでくるため豊漁となる。この時期にお世話になった人に櫻鯛を贈答する風習が大阪にはあった。4章一二六ページ参照。

［3］盂蘭盆会《うらぼんえ》　地域や宗旨によって風習が異なるが、七月または八月に祖先霊を供養する行事。
［4］亥の子祝　陰暦十月の亥の日に、無病息災を願って亥の子餅を食べたりする行事。
［5］『浪花の風』　大坂町奉行を勤めた久須美祐雋《くすみすけとし》の随筆。
［6］餅花　柳の枝などに、小さな餅や米粉のだんごをつけたもので、五穀豊穣を願って飾られる。

大阪の惣菜《そうざい》

明治時代の「おかづ」

惣菜とお番菜《ばんざい》との違いは、明確ではないが、お番菜はどちらかといえば野菜を中心とした御飯の「おかづ」ということになるだろう。京都では海のものの入手が困難なことから、自《おの》ずと野菜を主としたお番菜料理が発達してきたと考えてもいいだろう。

一方、大阪の惣菜の特徴は、山海の旬を合わせるところにある。とてもつましいけれどバランスがとれ、味わいは甘辛で「こく」があるものが多い。これら惣菜こそが、昭和四〇（一九六五～七四年）年代にできあがったとされる、脂肪分が増え栄養バランスが調整された日本型家庭の食生活の基盤になっているとも考えられるのではないだろうか。

では実際に大阪の惣菜にはどのようなものがあったのだろう。大阪府立中之島図書館に所蔵されている明治三十六（一九〇三）年の「日用おかづの見競《みたて》」[1]（八二・八三ページ）から、いくつかの惣菜を取り上げて紹介してみたい。

まずは食材が紹介されている「飲食見競《いんしょくみたて》」を見ていただきたい。（八四・八五ページ）ずらりと並んだ食材の豊富さに驚かされる。山海河川の食材から乾物そして加工品に至るまで様々なものが並んでいる。

大関には、薬食いとされた「野猪《しし》」が滋養食材としてあげられている。また「日用おかづの見競」のなかには、「飲食見競」の上位にあげられている食材を使った「おかづ」が多く見られることから、この二つは料理を考える上で、二つでひとつのような使われ方がなされてきたと推測できる。

では両大関から見てみよう。「大根みそしる」と「しじめ赤みそしる」という味噌汁の見競だ。大阪で味噌といえば一般に白味噌をさしている。「大根みそしる」とは、白味噌仕立ての大根の味噌汁。「しじめ」はしじみのことで赤味噌汁となっている。

しじみは大阪に縁深いもので、淀川で採れるしじみは大きく、鼈甲《べっこう》色をしている。この鼈甲しじみが最近、淀川水系の浄化が進んだことから、復活の兆しにある。また、しじみといえば万葉歌に次のような歌を見ることができる。

「住吉《すみのえ》の粉浜のしじみ開けも見ず隠《こも》りてのみや恋ひ渡りなむ」

この歌は天平時代、聖武《しょうむ》天皇難波行幸の時のものとされているが、作者未詳。「美しい住吉粉浜のしじみがじっと殻を開けないように、私もこの想いを胸にただ恋焦がれるばかりです」といった歌意になるのだろう。

しじみといえば、夏の土用しじみがひとつの旬。「土用しじみは腹薬」などの言葉も残っているが、「四時美」とも書かれるように、夏や冬だけでなく身近な食材として親しみ深く愛されてきた貝であったことがわかる。今も大阪住吉《すみよし》大社駅の近くに粉浜《こはま》という地区があり、この万葉歌の歌碑が駅前に建立し、昔の美しかった粉浜の風土を語り伝えている。

さて次の関脇は、煮物の見競。「竹の子きざみこんぶ」と「いわしねぎなんばに」。「竹の子きざみこんぶ」は、いわゆる佃煮風のものであろう。「いわしねぎなんば」には、鰯とネギを酒、醤油、味醂《みりん》、出汁《だし》などで甘辛く煮しめたもの。難波煮とは難波(ネギ)を入れて炊いたもの、炊いたネギの甘さを生かした料理について大阪でそう呼ばれてきたようである。

「なにわの伝統野菜」の章でも触れるが、難波葱《なんばねぎ》は難波のネギではなく、品種名と考えるのが妥当である。

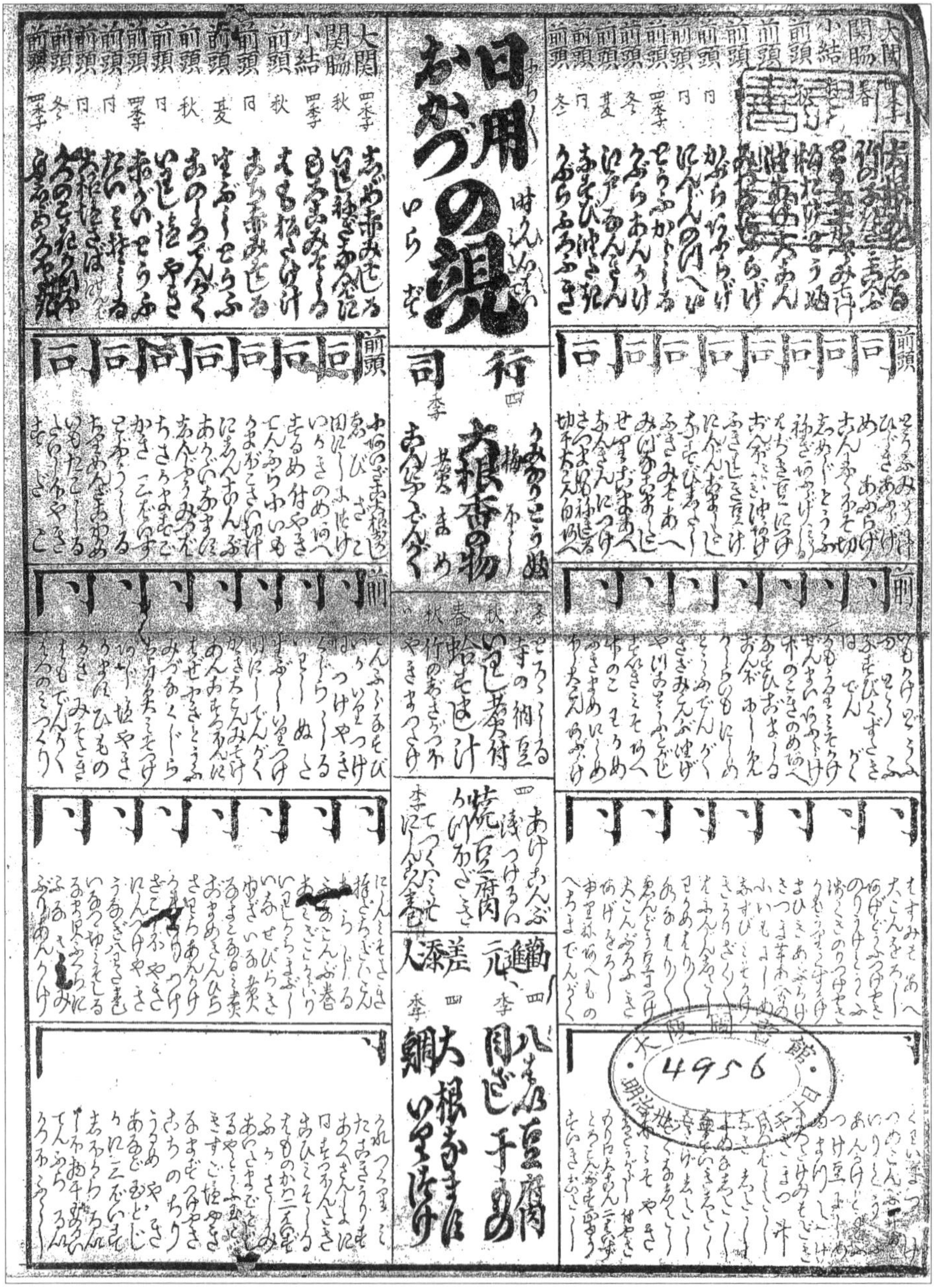

大阪（明治時代〈一八六八～一九一二年〉）の代表的な惣菜料理。（大阪府立中之島図書館所蔵）

日用《にちにち》おかづの見立《みたて》
時かん心はいいらず

大関　四季　大根みそしる
関脇　春　竹の子きざミこんぶ
小結　同　とうふ干かぶらみそ汁
前頭　秋　松たけとうふ
前頭　冬　油あげ大こん
前頭　同　みずなあぶらげ
前頭　同　かぶらあぶらげ
前頭　同　にんじんのっぺい
前頭　四季　とうふからしる
前頭　冬　かぶらあんかけ
前頭　夏　江戸なんきん
前頭　同　なすび油たき
前頭　冬　かぶらふろふき

大関　四季　しじめ赤みそしる
関脇　秋　いわしねぎなんばに
小結　四季　もろこみそしる
前頭　秋　はも松たけ汁
前頭　同　こち赤みそしる
前頭　夏　生ぶしとうふ
前頭　秋　このしろでんがく
前頭　同　いわし塩やき
前頭　四季　赤がいとうふ
前頭　同　たいミそしる
前頭　同　大根塩さば　せんばに
前頭　冬　かずのこ花かつほ
前頭　四季　身しじめかつほだき

前頭　とうふみそ汁
同　ひじきあぶらげ
同　めあぶらげ
同　こんにゃくほそ切
同　しめじとうふ
同　ねぎあぶらげ　ミそしる
同　はぢき豆につけ
同　ごんぼ　ささかき　油あけ
同　ふきはじき豆汁
同　にんじんごましたし
同　なすびしたし
同　ふきみそあへ
同　みづなこましたし
同　せりごまあへ
同　なんきんにつけ
同　さつまいもねぎしる
同　切干大こん白あへ

行司
四季　梅ほし
かみなりとうふ
大根香の物
煮まめ
こんにやくでんがく

前頭　小あいざこ大根おろし
同　ゑびざこ
同　田にしにつけ
同　いかきのめあへ
同　するめ付やき
同　てんふら小いも
同　かまぼこさい切汁
同　にしんこんぶ
同　あかがいなます
同　しんじやうみつば
同　ちさかますご
同　かき三ばいす
同　どじやうしる
同　ちりめんざこわかめ
同　いもたこしる
同　たいしほやき
同　すだこ

前　いもかけどうふ
同　ゆとうふ
同　なすびくずたき
同　同　でんがく
同　かもうりミそかけ
同　ぜんまいあふらけ
同　竹のこきのめあへ
同　なすびごましる
同　ごんぼにしめ
同　かしらいもにしめ
同　とうふでんがく
同　きざみこんぶ油げ
同　やつことうふとがらし
同　ずいきミそあへ
同　竹のこわかめ
同　ふきまめにしめ
同　ほし大こんあぶらけ

冬　とろろしる
〃　寺の納豆
秋　いわし煮付
春　蛤すまし汁
秋　竹のじきがつお
〃　やきまつたけ

前　てんふらなすび
同　いかいりつけ
同　同　つけやき
同　くじらしる
同　いわしぬた
同　生ぶしいりつけ
同　田にしでんがく
同　かき大こんみそ汁
同　あんこすつほんに
同　はぜやきとうふ
同　みづなくじら
同　太刀魚ミそつけ
同　あじ塩やき
同　かますひもの
同　かきみそたき
同　はもでんかく
同　はつのミつくり

同　はすみそあへ
同　大こんをろし
同　あげどうふつけやき
同　のりかけとうふ
同　浅くさのりつけやき
同　かもうりくずかけ
同　まびきあぶらけ
同　さつま芋あへもの
同　小いもにしめ
同　なすびミそかけ
同　きうりざくざく
同　はにんじんしたし
同　わかめはりはり
同　水なはりはり
同　ゐんどう豆につけ
同　大こんぶろふき
同　あげをろし
同　ゆりねあへもの
同　へちまでんがく

四季
あげこんぶ
浅つけるい
焼豆腐
かつほだき
てつくハミそ
にしんこん巻

同　にしんミそたき
同　棒だらだいこん
同　あらじる
同　ふなこんぶ巻
同　あミぎこからいり
同　いわしからまぶし
同　いなせびらき
同　ねぎいな煮
同　なまこなるミ煮
同　ごまめきんひら
同　さわらあんかけ
同　かれいりつけ
同　ざこしほやき
同　にしんつけやき
同　うなぎ八わた巻
同　いなつつ切ミそしる
同　なま貝ふくらに
同　ふなさしみ
同　ぶりあんかけ

同　くわいにつけ
同　つめこんぶ竹のこ
同　いりとうふ
同　あんかけとうふ
同　つけ豆にしめ
同　ゆまつたけ
同　まつたけみそだき
同　やきまつ竹
同　ミつばしたし
同　ちさしたし
同　よめなしたし
同　★★いきしたし
同　ささげしたし
同　きくなしたし
同　赤ミそやき
同　青とうがらし付やき
同　もり口大こん二はいず
同　とろろこんぶす正ゆう
同　すいきしたし

勧進元　四季　八はい豆腐　目ざし干もの
差添人　四季　大根なます　鯛いりつけ

同　かれつくりミ
同　たこきうりす
同　あかへさんしょに
同　同　すつほんたき
同　こひミそしる
同　はものかハ二はいず
同　ふかさしみ
同　あいたまごとじ
同　高やとうふ玉とじ
同　きすご塩やき
同　なまずつけやき
同　こちのちり
同　うるめやき
同　あなご玉とじ
同　かに三ばいす
同　しほからるい
同　しほ物干ものるい
同　てんふらるい
同　うつほふらし

右頁の現代語訳。（資料協力：大阪天満宮文化研究所）

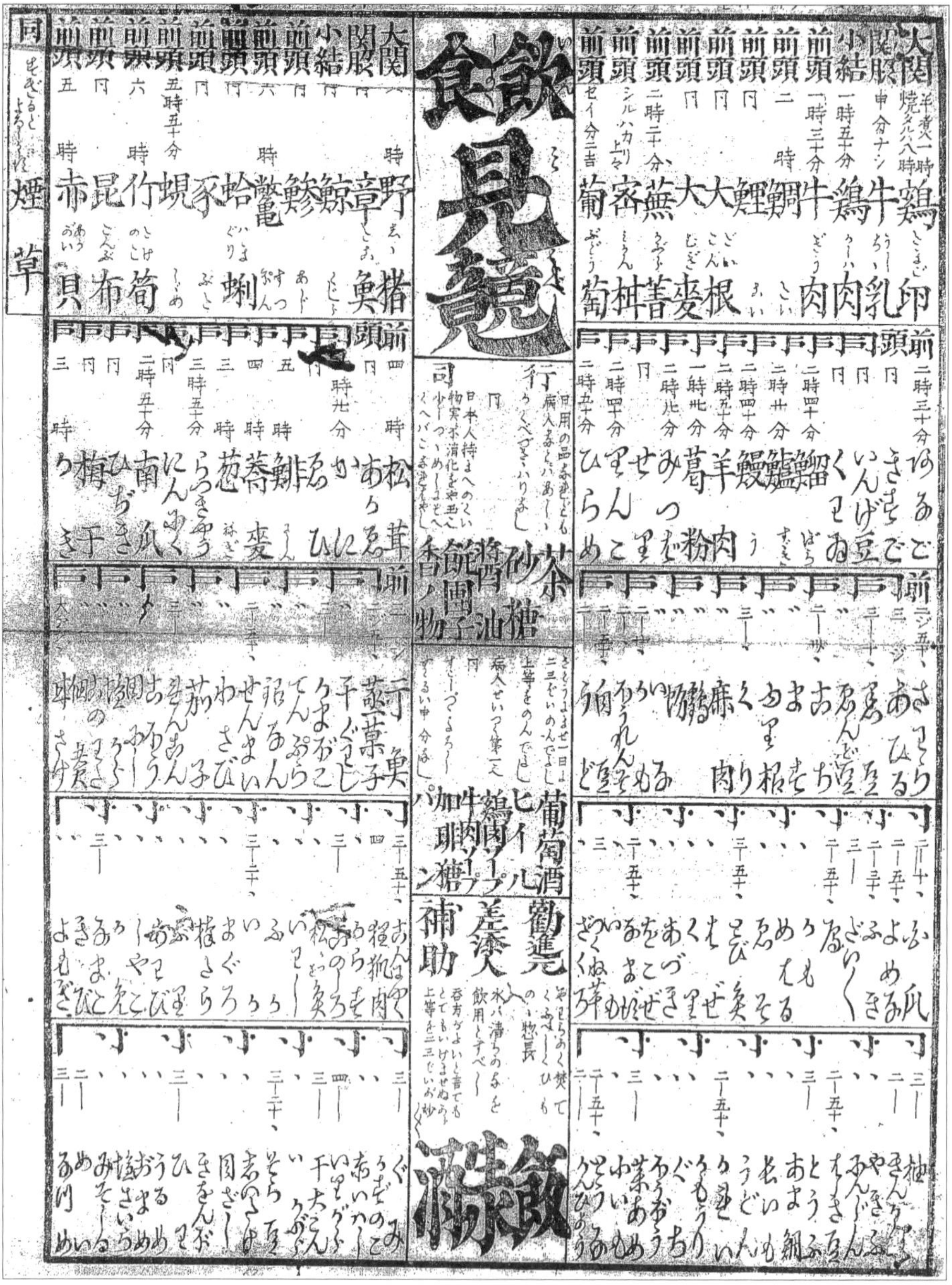

大阪（明治時代〈一八六八〜一九一二年〉）でよく使われていた食材。（大阪府立中之島図書館所蔵）

飲《いん》食《しょく》見《ミ》競《くらべ》

大関	半煮一時 焼タルハ八時	鶏たまご卵
関脇	申分ナシ	牛うしちち乳
小結	一時五十分	鶏かしハ肉
前頭	一時三十分	牛ぎう肉
前頭	二時	鯛《たい》
前頭	同	鯉《こい》
前頭	同	大だいこん根
前頭	同	大むぎ麥
前頭	二時二十分	蕪かぶら菁
前頭	シルハカリ上々	蜜みかん柑
前頭	セイ分二吉	葡ぶどう萄

大関	六時	野しし猪
関脇	同	章たこ魚
小結	同	鯨《くじら》
前頭	同	鰺《あじ》
前頭	六時	鼈すっぽん
前頭	同	蛤ハまぐり蜊
前頭	同	豕《ぶた》
前頭	五時五十分	蜆《しじめ》
前頭	六時	竹たけのこ筍
前頭	同	昆こんぶ布
前頭	五時	赤あかがい貝
同	すぎるとよろしからず	煙草

前	二時三十分	あなご
頭	同	きすご
同	同	いんげ豆
同	同	くわゐ
同	二時四十分	鯔《ぼら》
同	二時廿分	鱸《すずき》
同	二時四十分	鰻《う》
同	二時五十分	羊肉
同	一時卅分	葛粉
同	二時廿分	みつば
同	同	せり
同	二時四十分	りんご
同	二時五十分	ひらめ

行司

茶	日用の品なれども病人なとニハあしし
砂糖	かくべづききはりなし
醤油	同
餅團子	日本人持まへのくい物実ニ不消化をや玉也
香ノ物	少しつつめしにそへくへバこなれはやし

前	四時	松茸
頭	同	あかゑ
同	時廿分	かに
同	同	ゑび
同	五時	鯡《にしん》
同	四時	蕎麦
同	三時	葱《ねぎ》
同	三時五十分	らっきやう
同	同	にんにく
同	二時五十分	南瓜
同	同	ひぢき
同	同	梅干
同	三時	かき

前	二ジ五十、	さわら
同	三ジ	あひる
同	三ー十、	黒豆
同	〃	ゑんど豆
同	二ー卅、	こち
同	〃	ます
同	〃	ゆり根
同	三ー、	くり
同	〃	鹿肉
同	〃	鶴
同	〃	蛎
同	〃	いな
同	二ー廿、	かも
同	二ー、	ほうれんそ
同	二ー五十、	白豆
同	二ー	うど

葡萄酒	さとうにまぜ一日に二三ばいのんでよし
ヒイル	上等をのんでよし
鶏肉ソープ	病人せいつく第一也
牛肉ソープ	同
加琲糖	すこしづつよろし
パン	無るい申分なし

前	三ジ	干魚
同	二ジ五十、	蒸菓子
同	〃	干ぐわし
同	三ー	かまぼこ
同	〃	てんぷら
同	〃	銀なん
同	二ー五十、	ぜんまい
同	〃	わさび
同	〃	茄子
同	三ー	れんこん
同	〃	こほう
同	〃	田にし
同	〃	塩から
同	〃	このわた
同	〃	佃煮
同	大ア、	甘さけ

同	二ー十、	白瓜
同	二ー五十、	よめな
同	二ー三十、	ふき
同	三ー	だいだい
同	二ー五十、	鴈
同	、	かも
同	、	めばる
同	、	ゑそ
同	三ー五十、	とび魚
同	、	はぜ
同	、	くり
同	、	あづき
同	、	をこぜ
同	二ー五十、	なまず
同	、	いも
同	三	つくね芋
同	、	ざくろ

勧進元

差添人

補助

同	三ー五十、	こんにゃく
同	四	狸狐肉
同	、	からす
同	三ー	このしろ
同	、	松かつを魚
同	、	いわし
同	、	ふか
同	三ー二十、	いか
同	、	まぐろ
同	、	棒たら
同	、	ぶり
同	、	あわび
同	、	しやこ
同	、	かめ
同	三ー	なまこ
同	、	きび
同	、	よもぎ

同	三ー	柚
同	二ー	きんかん
同	、	やきふ
同	、	にんじん
同	二ー五十、	はしき豆
同	三ー	とうふ
同	、	あま鯛
同	、	長いも
同	、	うどん
同	二ー五十、	かれい
同	、	かもうり
同	、	ぐち
同	、	ほうぼう
同	三ー	薬あめ
同	、	こいも
同	二ー五十、	とうな
同	二ー	かんひょう

飯	やわらく焚てくふべしくひものの惣長
生水	水バ清らかなを飲用とすべし
酒	呑方がよいと言てもとてもいけませぬから上等を二三ばいが妙くく

同	三ー	ぐみ
同	、	かずのこ
同	、	赤いハし
同	四ー	いりがら
同	三ー	干大こん
同	、	〃かぶら
同	三ー二十、	そら豆
同	、	しいたけ
同	、	目ざし
同	、	ぎをんぼ
同	三ー	びわ
同	、	うるめ
同	、	ごまめ
同	、	塩さいら
同	、	みそしる
同	二ー	めい
同	三ー	なつめ

右頁の現代語訳（資料協力：大阪天満宮文化研究所）。一覧の各料理の上に時間が書かれているが、これは保存できる時間をさす。鶏卵の半煮一時《いっとき》とは、半熟卵が一時（2時間）の保存が可能という意味。

渡来したネギには多くの種類があったが、なかでも難波葱が甘さに富んだネギだったのではなかろうか。

大阪には「薩摩芋とネギの炊き合わせ」がある。これは、正確には「大阪四十日芋《しじゅうにちいも》と難波葱の炊き合わせ」だと思われる。住吉周辺の名物であった、小さいながらも強い甘さを持った大阪四十日芋と難波葱。芋とぶつ切りのネギを砂糖と醤油で調味するものである。

さて小結だが、「とうふ干かぶらみそ汁」と「もろこみそしる」。ここでいう「干かぶら」はもちろん天王寺蕪の干し蕪。これをもどし汁とともに白味噌仕立てにしたものである。

以下、前頭へと続いていくが、四季を楽しめるものに「とうふからしる」がある。これは出汁《だし》に白味噌を溶き、木綿豆腐と薄油揚げやネギなどを適当な大きさに切ったものを入れ、仕上げにおからを加えたもの。白味噌のまったりした味わいと、おからの食感が楽しめる料理。

同じ豆腐料理だが、行司の「かみなりとうふ」も明治時代(一八六八〜一九一二年)にはよく食べられていたようだ。これは鍋にごま油を入れ熱する。そこに木綿豆腐を適当な大きさにちぎり入れる。熱せられたごま油に豆腐が入ることで、「ジャージャー」と大きな雷のような音がするのが名の由来。しばらく熱していると豆腐がまとまってくるので、醤油で軽く味をつける。仕上げに細切りにしたネギを天盛りする。

最下段に勧進元[2]として「八はい豆腐」が書かれている。これは豆腐を細長く切り、鍋に入れて出汁《だし》で煮立て、くずを加えてどろりとさせる。次に塩、醤油、酒を好みに調理し、豆腐が浮き上がってきたのをすくい取り、ネギや海苔をかけて食べるもの。水と醤油と酒の割合が四杯:二杯:二杯であったことから八杯豆腐、または豆腐一丁で八人前作られることからその名が付いたともされている。現在は、昔ほどに豆腐は大きくないが、東大阪市に同義の豆腐料理法が伝わっていることから、八杯豆腐の由来はどうも後者の可能性が高い。ちなみに、明治後期にはすまし汁仕立ての「八はい豆腐汁」もある。

鰻の頭を「半助」と呼ぶが、これには諸説ある。小銭を丸助といい、その小銭すらあまりいらない半分程度の安さで買えるから半助。または絞首刑にされる罪人を半助と呼んだからといった由来が語られている。蒲焼き用のタレで味付けされた鰻の頭、捨ててしまう部位だが、そこからも出汁《だし》をとり食べるという大阪の「もったいない」精神が生んだ料理のひとつである。

これ以外の惣菜も合わせ、いくつか大阪惣菜の作り方を紹介しておく。料理は時代とともにレシピも変化していくもの。ここで紹介するものは、実際に調理して現代の嗜好に合うように少しアレンジを加えている。

［1］見競《みたて》　二つものを対比させて見比べるもの。何を対比させるかで、雑誌の売れ行きが変わるという人気企画だった。江戸と京阪を対比させたものなどに話題が集まった。

［2］勧進元　勧進を目的とした相撲などの興行の世話に当たる役を指す。

玉造黒門越瓜《たまつくりくろもんしろうり》と大阪茄子の薄くず仕立て

〈材料4人前〉
・瓜……1／2個
・大阪茄子……1本
・出汁《だし》……600cc
・塩……適量
・淡口醤油……適量
・水溶きくず粉……適量

〈作り方〉
❶玉造黒門越瓜は皮を剥《む》いて適当な大きさに切り、塩茹《ゆ》でする。
❷大阪茄子は適当な大きさに切る。
❸出汁《だし》を火にかけ②を加える。茄子に火が通ったら①を加え、塩と淡口醤油で味をつけ、水溶きくず粉でとろみをつける。

めえ

〈材料4人前〉

・あらめ（海藻の一種）
……15g
・油揚げ……1／2枚
・サラダ油……適量
・出汁《だし》……適量
・砂糖……適量
・濃口醤油……適量

〈作り方〉

❶あらめは水でもどし、適当な長さに切る。
❷油揚げはお湯をかけて油抜きをし、適当な大きさに切る。
❸鍋にサラダ油を入れて熱し、①、②を炒めて出汁《だし》を加え、ひと煮立ちさせる。
❹砂糖・醤油を加えて中火～弱火で煮、汁気がなくなる位まで煮込む。

船場煮《せんばに》

〈材料4人前〉

・塩鯖のアラ……1尾
・大根……適量
・塩……適量
・淡口醤油……適量
・土生姜……適量

〈作り方〉

❶塩鯖のアラはぶつ切りにし、熱湯にくぐらせる。
❷大根は短冊に切る。
❸鍋に水を入れ、②を茹《ゆ》でる。柔らかくなったら、アラを加える。静かに煮立てながら上に浮いてきたアクをすくい取る。
❹塩と淡口醤油で味を調節し、仕上げに生姜の絞り汁を加える。

豆腐から汁

〈材料4人前〉
・木綿豆腐……1／2丁
・薄揚げ……1／2枚
・青ネギ……1／2束
・おから……適量
・出汁《だし》……600cc
・白味噌……適量

〈作り方〉
❶木綿豆腐と薄揚げ、青ネギは適当な大きさに切る。
❷出汁《だし》を火にかけて白味噌を溶き①を加える。
❸仕上げにおからを加える。

鱧《はも》すり流し

〈材料〉
・鱧……70g
・昆布出汁《だし》……適量
・塩……適量

〈作り方〉
❶鱧は身のみを細かく叩き、裏漉《ご》しする。
❷①を昆布出汁《だし》で溶き、塩で味付けする。

白天と貝割菜《かいわれな》のおつい

〈材料〉
・白天（かまぼこ店で販売されています）……2枚
・素麺……1束
・貝割菜……適量
・出汁《だし》（鰹と昆布）……600cc
・塩……適量
・淡口醤油……適量

〈作り方〉
❶白天、貝割菜は適当な大きさに切る。
❷素麺は湯がいておく。
❸出汁《だし》を火にかけ、白天を加える。煮立ったら塩、淡口醤油で味を調え、貝割菜、素麺を加える。

鱧皮《はもかわ》と毛馬胡瓜《きゅうり》のざくざく

〈材料〉
・キュウリ（毛馬胡瓜《けまきゅうり》）……1本
・鱧皮（かまぼこ店で販売されています）……適量
・塩……適量
・土生姜……適量
・三杯酢（出汁《だし》、酢、砂糖、淡口醤油）

〈作り方〉
❶毛馬胡瓜は小口から薄切りにし、海水程度の塩水に漬けてしんなりさせてしっかり水分をとる。
❷鱧皮は軽く火であぶり、適当な大きさに切る。
❸三杯酢の調味料を合わせ、仕上げに生姜の絞り汁を加える。
❹②を三杯酢に漬ける。
❺器に盛り、おろし生姜を添える。

八《はち》はい豆腐汁

〈材料〉

・木綿豆腐……1丁

・海苔……適量

・淡口醤油……35cc

・昆布……適量

・水……650cc

〈作り方〉

❶豆腐を縦に2～3㎝幅の拍子切りにする。

❷昆布出汁《だし》のすまし汁を作る。水、昆布、お好みでだしじゃこ、を合わせて出汁《だし》をとる。できたすまし汁に豆腐を入れてさっと煮る。

❸盛って軽く焼いた海苔をもんでふりかける。

ごより大豆《だいず》煮《に》

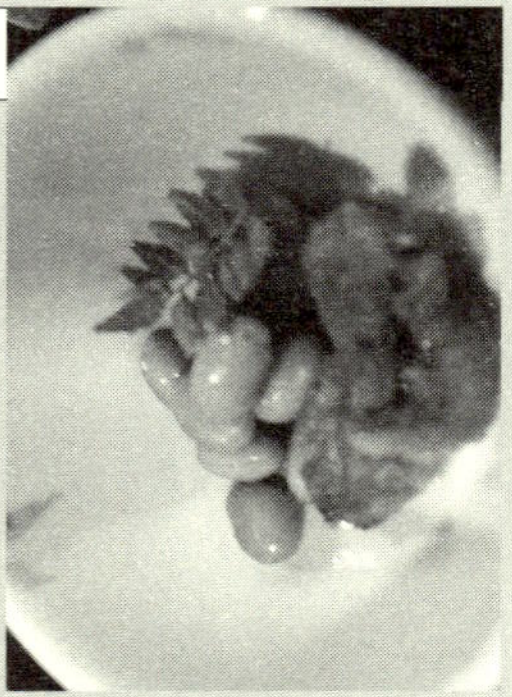

〈材料〉

・大豆……100g

・ごより（干しえび）……50g

・調味料（醤油、味醂、酒）

〈作り方〉

❶ごよりは鍋で空煎りする。

❷調味料を合わせて沸かしたなかに、戻していない大豆とごよりを入れ、中火強の火加減で炊き詰める。

じゃこ香子《ごうこ》

〈材料〉
・古漬水ナス……2個
・古漬キュウリ……1本
・じゃこえび……200g
・土生姜……適量
・煮汁（酒、水、濃口醤油、砂糖、味醂）

〈作り方〉
❶古漬《ふるづけ》の水ナスとキュウリは、塩出しする。
❷じゃこえびはさっと湯がいてザルにあけ、頭をはずす。
❸②の茹《ゆ》で汁に①を入れ、調味料を加えて炊く。
❹土生姜は粗くせん切りにし、③に加える。じゃこえびも加え、弱火で汁気がなくなるまで炊く。

人参《にんじん》のっぺい

〈材料〉
・金時人参……1本
・海老芋……適量
・こんにゃく
……1／3丁
・干し椎茸……2枚
・土生姜……適量
・水溶き片栗粉……適量
・出汁《だし》（鰹と昆布）
……600cc
・調味料
（塩、醤油、味醂、酒）

〈作り方〉
❶干し椎茸を水で戻す。戻した汁はとっておく。
❷金時人参、海老芋、こんにゃくは1.5cm位の角切りにし、茹《ゆ》でておく。
❸鍋に出汁《だし》を入れ、①の椎茸と戻し汁を入れて火にかける。②を加え、調味料で味を調える。
❹水溶き片栗粉でとろみをつけ、仕上げに生姜の絞り汁を加える。

蓮根白和《れんこんしらあ》え

〈材料〉

・河内蓮根……500g
・和え衣（白味噌、煎り胡麻、木綿豆腐、砂糖）
　白味噌と砂糖は同量

〈作り方〉

❶蓮根は皮をむき1cm幅の輪切りにして水にさらす。さらした蓮根を30分ほど茹で、ざるにとっておく。
❷すり鉢で胡麻をよくすり、白味噌と砂糖を入れてさらによくすり、最後に木綿豆腐を加え、①に絡めて器に盛る。

半助豆腐《はんすけどうふ》

〈材料〉

・鰻蒲焼きの頭……数個
・焼き豆腐……適量
・砂糖……適量
・醤油……適量
・青ネギ……適量

〈作り方〉

❶鍋に水、砂糖、醤油を入れる。
❷煮立ったら鰻の頭を好みの数だけいれる。
❸大きめの、さいの目切りにした焼き豆腐を入れる。
❹全体に味がなじむまで炊きあげる。
❺仕上げに青ネギを入れる。

大阪とうどん

大阪うどんの歴史と味わい

饂飩《うどん》や素麺《そうめん》が、蕎麦《そば》とともに一般化しはじめたのは江戸時代（一六〇三〜一八六七年）に入ってから。挽き臼の普及と大いにかかわりがあった。当初は寺院で食べられていたが、一般の生活のなかにも広がっていく。そのころ、うどんは、「饂飩・温飩・温麺・うんどん・うどん」と様々に呼ばれていた。

素麺は、大和の三輪で発祥し、その後小豆島、播州方面へ。うどんは小麦の産地であった香川、三河《みかわ》（愛知）、上州《じょうしゅう》（群馬）などで普及し、その土地土地で手打ちの郷土料理として定着した。

また参詣者の多く集まる門前町では、うどん屋が大繁盛。琴平宮（金毘羅さん）の讃岐うどん、伊勢神宮の伊勢うどん、上州水沢観音の水沢うどんがよく知られている。こうした麺類は商人などの往来の多かった各所に、それを食べさせる店が生まれた。

大阪・「松葉家《まつばや》」[1]（明治二十六〈一八九三〉年創業）の初代が修行した、寿司やうどんで名高い大阪市中央区の「たこ竹」（天保《てんぽう》二〈一八三一〉年創業）は、松屋町《まっちゃまち》筋と安堂寺橋筋の四辻にあり、ここは伊勢街道の起点であった。

また大阪府池田市にある「吾妻《あづま》」（元治《げんじ》元〈一八六四〉年創業）の店の前は、能勢《のせ》を経て丹波篠山へ通じる能勢街道と、西国霊場二十三番の札場、箕面勝尾寺《みのおかつおじ》から二十四番中山寺《なかやまでら》への唯一の巡礼街道との分岐点。京都、大阪、亀岡、有馬にも通じている。

大阪でうどんが一般に普及したのは、江戸中期ごろ。大坂は昔から商取引の場で毎日のように市が立ち、小麦、塩、昆布をはじめ、新鮮な材料が蔵屋敷に届いた。このように全国から選び抜かれた材料を使ってはじまったのが、大阪のうどんである。

明治のはじめにすでに麺売りがいたように、うどん作りはそれぞれの店や家ではなく、製麺所（卸屋）から仕入れるのが一般的であった。麺は製麺所に任せる代

「夜なきうどん屋」本当は「夜商内《よあきない》うどん」が正しい呼び方。（図版：長谷川貞信「浪花風俗図会」より）

わりに、出汁《だし》づくりは、それぞれの店で色々苦心したようである。出汁《だし》の味で店がわかるという位特徴があった。材料は、上物の昆布（道南産真昆布）、鰹節（鯖、うるめいわし八とすると、めじかは二）、淡口醤油、それに砂糖。出汁《だし》はその当時ほとんどのうどん屋が、出汁《だし》徳利《とっくり》に入れて湯せんして出していた。

　基本的には讃岐うどんと大阪うどんは根本的に違うことはないようであるが、「松葉家」によると、違いは「揑《こ》ね方にある」という。つまり讃岐うどんの大揑《ご》ねに対して、大阪うどんは小揑《ご》ね。大揑《ご》ねというのは、小麦粉二千五百グラムを半分に分けて打つ。小揑《ご》ねは小麦粉千七百〜千八百グラムを半分に分けて打つ。揑《こ》ねるときの小麦粉の量の違いとともに大阪うどんの場合は、手を使う工程が多い。よって讃岐の「手打ちうどん」に対して「手もみうどん」という。大正末期から昭和五〜六（一九三〇〜三一）年までは大阪はどこも手もみで、これ専門の打ち屋というのがいたそうであるが、その後手もみは見られなくなる。

　大阪うどんの大きな特色は、麺の太さと柔らかさにあるといわれている。これは、なるだけ出汁《だし》に上手になじむようにとの配慮から生まれたものだとされている。だからこそ、この手もみで作るきつねうどんなどの種もんは、ざる蕎麦のように、麺だけをつけ汁で食べてもそれほど旨《うま》くはない。出汁《だし》と麺と具の三位一体で味わってこそ旨《うま》い。それだけに出汁《だし》ひとつでも材料を念入りに吟味し、味加減や火加減のタイミングを考え、心をこめて仕事をしないとだめなのである。

麺類商見立(明治十八〈一八八五〉年)。

讃岐うどんは麺を楽しむのでコシがポイント。大阪うどんにとっての麺とは、うどんという汁椀の具であることから出汁《だし》との相性がポイントとなるだろう。

大阪と蕎麦

蕎麦は江戸のもののように見られているが、はじめて文献に出てくる蕎麦屋は、おそらく『摂津名所図会』(寛政《かんせい》八〈一七九六〉年)で描かれている新町の舟着場にあった「砂場《すなば》」である。当時、かなりのブランドであったようで後に関東でも「砂場」を名乗る店が多数出現した。『摂津名所図会』には繁盛する店の様子と蕎麦打ちの風景などが見られるが、どうも蕎麦だけではなく、饂飩なども出していたことが図からうかがえる。

そもそも蕎麦は「そばがき」として食され、次に「そば切り」となって麺状として供されるようになった。大坂ではこれを蒸籠《せいろ》で蒸し、「熱(敦)盛り」の形で食べられてきたようである。今も盛り蕎麦を蒸籠と呼ぶのはこの名残りであろう。

『守貞謾《もりさだまん》（漫）稿《こう》』[2]にある大坂名物の川口屋の蒸蕎麦は、井原西鶴『好色一代女』（貞享《じょうきょう》三〈一六八六〉年刊）でも紹介されるほどに有名。大坂の蕎麦を代表するものであったことがわかる。

　ちなみに蕎麦は江戸時代、菓子司《つかさ》（菓子業）の扱いであった。製粉したものを扱うのは菓子業の仕事。蕎麦粉を練り上げて作る「そばがき」を考えると納得できることで、当然蕎麦打ちも行っていたようだ。京都の河道屋の「蕎麦ほうる」が有名だが、これは河道屋安兵衛が、菓子舗で蕎麦を扱っていたころをしのび、家伝の秘法を元に工夫を重ねて作り上げたものである。

　さて、話を蒸蕎麦に戻すと、こうしたいわゆる大坂蕎麦は、現代でも、元禄《げんろく》時代から続いている大阪・堺の「ちく満《ま》」や、北区ではお初天神の「夕霧そば・瓢亭」などで食べることができる。こうした店が昔の作り方や食べ方をそのまま継承しているとは思えないが、そこには大阪好みの蕎麦の食べ方というものが確かにあるといえるだろう。

[1] 松葉家　明治二十六（一八九三）年創業。松屋町の鮓店で働いていた宇佐美要太郎氏（初代）が船場に開いたうどん屋。稲荷寿司の油揚げとうどんを合わせた「きつねうどん」を考案したとされる。

[2]『守貞謾《もりさだまん》（漫）稿《こう》』　喜田川守貞著。天保《てんぽう》八（一八三七）年に書きはじめる。江戸時代の風俗について、絵をまじえながら解説。

大阪の鮓《すし》

三都の鮓の歴史

江戸の握り、京都の鯖、大坂の箱。三都にはそれぞれの鮓《すし》がある。江戸は食に関しても多分に上方の文化にならったものであったといえる。参勤に出ていく各国大名は江戸の料理人では口に合わず、自国の料理人を屋敷においていたといわれている。

　ちなみに「すし」には「鮨・鮓・寿司」などの字があてられる。寿司はまったくの当て字。そもそも「すし」

の要となる酸味だが、近江の「鮒《ふな》ずし」に見るように、魚と米飯を長い期日、混ぜ、圧し、合わせ自然発酵させることによってできたもの。よって鮨の字が使われる。これとは違い、握りなど「お酢」を使って作るものには「鮓」の字が使われてきたと考えるのが妥当である。

では、三都のひとつ江戸について見てみよう。

江戸における鮓がどこからのものかは定かではない。延宝《えんぽう》期（一六七三〜八一年）に医師であった松本善甫が鮓を作り、これを「松本鮓」といっていたことが『難波江』という随筆に記されている。その後、四谷舟町《よつやふなまち》に近江屋と駿河屋が誕生した。このころは、まだ魚の身と飯を別々にして売っていたようで、「交《ま》ぜ鮓」といわれる今の「ちらし」になるのは後のことである。

江戸の食が急激に発達した文化文政《ぶんかぶんせい》期（一八〇四〜三〇年）。山谷の「八百善《やおぜん》」、深川の「平清《ひらせい》」、「百川《ももかわ》」が隆盛を極めた時代でもある。

この時代にはすでに上方のような押鮓《おしずし》ではなく、握《にぎり》鮓《ずし》が生まれていたが、最初は押鮓にヒントを得たようで、魚の身に握った飯を付けて箱のなかに並べ、笹の葉でこれを仕切って重しをかけ、「鮓べら」でこれをはがし、客に出していたとされている。

その後、握鮓が台頭する。『守貞謾（漫）稿』には「江戸は鮓店甚だ多く毎町一二戸、蕎麦屋一二町に一戸あり、鮓屋、名あるは屋台店のみにて売りも多し、江戸鮓に名あるは本所松のすし、東両国元町與兵衛《よへえ》鮓もっとも名あり」と出ている。この握鮓人気は江戸に留まらず大坂にまで及び、戎橋南に「松の鮓」という江戸風の握鮓ができた。

次に京の「鯖ずし」だが、有名な店に祇園の「いづう」がある。京都では、一般の家でも祇園会《ぎおんえ》には冷酒に鯖鮨を出すのが恒例ともなっている。昔からどのような「鯖ずし」が食されてきたのか。それを知る手がかりとして、狂言作者として知られる西沢一鳳《にしざわいっぽう》の『皇都午《こうとご》睡《すい》』[1]（嘉永《かえい》三〈一八五〇〉年成立）に次のような記述があるので紹介したい。

大阪其他鮓番附

次第不同

一面不盡

番付	所在	店名
横綱	天満	稲荷鮓
大關	近江講口	鮒すし
關脇	堂島	大江鮓
小結	下市	芳野鮎鮨
前頭	戎橋	松前すし
前頭	生駒	でんき壽し
前頭	新町	さばなれ鮨
前頭	茶臼山	榎佐
前頭	新町	すゞめ鮨
前頭	仙臺	五目すし

番付	所在	店名
横綱	伏見町	○政
大關	本町橋	御膳鮨
關脇	道頓堀	幸鮓
小結	博勞町	彌次喜多壽し
前頭	高知	ちごり
前頭	難波新地	すし虎
前頭	みなと	さば鮓
前頭	筋違橋	柳ずし
前頭	堺天神	福すし
前頭	博勞町	魚利鮓

番付	所在	店名
前頭	堂島	稽鮨
同	富山	鱒の早すし
同	國府津	小鯵おしすし
同	南地	夫婦すし
同	堀江駒家	小鱧鮓
同	和歌山角清	雀すし
同	新町	瓢たん鮨
同	北新地	いばら
同	東京	鯛雀すし
同	灘萬	旅行すし
同	山北	鮎すし
同	岐阜若宮	いなりすし
同	根崎温泉	あづますし

番付	所在	店名
前頭	戎橋	矢倉鮓
同	心斎橋	福すし
同	内本町	松月
同	平野町	いなば
同	淡路町	よしの
同	和歌山	雀鮓
同	○政	遠足辨當
同	戎ばし	湊すし
同	農人橋	末廣家
同	木津	鷗すし
同	大手通	玉秀
同	千日前	戸出鮓
同	新世界	お多福すし

行司　岸和田　くつわ鮓

行司　順慶町　雁治郎壽し

行司　南海驛前　蘆邊鮓

番付	所在	店名
前頭	富山	鮎のすし
同	名古屋	港鮓
同	濱松	千鳥鮓
同	花園橋	さかえすし
同	住吉橋	すし仙
同	京町橋	色葉
同	戎橋	昆布巻鮓
同	水了軒	雀すし
同	本田	西矢倉
同	堺大寺	壽し政
同	京町堀	魚春鮓
同	難波出口	サツキ鮓
同	東京	鮓屋與兵衛
同	白河	石川家

番付	所在	店名
前頭	板屋橋	魚徳
同	新和歌	すし由
同	萩の茶屋	村雨すし
同	大國町	中島屋
同	千日前	松鶴
同	堺山之口	一富士
同	新世界	吾妻鮓
同	日本橋	稲荷屋
同	白木屋	なれ鮨
同	筋違橋	すし萬
同	戎橋	丸萬すし
同	大左衛門橋	すし合
同	道頓堀	木の葉鮓
同	堺大小路	新藤

年寄　道頓堀　二葉すし

溝の側　お多福

戎橋　二葉鮓

番付	所在	店名
前頭	南森町	壽司富
同	住吉	榮鮨
同	道頓堀	末廣西店
同	堺大寺	戎鮨
同	神戸	いろはすし
同	大寶寺町	すし直
同	惠美須町	松月
同	心斎橋	まつすし
同	淺草	大阪すし
同	飛田遊廓	朝日
同	新世界	吾妻鮨本店
同	堺南平町	常盤鮨
同	神戸	すし亀
同	日本橋四	旭鮨
同	天王寺	すし富

番付	所在	店名
前頭	堺少林寺	八千代鮨
同	日本橋三	寶壽計
同	新川橋	長鮨
同	高津表門	寶すし
同	日本橋一	福喜鮨
同	難波驛前	南海鮨
同	堺山之口	末ひろ
同	和歌山	たこ茶屋
同	西櫓町	浪花鮨
同	二葉すし	旅行すし
同	日本橋二	櫻すし
同	千日前	月出
同	周防町	二葉鮨
同	天王寺	きらく
同	道頓堀	朝日鮨

勸進元　鷲見桃逸

差添人　名物及特産社

大阪・その他地域の鮓店見競（明治中期）。

「京師にては祇園会に鯖の鮓を客に出す、また鯖の酢には塩加減第一なり。加減は米一升に塩四匁（約十五グラム）の割合に入れ、飯を炊いて至極よい加減なりしを、今にては塩五匁入れても水臭くて加減悪し、諸人辛い好きなりしか、また塩のききの薄くなりしかというに、これまったくさにあらず、近世一統豪奢の境なれば前々のごとき辛き塩の下鯖は用いざる所以なりと京都の料理に心ある人の話にて知りたり」。（京では祇園祭に鯖の押鮓を客に出す。この鯖の酢には塩加減がもっとも肝心。〈中略〉このごろのように贅沢な時代になってしまっては、以前のような辛い塩加減では好まれないようになった）。

　京都に限らず、関西では早熟鮓《はやなりずし》（棒状鮓）が、各種の魚を用いて工夫されていたようであり、和歌山県などでは今日でも残されているものがある。

箱鮓の由来

大阪といえば箱鮓だが、その元祖とされているのが「本福《ほんふく》寿司」。『守貞謾（漫）稿』に「大阪心斎橋筋大宝寺南に本福いう鮓店を開く、柿鮓《こけらすし》（屋根瓦のように段々にネタを重ねて敷く鮓）の鶏卵、鮑《あわび》、鯛、厚く二分（約六ミリ）にしてこれを売る。大いに行われ、衆、争いてこれを買う。これ従来の製は極めて薄きを用いし故なり。同価にてはじめて肴を厚く、味良き故、大いに行われ、たちまち、他店もこれを擬製するあれども、大いに行われず、けだしこの店ありて後、京坂の鮨店改革して、これと同じなり、鮓製一変する」とある。

　さらに『守貞謾（漫）稿』には、福本は杉本に奉公せりて云々とある。その杉本は大阪鮓の老舗であったのか、それとも上方の貸食屋《りょうりや》であったかは不詳である。ただ杉本で修行したことで、江戸前握鮓の「松の鮓」に負けないような箱鮓を考案できたことは容易に推測できる。江戸の錦絵や歌舞伎の絢爛な彩りを鮨に応用。また隠し味に昆布や椎茸を応用するなど、江戸風には負けない浪速《なにわ》の心意気がそこには感じられる。

また、大阪の箱鮓は江戸の握りとは違い、食べるタイミングを最優先に考え、作られてきた。芝居見物の幕間や手土産に、お客が食べるであろう頃合いに、ちょうどよい味加減になるよう押して作られる。それが大阪の箱鮓なのである。

雀ずしとバッテラ

「雀《すずめ》ずし」といえば「すし萬」の「小鯛雀鮨」が知られている。魚の棚(現・横堀二丁目付近)で魚屋を承応《じょうおう》二(一六五三)年に開業と、すし萬の会社概要には書かれている。魚屋を営んでいた副業に、すし萬の先祖である初代河内屋長兵衛が福島村にて雀鮨を作り、いつから売りはじめたかは定かではない。

すし萬の雀鮨には小鯛の二才ものが使われているそうだが、この雀鮨が誕生した当時は小鯛ではなく「江ぶな(ボラの幼魚)」を用いていたといわれている。

じつは雀ずしというものは古くからその名が知られていたようで、元禄《げんろく》年間(一六八八〜一七〇四年)にその名がすでに定着していたようだ。元禄《げんろく》の書物である『日本鹿子《かのこ》』[2]に「雀鮓、江ぶななり。腹に飯を多く入れるが雀のごとくふくるればかくいふなり」と記されている。江ぶなを背割りにして塩漬けし飯を入れたものが、雀の姿に似ているということだろう。

元禄《げんろく》年間(一六八八〜一七〇四年)から大阪名物であった雀鮓、その発祥は西成郡福島村(曾根崎新地西方福島)とされ、福島雀鮓の名で知られていた。元禄《げんろく》年間(一六八八〜一七〇四年)に編纂された『摂陽群談《せつようぐんだん》』[3]に、次のように書かれている。

「福島雀鮓、西成郡福島村にあり。江ぶなの小を背割にし酢に浸し令レ乾レ之、飯を入れ作之、魚の腹脹れて形雀に似たる」。

また一八世紀前半、近松門左衛門の『今宮心中』でも雀鮓が取り上げられている。当時の桜山庄左衛門という役者の芸風を雀鮓に譬《たと》えたもの。「桜山庄左衛門、福島ぢゃとおっしゃる。心はの、小柄なれども張り詰めて、舞台一ぱいかさもあり、芸に身もある口中の、しょりしょりしたる雀鮨」と、小柄な役者だけれども、雀鮓同様になかなかに噛みしめれば味がでる役者と評しているのである。

『摂津名所図会』にも雀鮓は出てくるが、こちらは少し面白く、この福島の雀鮓が、編笠茶屋で売られていたというのだ。遊郭へ行く途中に、顔を隠すために編笠を買う。編笠だけでは店の者に体裁が悪いと思う客が多かったのか、ついでに他のものも求める客が多いので、店ではいつしか雀鮓を売るようになった……。そんなことを想像してみるのも一興だろう。

もうひとつ押し寿司（押鮓）といえば、明治二十四（一八九一）年に旧南区順慶町で創業した「すし常」のバッテラ[4]がある。明治二十六（一八九三）年に主人の中恒吉氏が大阪湾で大量に獲《と》れていた安価なコノシロを使い、これに白板昆布を乗せて押し寿司風に布巾で締め付けて考案したのがバッテラ。バッテラとはポルト

天満界隈にあったころの「寿し常」（大正五〈一九一六〉年）。

合せ酢の比較（米1.4kg—1升に対して）

	吉野鮨（大阪）	大阪風（標準）	すし萬（大阪）	ぎおん重兵衛（京都）	東京風（標準）
酢	200cc	360cc	約190cc	1～1.3合（約0.18～0.23ℓ）	360cc
塩	40g	約50g	約35g	10～13匁（約37～50g）	約50g
砂糖	140g	約130g	みりん約60cc	45～50匁（約170～187g）	約60g

すし飯の合せ酢比較表。（『うまいもの歳事記』大久保恒次著より）

ガル語の「小型のボート」のこと。寿司飯の上に乗ったコノシロの背を手で押し舟底に見立て、尾がボートの挺先を連想させる。始末の心と大阪らしい遊び心でできたこの寿司は有名になり他の鮨屋もこれを真似た。

　しかし第二次大戦後次第にコノシロが獲《と》れなくなり、いつしかコノシロから鯖へと代わってしまった。またバッテラの型も最初の舟型では、折詰めには収まりがわるいということで、現在の四角形になった。

　余談になるかもしれないが、江戸前の本格的な握り寿司が大阪で流行りだしたのは、関東大震災で寿司職人が、江戸から移ってきた後とされているが、そうではないようである。資料によると明治維新のころからだそうで、そのきっかけとなった店が法善寺から道頓《どうとん》堀《ぼり》へ抜ける道にあったようだ。主《あるじ》は、五代目団十郎の床山をやっていた人物で、江戸では寿司職人でもあったのだろう。

　じつは、この人物の店で働いていたのが、先ほどの「すし常」の創業者、中恒吉氏だという資料が残されている。大阪で寿司職人を志す人間が、この店にかかわりを持っていたとしても、何ら不思議なことはないだろう。

　こうして関東握りのスタイルではじまった大阪の握

りだが、食材や調味料の味わいが江戸好みと大阪好みで異なったことから、時代とともにいつしか大阪風の握りができあがっていった。そうした店のひとつに、明治後期の雑喉場《ざこば》に誕生した「えんどう」がある。中央市場へと移り、百年を迎えたこの店のこだわりは、「つかみ寿司」。シャリを冷やさずに、そのままの状態で握る。せっかちな大阪商人が手早く食べられる「早寿司」でもあった。寿司酢の加減も江戸に比べて少し甘め。これは「吉野鮨」も同様だろう。

[1]『皇都午睡』　嘉永《かえい》三（一八五〇）年成立。西沢一鳳の随筆。「みやこのひるね」ともいう。

[2]『日本鹿子』　「にほんがのこ」とも呼ばれる。元禄《げんろく》四（一六九一）年刊。日本全国の地誌。

[3]『摂陽群談《せつようぐんだん》』　江戸時代に編纂された摂津国の地誌。全十七巻ある。

[4]　バッテラ　当初はコノシロを二枚におろしただけの押し寿司であったという説も。鯖に代えたことで、鯖の生臭さを消すために白板昆布が使われるようになったともされている。

第四章 大阪の海魚《うみざかな》・川魚《かわざかな》

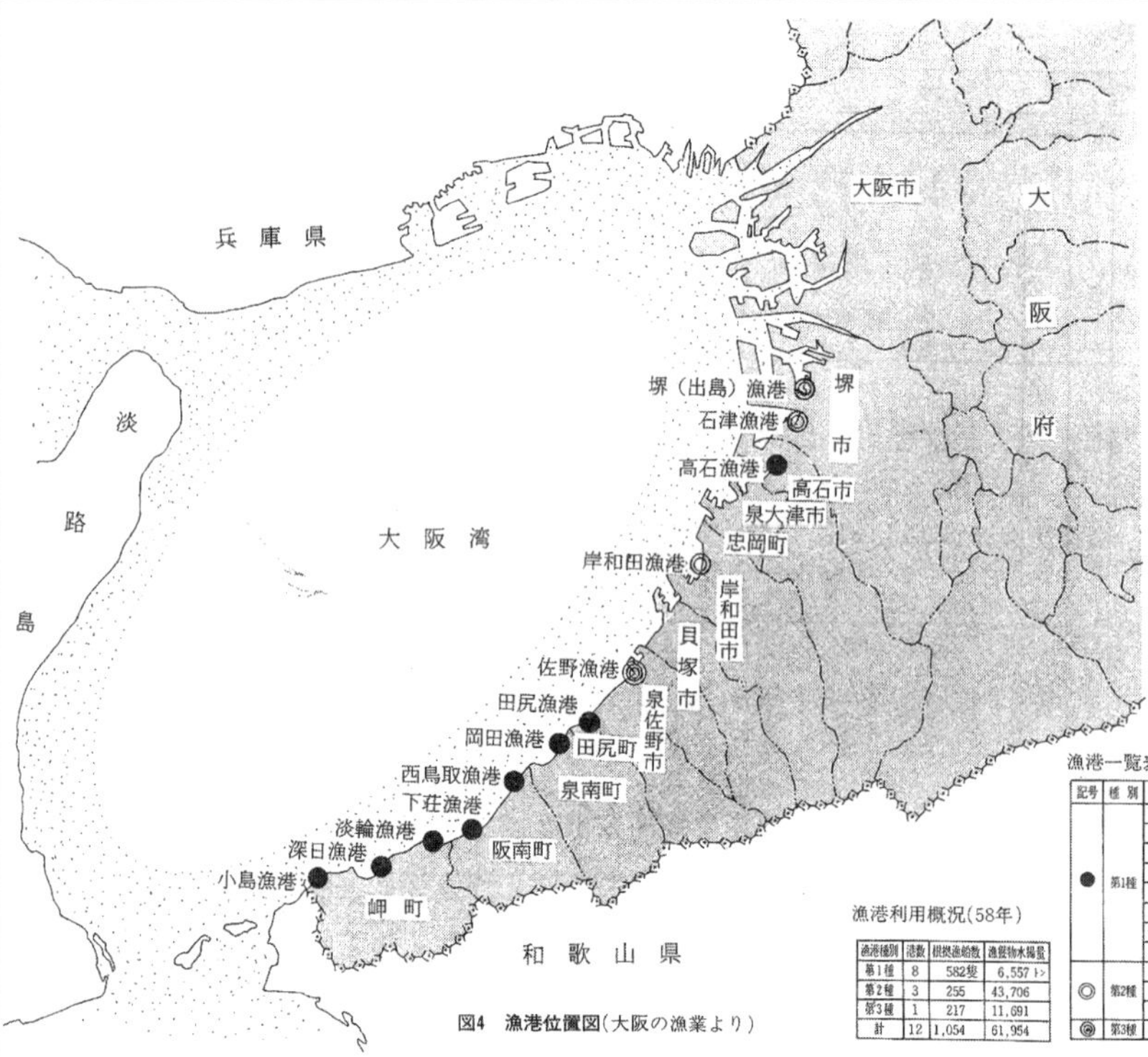

漁港利用概況(58年)

漁港種別	港数	根拠漁船数	漁獲物水揚量
第1種	8	582隻	6,557トン
第2種	3	255	43,706
第3種	1	217	11,691
計	12	1,054	61,954

漁港一覧表

記号	種別	漁港名	
●	第1種	高石	たかいし
		田尻	たじり
		岡田	おかだ
		西鳥取	にしとっとり
		下荘	しもしょう
		淡輪	たんのわ
		深日	ふけ
		小島	こじま
◎	第2種	堺(出島)	さかい(でじま)
		石津	いしづ
		岸和田	ましわだ
◎	第3種	佐野	さの

図4　漁港位置図（大阪の漁業より）

｜『大阪府の郷土食に関する研究』上島幸子著より。

大阪湾では鰯を餌とするフグが大量にこの網にかかった。鰯巾着網漁(昭和二十六〈一九五一〉年ごろ)。
(一一九、一五一ページ参照)

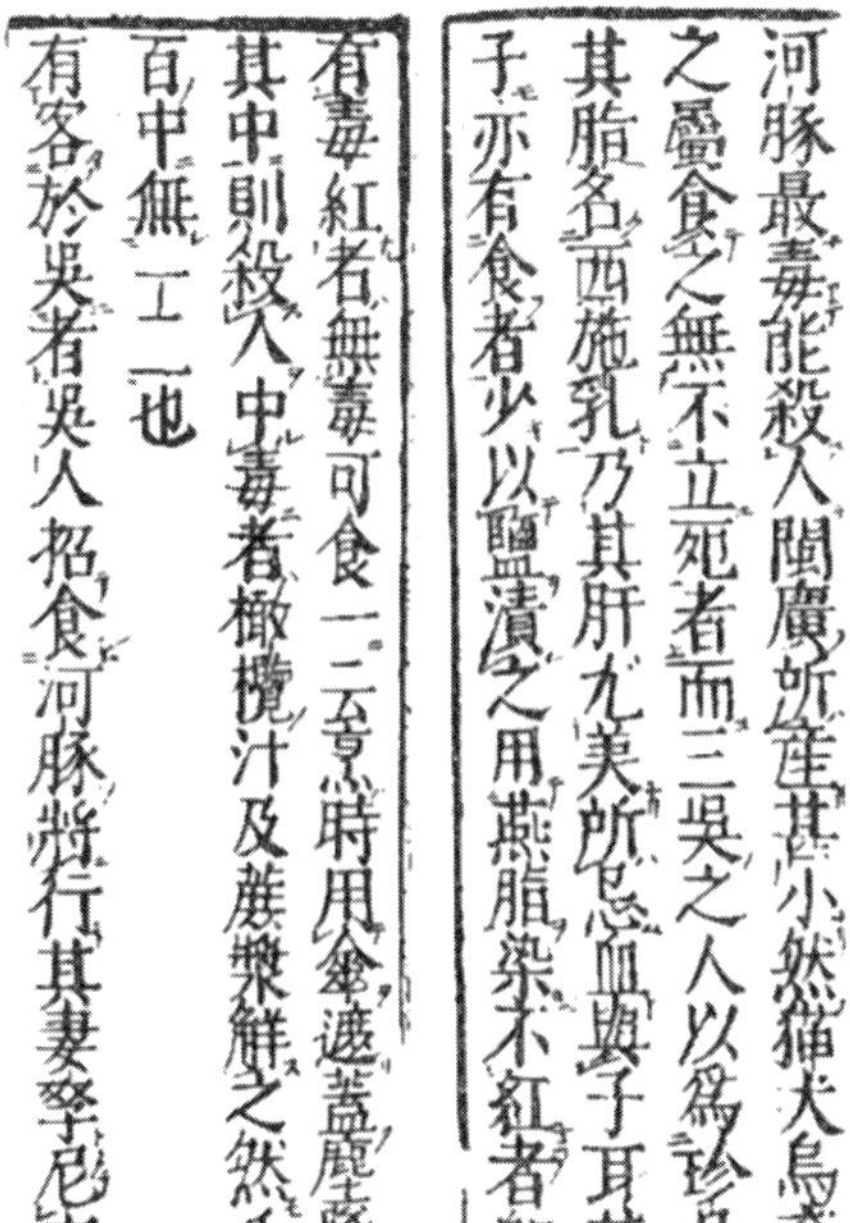

河豚最毒能殺人閩廣所産甚小然猫犬烏鳶
之屬食之無不立死者而三呉之人以爲珍品
其脂名西施乳乃其肝尤美所忌血與子耳其
子亦有食者少以鹽漬之用燕脂染不紅者即

有毒紅者無毒可食一云烹時用傘遮蓋塵墜
其中則殺人中毒者橄欖汁及蔗漿解之然千
百中無一二也
有客於呉者呉人招食河豚將行其妻孥忌之

明代の書『五雑俎《ござっそ》』にみるふぐの項。「河豚《ふぐ》の毒は非常に恐ろしいものとしながらも、肝臓はきわめて美味であり、忌むべきところは血液と卵巣にある。しかしこれを食べる者もある。その方法は少しの塩で卵巣を漬け、燕脂《えんじ》でこれを染めたときに紅くならないのは有毒で、紅くなるものは無毒」だとしている。

ふぐの卵巣を漬ける方法は日本にもあり、なかでも石川県の「ふぐ卵巣の粕漬」は珍味として有名である。

大阪の魚屋
かくのごとく篭へ入てあきなふ

江戸の魚屋
三四月の頃

大阪と江戸の魚屋（「街能噂・巻之四」）

大阪では魚屋は篭《かご》に入れて商い、江戸では半台に入れて商う。同じ魚屋でもスタイルが異なっている。

魚島季節《うおじまどき》に賑わう雑喉場《ざこば》の百間堀《ひゃっけんぼり》川の様子（明治後期）。

｜『日本山海名物図会』五「章魚《たこ》」（宝暦《ほうれき》四〈一七五四〉年）。（一三八ページ参照）

｜「名物大かばやき」の看板が見える。「江戸名所百人一首」（近藤清春筆）。（一六三ページ参照）

沼島漁業観光資料より。（一三六ページ参照）

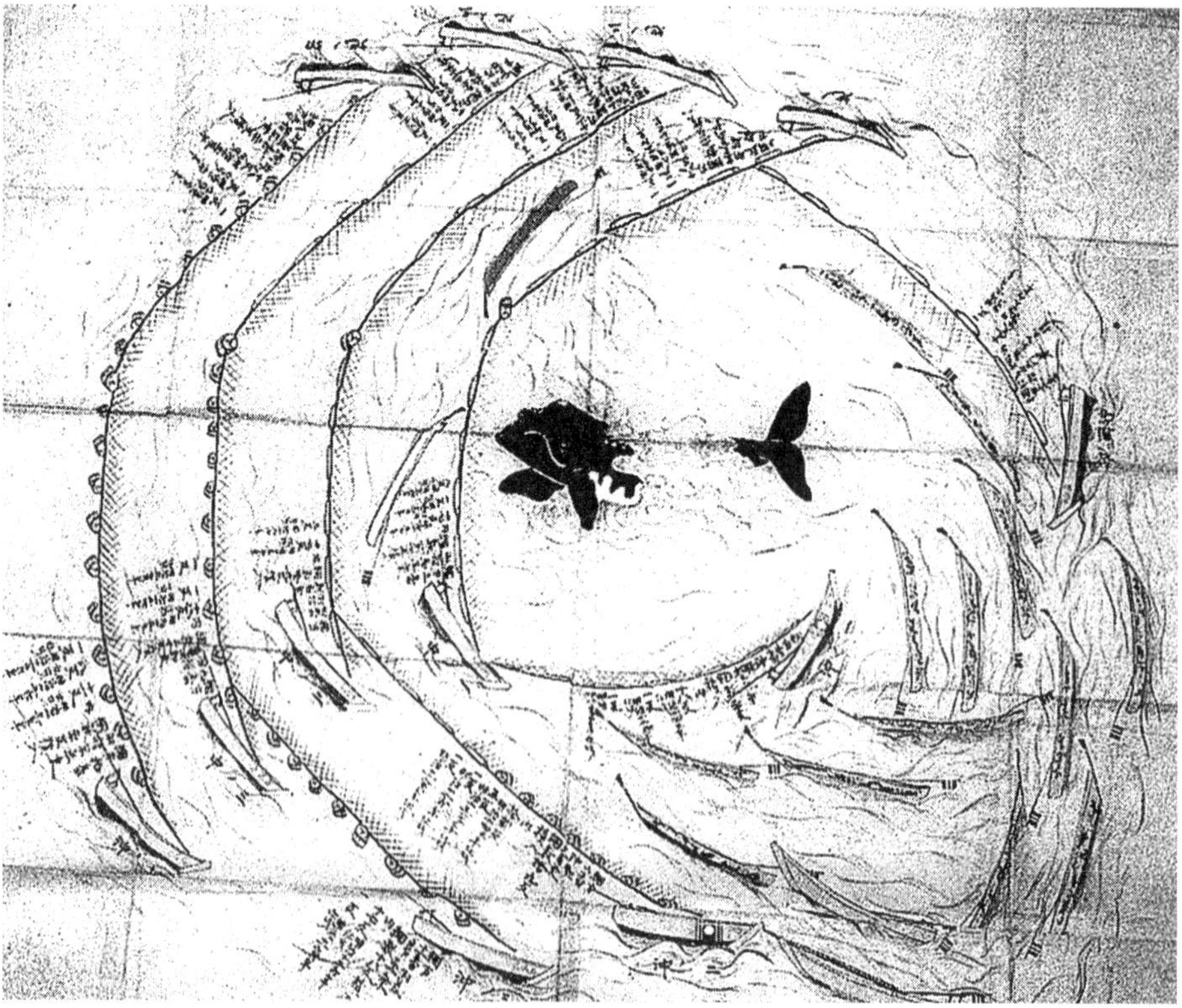

鯨網取り法「捕鯨網布図面」多田公子氏蔵（写真：高知県立歴史民族資料館資料提供：ケンショク「食」の資料室）。（一四四ページ参照）

｜『摂津名所図会』巻之四（寛政《かんせい》十〈一七九八〉年）。

｜「四条河原　夕涼みの図」（林鴻作「好色産毛」・元禄《げんろく》元〈一六八八〉年）に見る鰻の蒲焼き屋。（一六一ページ参照）

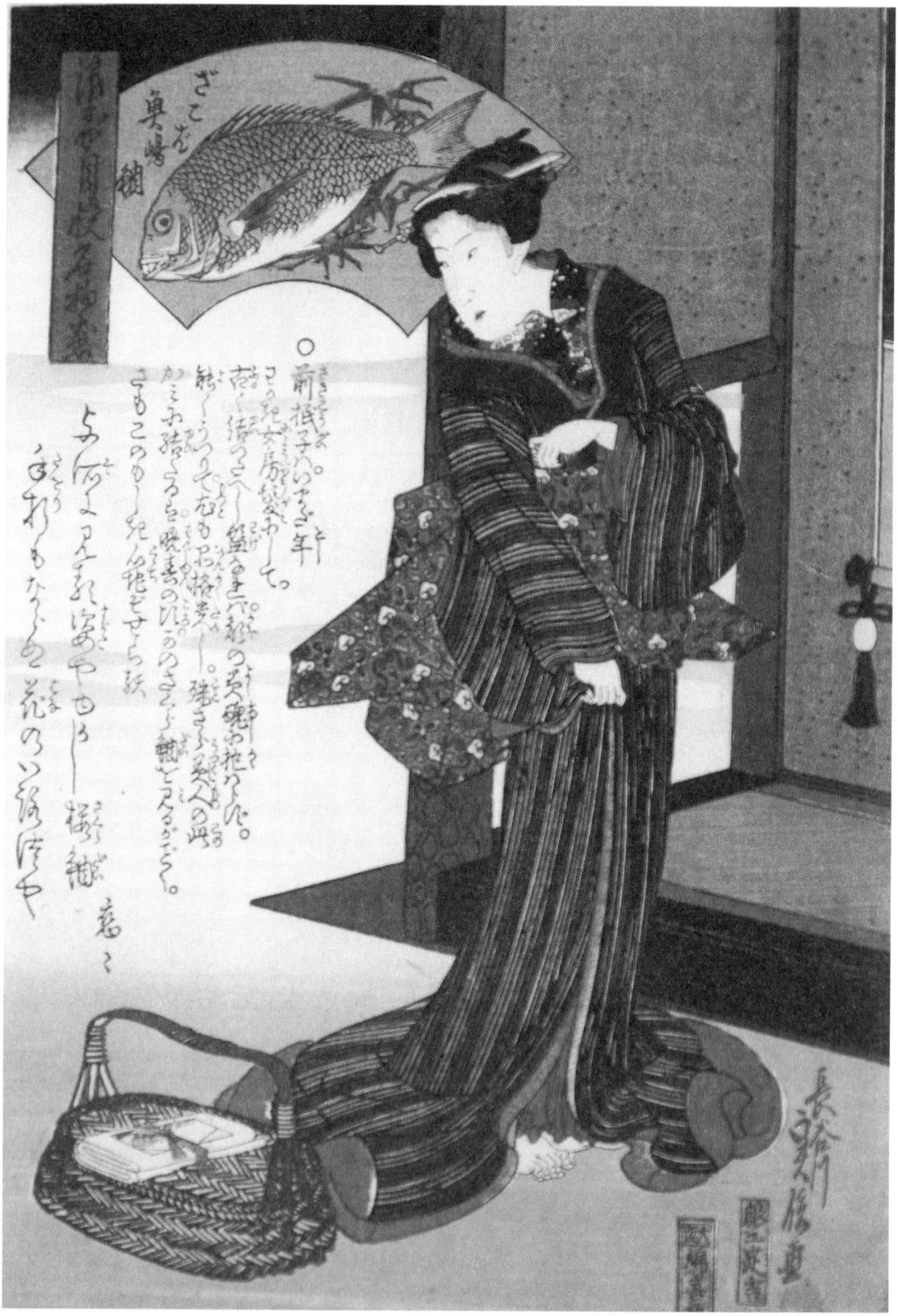

『浪花自慢名物尽』(長谷川貞信画)。雑喉場《ざこば》生魚市場は大坂の名物市場でもあった。

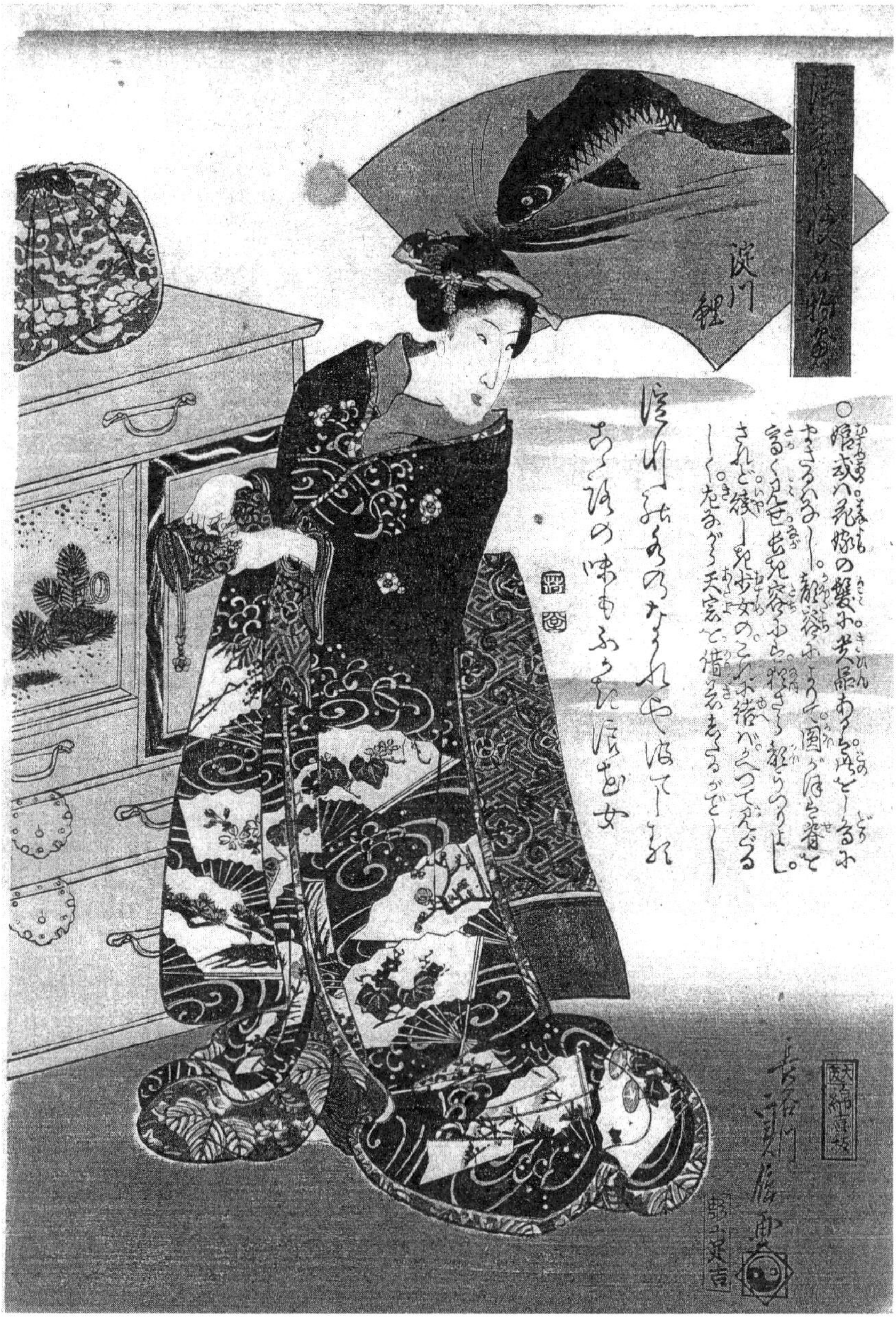

『浪花自慢名物尽』(長谷川貞信画)。
昔から大きな河川で育った鯉は旨《うま》いとされてきたが、なかでも淀川の鯉は「淀鯉」というブランドであった。

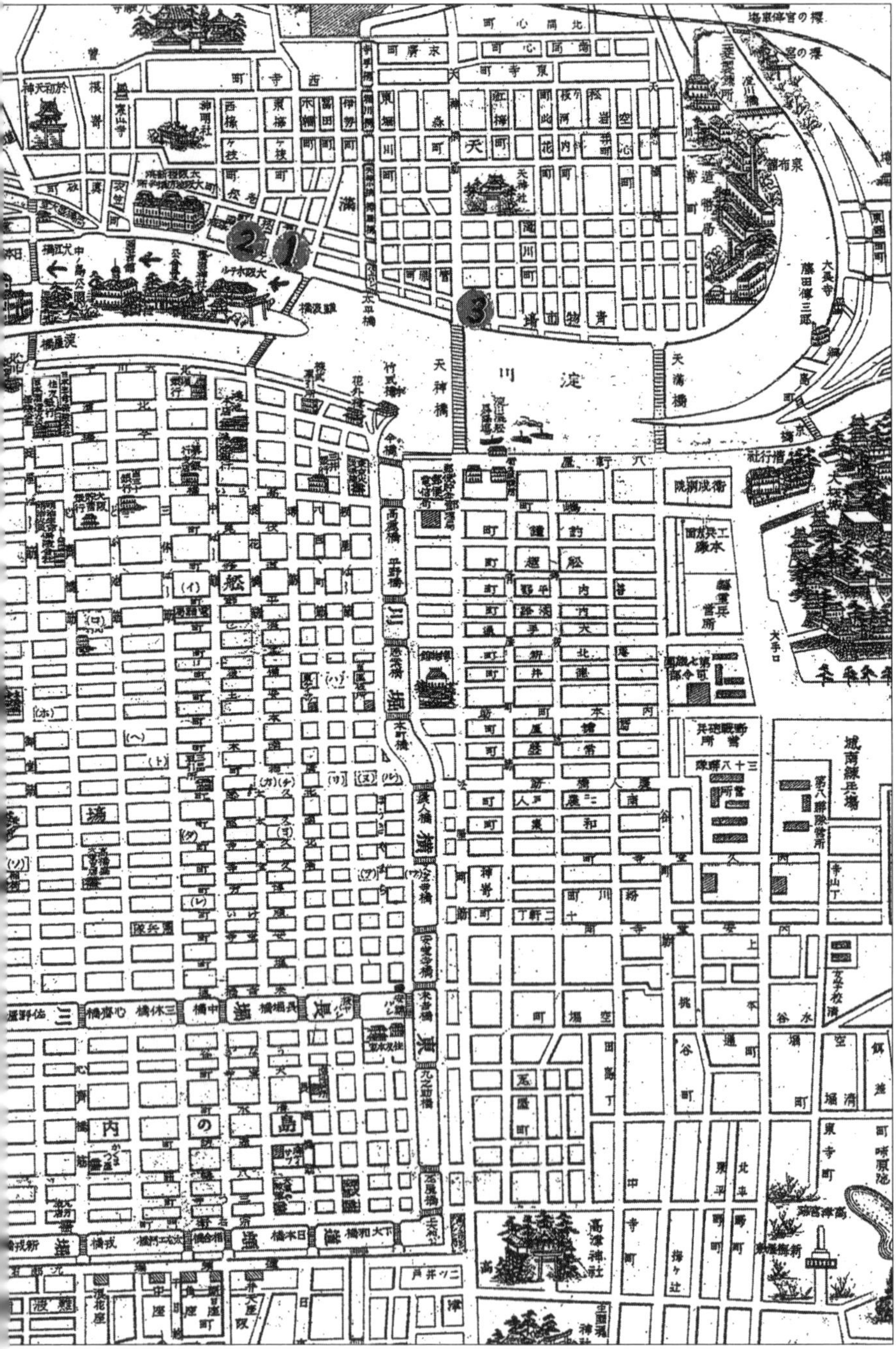

淀川
天神橋
天満橋
中之島公園
天神社
衛戍病院
城南練兵場
大手口
高津神社

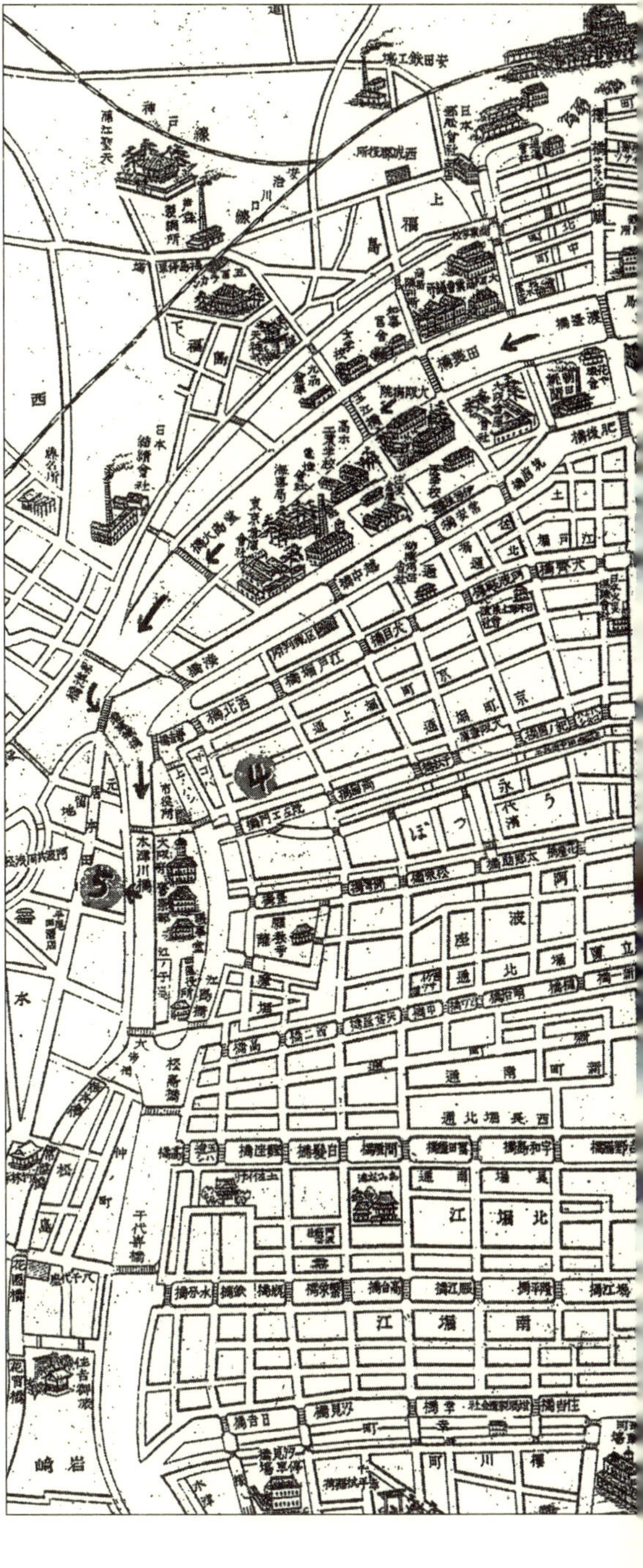

江戸時代の船渡御コース「大坂全図」（明治三十六〈一九〇三〉年発行）①江戸時代の御神輿乗船場、②明治十四〈一八八一〉年、③昭和三十七（一九六二）年以降の御鳳輦《ほうれん》乗船場、④江戸時代初期の雑喉場御旅所（推定）、⑤寛文《かんぶん》末ごろ（一六七〇年代前半）〜明治初（一八六八）年の戎島御旅所（『浮瀬』第３号より）

ふぐ

由来と流通

平安時代の『延喜式《えんぎしき》』[1]という法典に、「ふぐ」の古称として「布久《ふく》」が出ている。

また『本草和名《ほんぞうわみょう》』[2]（九一八年）という動植物の本に、「布久」の名がある。日本最古の漢和辞典『倭名類聚鈔《わみょうるいじゅしょう》』[3]（九三一～九三八年）にも「布久」「布久閉《ふくべ》」が出ている。

よく使われる「河豚」という字は、中国から伝わった字である。中国では長江（揚子江）の上流まで遡上していた、ふぐ科の「めふぐ」という淡水魚系のふぐを河豚と書いた。この河豚が豚に似ている、または豚肉と同様に旨《うま》かったため、この字があてられた。この字が近世期の日本に伝わり、それまでの鰒《ふぐ》という和漢字から河豚と書くようになった。中国と異なり海で獲《と》れるふぐに「河」の字を用いたのは、日本語に海豚《イルカ》という字があったからである。

さて、文禄《ぶんろく》・慶長《けいちょう》の役（一五九二～九八）に豊臣秀吉が朝鮮半島に出兵。全国から招集された兵士たちが、赤間関（現・下関市）や門司（現・北九州市門司区）、名護屋城（現・佐賀県鎮西町）に集結した際、地元でふぐを食べて中毒死したようだ。このため秀吉がふぐの食用を禁止。これが日本最初のふぐ取締令になる。しかし、これを証明する古記録はまだ見つからず、伝承のようだ。

時代が下がって、安永《あんえい》八（一七七九）年、幕令として「鰒《ふぐ》の魚賣買の儀ニ仰せ出され候事」の口達書《こうたつしょ》が出ている。このことは大阪の『雑喉場《ざこば》魚市場沿革史』[4]に載っている。また、『大阪市史』には、御触《おふれ》として口達書の全文が掲載されている。

『雑喉場《ざこば》魚市場沿革史』には、文政《ぶんせい》五（一八二二）年四月にまとめた「定書《さだめがき》」（江戸時代、決まりごとなどが書かれた法律）の二項目に、わざわざこの安永《あんえい》八（一七七九）年の御触を持ち出している。これは当時「ふぐ中毒」

で死亡するものがあったことを、いい表しておくためだったのだろう。

大阪ではふぐというのが一般的だが、関東ではてっぽうともいわれる。これはあたると急死するという意味からの名であるようだ。また、『魚鑑《うおかがみ》』[5]（天保《てんぽう》二〈一八三一〉年）には、ふぐは「ふくべ」といい、下総銚子（千葉県銚子）では富籤《とみくじ》にからめて、当たるかどうかわからないから「とみ」といったと書かれている。

下関のフク（下関では縁起をかついでこう呼ばれた）市場について少し触れておく。明治二十二（一八八九）年に、初代首相・伊藤博文が下関を訪れたとき、海が時《し》化《け》て魚の食材の入荷がなかった。料亭「春帆楼《しゅんぱんろう》」の女将は、やむなく禁止されていたフクを黙って出した。博文は食べてみて、あまりの美味しさに驚き、女将に聞くと、禁止されていた「フクである」という。この後、博文はときの山口県知事に「違警罪即決例《いけいざいそっけつれい》」（拘留・科料に相当する犯罪の即決処分に関する法令で明治十八〈一八八五〉年布告）にあった「河豚食の罪目」を削除させている。よって山口県は、全国で唯一のフクの食用が認められた県になった。

一方、大阪府では明治十六（一八八三）年に大阪府警察部が販売を停止している。これには二つのふぐ中毒事件が関係している。

ひとつは、『大阪府警察史　資料編』によれば、明治五（一八七二）年八月十七日の夕方、北区天満町の旅籠屋塩見浅次郎宅で、「河豚」を食べた五人のうち、二人が即死したと届けがあった。

もうひとつが、明治十六（一八八三）年七月十日の夕方、泉州日根郡中庄村（現・泉佐野市）の海面捕魚（漁業）松林金蔵（三十四歳）が、朝八時から漁に出かけ、夕方五時ごろに魚類を持ち帰り、村の生魚問屋に他の魚類を委託した後、自宅で「ショウサイフグ」を料理して夕食の肴にした。この日は五疋《ひき》持ち帰り、そのうち一疋と四疋の頭を残して全部食べた結果、死亡したと届け出があった。金蔵はふぐが好物で、他の魚を獲《と》らなくとも、ふぐは必ず獲《と》って帰り食べていたが、今まではふぐ中毒にならなかったと、妻のフサが証言している。これらが重なり、同年七月十二日付で、大阪府警察部からふぐの販売停止が布達された。

不思議なのは、明治の事件が二件とも八月と七月の真夏ということである。先の安永《あんえい》八(一七七九)年の「御触」も七月十八日の真夏であった。このことから、今では冬の鍋料理として、てっちりが当たり前であるが、当時は真夏にふぐのてっさを食べて、中毒死したことが推測できる。

昭和十六(一九四一)年九月に、大阪府は「ふぐ販売営業取締規則」を制定して、ふぐ販売営業の基準を定め、ふぐの販売を認めなかった。

戦後になると、昭和二十二(一九四七)年に新たに「食品衛生法」を制定し、大阪府は全国に先駆けて「ふぐ販売営業取締条例」を定め、ふぐ取扱登録者の資格の授与と同時に営業販売を許可制にした。このときはまだ第二次世界大戦後の占領軍統制下であり、生鮮食料品もまた統制下にあった。水産物全般の経済統制が撤廃されたのは昭和二十五(一九五〇)年五月であるが、ふぐ取扱登録者の資格を取らなければ、ふぐの販売業者にはなれなかった。もちろん、市場内で取扱うこともできなかった。

こうした明治以降の厳しい取締のなかで、大阪の料理屋は庶民の求めるふぐ料理を販売しないわけにはいかず、警察が来れば、この料理は「ふぐ」ではなく「てつ(てっぽう)」であるといって取締から逃れてきた。よって今も大阪では、ふぐを料理したものを「てつ料理」、「てっちり」、「てっさ」の名で呼び親しんでいるのである。

大阪のふぐ漁と料理

全国で一番ふぐの消費量の多い大阪。昔、大阪湾は魚庭《なにわ》(浪速の語源)といわれたように、鯛、スズキ、サワラ、鰯《いわし》をはじめ、魚種が豊富でもちろんトラフグを筆頭に十数種のふぐがひしめいていた。

戦後、間もないころの大阪湾には、まだその名残り

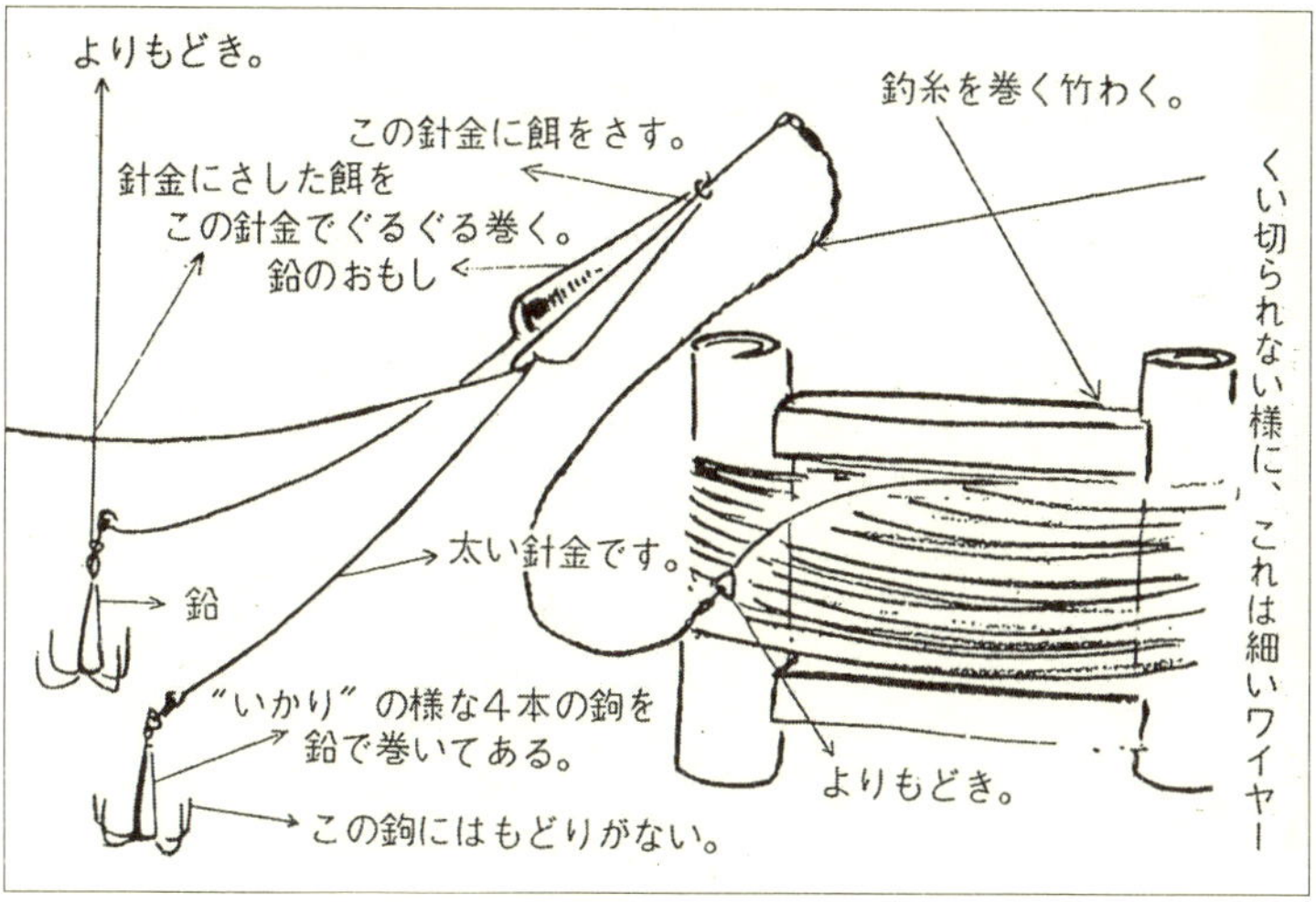

手釣りされていたころの、ふぐ漁の仕掛図。（図版資料提供：岸和田市・ふぐ博物館）

が見られた。大阪の築港、尼崎、泉南、淡路寄りでの鰯巾着《いわしきんちゃく》網にはトラフグがたくさんかかり、サッカーボールのように腹をふくらませた集団が漁師を泣かせた。

卑弥呼の昔から、大阪湾にはふぐが多かった。大阪府池上・曽根遺跡[6]から出土した魚の骨で一番多いのはマダイ、次はふぐの骨であった。

ちなみに、ふぐが賞味されたのは日本だけではない。二八〇年、中国・晋の時代にもふぐは、「一身よく百味の相をそなえ、天界の玉饌《ぎょくせん》とはこの魚であろう」と賞され、代表的な珍品とされた。

そんなふぐにも「下賤の食い物[7]」といわれて禁じられた歴史が江戸時代にある。禁じられれば、なおさら食べたくなるもの。心理的な反発から燎原《りょうげん》の火のごとく、ふぐ食が盛んになる。

江戸時代、大坂では瓔珞《ようらく》型（上図）の道具に、船場道《ど》修町《しょうまち》で発明された天蚕子《てんぐす》[8]仕掛けの一本釣りのふぐが、日本橋や雑喉場《ざこば》[9]の半台に並んだという。

	県名	主要出荷地
天然	三重	鳥羽、安乗
	京都	舞鶴
	兵庫	由良、福良
	和歌山	海南
	岡山	下津井
	広島	糸崎、三原
	山口	萩、下関
	徳島	日和佐、牟岐
	愛媛	八幡浜
	長崎	茂木、五島、長崎
	熊本	天草
	大分	臼杵、姫島
	宮崎	川南
	鹿児島	阿久根
養殖	山口	大島
	愛媛	八幡浜、宇和島
	高知	宿毛
	長崎	五島
	熊本	天草
蓄養	京都	舞鶴
	長崎	五島
	熊本	三角
輸入	韓国	

大阪市中央卸売市場本場への主要出荷地一覧（昭和五十五〈一九八〇〉年）。

諸国の台所を賄った町らしく、天下御免で北新地の国道二号線付近を流れていた蜆川《しじみがわ》の櫻橋のたもとにある、割烹料理「櫻源《えいげん》」の行燈に鰒汁と大書され、腹を膨らませ、てんびん棒でかつがれた巨大なトラフグを描いた戯画が『花の下影』（幕末ごろに製作）に残されている。

旨《うま》いけれど、昭和に入って天然ふぐが獲れなくなり高価になったふぐ料理をなんとか安く食べさせることができないか。大阪のふぐ専門店の努力によって、ふぐ食文化は急激に拡大した。新世界の「づぼらや」もまたそうした店のひとつである。

初代松田弥一郎氏が新世界に店を出したのが、大正九（一九二〇）年。最初は大衆料理店だった。ふぐからスタートしたわけではなかったが、当時淡路島から魚を「かつぎ」で持ってきていた業者の荷のなかにふぐが混ざっていた。トラフグが淡路島周辺でたくさん獲れていた。これに目をつけたのが初代で、当初は、うどんに入れたり試行錯誤をしながら、客が喜ぶ食べ方を研究。さらに研究を重ね、昭和二〇年代（一九四五～五四年）ごろからポン酢で食べるようになった「てっちり」が名物となった。このポン酢で食べるようになったのは、客のアイデアともいわれている。

大阪では「てっちり、てっさ、白子」がふぐ三役といわれている。そして最後に雑炊が付く。このふぐ

「くいだおれ」人形よりも早くできた、「づぼらや」のふぐ提灯。

雑炊を最初にはじめたのも「づぼらや」だとされている。当初はてっちりを食べ終わった客が、店にあったうどんの玉を鍋に入れて食べてみたのがはじまり。うどんで旨いのなら雑炊にしたらもっと旨い、という発案からできたメニューである。

「づぼらや」の初代は、先取りの気質に富んだ人物であったことから、飲食店でＴＶコマーシャルを最初に流したり、店前に大きなふぐ提灯をぶらさげるなど話題を集めた。

大阪商人が暖簾《のれん》を大事にするように、飲食店は「店そのものが、広告塔なんや」というポリシーを持っていたという。ちなみに、このふぐ提灯の設置は、くいだおれ人形よりも早い。

ふぐと黒門市場

瀬戸内海の「内海物《うちうみもの》」のふぐ延縄《はえなわ》漁業の発祥地は、山口県周南市沖の粭《すくも》島であった。この粭島の他に大分県国東《くにさき》半島沖の姫島周辺と豊後《ぶんご》水道《すいどう》[10]のふぐが大阪では美味とされた。

ふぐは、これらの他に、来島《くるしま》海峡[11]、岡山県下津井など海底の砂場に生息。もちろん大阪湾にも鰯を追ってふぐが入り込み、産卵をすませると紀伊水道に散って

昭和三十二（一九五七）年ごろの黒門浜藤商店。

いった。

一九六〇年代になると、ふぐ資源が枯渇するようになり、漁師たちは漁場を模索。下関から朝鮮半島、そして現在は中国にまで漁場を求めるようになっている。

下関での「袋競《ふくろせ》り」。
価格がわからないよう手を袋に入れて入札を行う。

ふぐの漁期は四~五月と、十一~十二月。春季のふぐは、漁獲後冷凍処理をして冬場まで保存される。鮮度のよいときの冷凍物だから、品質もよい。大阪ではこうしたふぐの扱いは、黒門市場などの場外業者が強かった。昭和四十三(一九六八)年に大阪本場[12]が扱いを開始するまでは、長崎にしろ下関にしろ、市内の黒門市場などに直接出荷していた。

延縄で獲るふぐは、十二月・一月・二月ごろまで白子がない。ふぐはシーズン・オフになったころから、白子持ちが多くなってくる。そこで大手の大阪のふぐ専門店が、この時期に現地で買う。そして冷凍し、翌年のシーズンに白子付きで安く提供してきたのである。

黒門市場には、ふぐを専門に扱う業者が店を出していた。黒門でふぐ料理の店として知られる「浜藤《はまとう》」もまた、元はそうした業者の一軒であった。浜藤の創業者は淡路島の由良の魚屋であった。淡路のふぐを神戸へ送って商売をしていたようで、黒門に店を出したのが昭和十二(一九三七)年ごろ。戦前は許可をもらって

岸和田市にある「ふぐ博物館」前景。

指定業者として独占的に商売をしていた。

その後に同業者間でふぐ組合を結成。戦後まもなく、ふぐが食べられるようになったが、特定の食通だけの魚であった。その後、許可さえもらえば、誰でもふぐが売れる時代となり、急速にふぐの需要が拡大。高度成長期にも乗り、昭和四十(一九六五)年ごろからはふぐの高騰がはじまった。しかし喜びもつかの間、四〇年代の後半には大阪本場《ほんじょう》に大量の養殖ふぐが入荷するようになった。

大阪本場に最初に入荷したのは、能登半島の七尾《ななお》から。養殖物は七尾からはじまったといわれるが、ふぐはもともと七尾に多くはいなくて、おそらく稚魚をどこからか運んで育てる畜養が行われたとされている。次には、山口県の萩、豊浦地方、瀬戸内海の山口大島が主流となっていくのである。

[1]『延喜式《えんぎしき》』 九〇五年から二十二年かけて編纂し、九二七年に完成したもので、行事、儀式、法令等の根拠となったもの。
[2]『本草和名《ほんぞうわみょう》』 わが国最古の本草書。上下全二巻。深根《ふかね》(ま

たは深江）輔仁《すけひと》撰。本草、約一〇二五種の漢名に、別名や産地、万葉仮名で和名を注記したもの。本草とは薬として扱う動植鉱物を指す。

[3]『倭名類聚鈔《わみょうるいじゅうしょう》』　歌人としても有名な源順《みなもとのしたごう》が著した辞書。承平《じょうへい》年間（九三一〜八年）の成立と考えられている。

[4]『雑喉場魚市場沿革史《ざこばうおいちばえんかくし》』　明治三十七（一九〇四）年刊。大阪水産流通史研究会により、昭和四十三（一九六八）年に復刻版が発刊される。

[5]『魚鑑《うおかがみ》』　天保《てんぽう》二（一八三一）年刊。武井周作著。医師であった著者が、日常の食生活に役立てるために、百三十あまりの魚介類の生態・産地・食べ方などについて魚市場や文献で調べ著した書。

[6]大阪府池上・曽根遺跡　和泉市池上町と泉大津市曽根町にまたがる弥生時代中期に繁栄した大集落。弥生時代後期には衰退したと見られる。昭和三十六（一九六一）年の発掘で、遺跡の北端に巨大な溝と竪穴住居33棟が発見された。昭和五十一（一九七六）年に国の史跡に指定されている。ちなみに、およそ二千年前の大阪湾は、池上・曽根遺跡のわずか二キロメートル後方であったとされている。

[7]下賤の食い物　江戸時代、ふぐはセリにかからない雑魚の魚とされていたため、下賤の食い物と言われた。

[8]天蚕子　釣り糸。

[9]半台　小売店の店前に出される陳列台。

[10]豊後水道　愛媛県と大分県の間にある海峡。

[11]来島海峡　瀬戸内海中央部の燧灘と、安芸灘を結ぶ海峡。

[12]大阪本場　大阪市中央卸売市場本場内に店を構える卸や仲卸業などを指す。

櫻鯛《さくらだい》

由来と流通

豊臣秀吉が大坂城を築き、大坂の町づくりをはじめた時期（一五八〇年代）から、大坂人たちは五月はじめの八十八夜《はちじゅうはちや》を中心に約一カ月間ほど、天然マダイを櫻鯛と呼び、自然の恩恵、旬の贈物として季節の味覚を満喫していた。

マダイは春になると、日本列島の南岸、特に南海方面から、紀伊水道を通って大阪湾、播磨灘、備讃瀬戸《びさんせと》[1]に、西からは関門海峡から周防灘、伊予灘に、宇和海から北上して伊豫灘、安芸灘、燧灘《ひうち》へ、各地から産卵のため、群泳して入り込んでくるのである。

春が深まると、紀伊水道を北上して、友ヶ島水道から大阪湾をへて明石海峡から播磨灘へ、また鳴門海峡の渦潮を通って播磨灘に産卵に上ってくるのが東部瀬戸内のマダイの習性である。

一六世紀後半、大坂の町がひらかれるとともに、上町、船場、天満一帯から町づくりがはじまったが、この時期にすでに大坂人はマダイを食べていたことが、最近の船場を中心とする遺跡発掘調査でわかってきた。

各地の年貢米が大坂の町の各藩蔵屋敷に集められ、米市場で換金された。換金した資金の一部で、国もとが必要とする諸物資を買い込み、再び国もとに積み帰った。こうして大坂が商内《あきない》の町に発展すると「諸国の台所」といわれるようになり、全国唯一の商業都市になった。こうして大坂三郷（北組・南組・天満組）の市中には、様々な業種の問屋・仲買が誕生し、発展を遂げることになった。

魚島季節《うおじまどき》になると、鯛が贈答に利用された。青い笹の葉か松葉を敷かれた漆の箱から立派な姿の天然マダイの、大きな尾がはみ出して覗かせているのも美しい眺めであった。日頃お世話になったところにタイを届けたり、仲間同士が集まって食事をしたり、また年に一度の大振舞として商家では家中《いえじゅう》の者、番頭をはじめ女中や丁稚に至るまで、マダイの料理を満喫する習慣があった。

時代は大きく下り、終戦から五年たった昭和二十五（一九五〇）年、経済統制が撤廃となり、「魚島季節《うおじまどき》」には、大阪本場に明るいセリ声が飛び交う風景が復活した。当時の魚島を振り返ってみよう。

桜の開花情報がラジオで知らされる時期になると、近海物卸売場（以下セリ場と略）に、大量の天然マダイが、真新しい魚箱に入れて並べられた。近海物のセリ場で最初にセリにかかるのは、アワビ（生貝）である。このアワビのセリが数分位で終わると、マダイのセリになる。近海物の他の魚を買っていた仲卸業者（当時は仲買人）がセリ台の周辺に集まってくる。こうしてマダイのセリは年中繰り返されるのであるが、四月中ごろから五月の約二カ月間はマダイの大量入荷期で、セリ場はマダイで一杯になる。

四月の初旬になると、マダイは紀州（和歌山県）の田辺辺りから日ノ御埼沖を通って北上。「緑暗色の五キ

魚島鯛網ノ図（『上方』より）。

ロ位の大雄鯛を先頭に、多数の薄ピンク色の雌鯛を引きつれて大阪湾に入ってくる。これが魚島のはじまり」と昔の魚島《うおじま》季節《どき》を知る漁師は話す。

大阪ではマダイのセリが終わらないと、他の魚のセリに入れない。もちろん近海物売場のセリ台は他にも数カ所あるが、何分大阪本場のマダイの入荷量は多かった。

蛇足ながら、マダイなど近海物のセリ場の他に、レンコダイ、チ

瀬戸内海直島付近の「縛り網」の鯛漁風景（大正時代〈一九一二～二六年〉）。

ダイといった鯛類は、一般物売場で氷〆物[2]や野〆物[3]として扱われ、他に、沿岸物、遠洋物を中心としたセリ場、エビやタコの売場、青物売場、さらに大阪本場には、全国で一番取扱い量の多いかまぼこの原料となる潰物《つぶしもの》売場がある。これら六カ所にわたる鮮魚部の専門業種ごとのセリ場が、大阪魚市場株式会社と株式会社大水《だいすい》の両卸売会社、それぞれにあった。

戦後の櫻鯛漁

毎年、四月初旬から六月の初旬までを、魚島季節と呼ぶ。冬季、瀬戸内海の海水温は、愛媛県松山沖付近で九～十度、神戸沖で七～八度になる。海水温が十四度よりも下がる晩秋のころ、瀬戸内海にいついているマダイは、低水温を避けていったん外洋へ出て越冬する。それが四月はじめ紀伊水道、鳴門海峡、豊後水道より暖流が流入しはじめ、瀬戸内海の水温が十四度を超えるようになると、外洋で越冬していたマダイが今度は産卵のために瀬戸内海へ入り込んでくる。この時期のことを「乗っ込み」ともいう。この言葉は釣師の間で今も使われているが、「魚島季節」という言葉は誰も使わなくなってしまった。

この時期のマダイは、満潮時に紀伊水道や鳴門海峡から入り、播磨灘で合流し、備讃瀬戸を西流し、燧灘《ひうち》に達する。魚島という島があるが、この島はまさにこの燧灘のちょうど中央に位置している。

燧灘には多数の藻場《もば》があり、産卵期を迎えたマダイは藻場を産卵場とすることからこの周辺に集まる。マダイは砂場を好む。

さて、マダイの漁法だが、漁師たちは、葛縄《かずら》という数多くの木片が付いた縄を使って、集まったマダイの群を囲い集める。

次にこの群れに投網し、網船二隻がお互いヒモでも縛るように交叉してマダイの群れを獲《と》る。これがマダイの「縛網漁」法であり、明治時代(一八六八〜一九一二)からおよそ昭和四〇年代(一九六五〜七四年)までは盛んにこの漁法での操業が行われていた。鯛の縛網船団は網船二隻(一隻約十二名乗)、カズラ船二隻(一隻には若者七名乗)、カズラ保持小舟八隻(二名乗)、曳船(タグボート二名乗)、仲積船《なかづみ》など約六十名からなる大船団[4]であった。

マダイは海底の深い場所から一気に引き上げられると、水圧調整機能が順応できないため、浮袋が膨らみ、腹を見せて浮いてしまう。このままでは弱ってしまうため、仲積船をすかさず網船に横付けし、検量して手網に入れ一度に十匹ほどを仲積船の生間蓋《いけまぶた》の上に移し、管針師《くだばりし》が鯛の腹を上にして肛門から竹管を差し込み、浮袋の空気を抜く。プシュという大きな音。どれだけ手早く次々と空気を抜くかが勝負となる。

竹管は直径約五ミリ。先端を四十五度鋭角に切断し、炎で焼いて強度を高めている。

腹の空気を抜くといっても加減が難しい。空気が多く残っていると生け簀の上層部を、頭を三十度位下げて泳ぎ回り、体力を使い果たし死んでしまう。反対に空気をほとんど抜ききってしまったマダイは、腹部を生け簀の底につけたまま二日たつと泳ぐことができなくなる。泳げないマダイの腹を見ると赤く内出血していることが多く、このような場合はその場で〆ることになる。

しかし、名人といわれる管針師が多くいた当時、マダイの空気を抜くときは、生間《いけま》(船中の生け簀)のなかを下層、中層、上層と、マダイが一カ所に固まって泳がないよう、それぞれに加減して抜いていたという。

こうして無事、仲積船に積込みが終わり岸から離れるとき、船頭が「住吉(大阪住吉大社)さんへのお菜《かず》に!」とマダイを三匹ほど、献魚したといわれている。

船団の漁夫たちには、最低保証固定給に加え歩合給が支払われていた。だからこそ大量に獲って、完璧に空気抜きを終えて、仲積船に移さないことには儲けにならなかった。

広い瀬戸内海、上りマダイがもっとも早く獲れるのは、小豆島の北東岸当浜《あてはま》だった。小型の定置網の壷網《つぼあみ》で獲ったマダイは、どれも良型で揃いよく肥えていて、マエの鯛[5]と同等の扱いで、大阪ではこのマダイが上人気で高値で販売されていた。大阪市場に入港してくるのが午前三時ごろ。それから荷揚げと選別。箱に入れてセリに出された。〆た鯛はすぐに箱立てして氷詰めにされる。

マダイの運送について説明すると、鯛は生かしたまま運ぶ必要があったため、船尾にある魚を生かしたまま運ぶための生間の栓を、すべて開口して海水を入れておく。マダイを船尾の生間に積み込むのは、他の浜で船首側に、鱧やタコを積込んだ後である。上りに、二神島《ふたがみじま》(愛媛県松山市)に入港し、マダイを積み込んだ仲積船は、大阪に向けて出航する。

マダイをわざわざ船尾に積むのは、時化《しけ》たときに生間内の海水の動揺がもっとも少なくて済むからだ。

かつては、二神島南西方にある好漁場の「ガンギ州《す》」で、マダイが一度に六千キロも獲れたといわれる。一時期に大量に獲れたマダイにはスレたものも多く、沖の生け簀での飼い馴らしも順調にいかない。価格も

山海珍味見立【拾壹】

【昔の名物名所の番附集】

ふぐ

明治拾四年拾貳月刊

求軟文庫藏

大關 明石 鯛
關脇 紀州 はも
小結 土州 かつを
前頭 若州 鰈
同 上總 比目魚
同 雲州 鱸
同 伊勢 鮑
同 同 鰕
同 武州 白魚
同 明石 たこ
同 相州 まぐろ
同 上總 ぶり
同 九州 ぼら
同 武州 紅鰕
同 同 きす

前頭 藝州 鰺
同 駿州 あまたい
同 備州 鮟鱇
同 同 さはら
同 北國 鯖
同 備中 こち
同 土州 はうぼう
同 相州 あかえ
同 備中 烏賊
同 北海 さけ
同 同 鱒
同 同 鱈
同 武州 いな
同 大阪 さより
同 房州 かます

前頭 相模 あいなめ
同 同 しま鯵
同 大阪 沙魚
同 武藏 いしもち
同 同 飯鮹
同 相模 いなご
同 同 飛魚
同 武藏 おこぜ
同 安房 かながしら
同 大阪 太刀魚
同 武藏 たなこ
同 三州 なまこ
同 紀州 うるめ
同 相模 めばる
同 肥前 するめ

前頭 和泉 もよ
同 同 いさより
同 武藏 芝ゑび
同 同 このしろ
同 下總 いはし
同 松前 にしん
同 武藏 あかゞい
同 同 いたらこ
同 駿河 きんこ
同 武藏 蛤
同 伊勢 まて
同 同 うしのした
同 相模 かさこ
同 安藝 かき
同 三河 からすみ
同 同 いりこ
同 堺 くらげ
同 武藏 いさき
同 同 ばい
同 同 あさり
同 同 ひらめ
同 伊豆 おこせ
同 同 さるほ

前頭 安房 なまこ
同 越後 ごまめ
同 肥前 くらげ
同 大阪 たにし
同 備後 せいご
同 武藏 ぎち
同 同 めづッほ
同 安房 大なんはせ
同 同 さゞゐ
同 上總 こはだ
同 越後 さこふし
同 武藏 あみ
同 相模 あめの魚
同 武藏 だほはせ
同 同 ざこ

頭取
常州 いるか
相州 鮫
紀州 鯨
同 ふか
大海 鯱

山海珍味見立の海の部（明治四〈一八七一〉年）。明治初期の魚種別の産地一覧表。

並以下になり、安値のために経費がとれないときがある。商売的に旨味は少なかったかもしれないが、大阪人にとっては、魚島季節というのは、旨い鯛が安く食べられる素晴らしい季節であった。

櫻鯛と料理

大阪では海魚の王、鯛にならって「人の頭《かしら》になり度《た》い」という願いもあり、祝いの席では必ず尾頭《おかしら》つきの鯛がでる。

畿内[6]の桜も散りはじめ、若葉に変わるころには、マダイはお腹一杯に「ハララゴ」(鯛の子)を孕む。それは白金色と桜色の肌をしており、豊満でなまめかしいまでに美しい。まさに婚姻色。これが人呼んで櫻鯛《さくらだい》。内海の浅瀬に産卵のために折り重なって入り込んでくるので「乗っ込み鯛」。また、その昔はその数の多さからあたかも小島のようであるとして「魚島」。または、黄金《こがね》の小山ということで「金山鯛」と、はやされたとか。

春は豊漁となり、旬で旨味があるうえに値が安い。そのうえ捨てる部分が少ない。生《なま》はもちろん煮ても焼いても万能であるところが、始末を旨とする浪速人の好みに合っていた。高価な初鰹を粋で食う江戸の好みと違うところでもある。

その鯛料理の多彩さは「鯛百珍料理秘密箱」[7]にまとめられ、豆腐百珍と同様に、大坂の食文化のひとつとして残されている。

さて、江戸後期のころの大坂では、特に職人をかかえる親方は、月々の一日、十五日に小鯛の頭つき塩焼きに、赤飯、酒などを職人などに振る舞うことを習わしとしていた。大阪人は鯛好きといわれるが、一番よく食べられてきたのは塩焼き。小鯛なら、鰭《ひれ》につけた塩を、赤飯にパラパラと振りかけると旨く、残りの骨に熱湯をかけると、香ばしい「お露《つい》(汁)」もできる。鯛を造りで楽しんだ後、頭を「あら炊き」や「骨蒸し」に、冬なら「鯛かぶら」。中骨が多く出たときは、醤油焼きにして身を捌《さば》いて、残りの骨に昆布を加えて出汁《だし》をとったら味をつけ、捌き取った、身と野菜を入れてかやくご飯のように炊いて「煮込みごはん」に。素焼きにした骨なら、「雑炊」の出汁《だし》としても利用されていた。

［1］備讃瀬戸　瀬戸内海の岡山、香川間の水域。
［2］氷〆物　マグロなどを氷で〆ること。
［3］野〆物　水には入れず、獲ったら針で頭の神経を抜いて〆ること。
［4］大船団　マダイの流通においては鯛を獲る縛り網船団と、獲った鯛をしばし生かしておく網舟と、この鯛を大阪へと運ぶ仲積船があった。
［5］マエの鯛　西宮市戎神社の前の海で獲れた魚。昔から大阪では大阪湾そして瀬戸内で獲れた魚を「前のもん」と呼んできた。
［6］畿内　摂津＝大阪北中部、河内＝大阪東部、和泉＝大阪南西部、大和＝奈良、山城＝京都南
［7］鯛百珍料理秘密箱　江戸中期（天明《てんめい》五〈一七八五〉年）に発刊された鯛料理専門書。当時人気を博した豆腐百珍の同シリーズ本としてヒット。百二種もの鯛料理が掲載されている。

鯛百珍料理

紅粉鯛、山吹鯛、せんべい鯛、ふくみ鯛、とろろ鯛、紅焼鯛、黄金鯛、花見鯛、三色鯛、もみじ鯛、薄身伝《うすみのでん》、あらひ鯛、はまやき鯛、伊予干焼鯛、長崎後藤漬、長崎てんぷら、利休そぼろ鯛、吹上鯛、山焼鯛、但馬子焼鯛、土佐麦焼鯛、淡州藻焼鯛、肥前すっぽん煮、佐渡芋汁鯛、香のものすし、長崎菊花漬、対州子蒸鯛、わんごう鯛、丸あげ鯛、椙焼鯛、かむりの鯛、向鶴の御鯛、塩焼鯛、南蛮鯛、切重鯛、三道具鯛、紅るり鯛、利休かまぼこ、沖煮鯛、長崎鯛麺、小倉蒸、かき鯛、蝋醤鯛、はぶし鯛、薩摩ころ煎鯛、薩摩あつめ汁、かんろづけ、通仙流野煎鯛、入子鯛、すましそぼろ汁、兵庫須磨焼鯛、堺名物柱鮓、きらず蒸、酢煎鯛、大坂ちくらすし、鯛めし、生造鯛、白瑠璃鯛、紅かまぼこ、栗かまぼこ、南京煮、長崎しうべい、利休ほうらく焼、とうき醤、ながさき糟煮鯛、長崎甘露煮、長崎鎧煮、小笠原流煮鯛、巻鯛、土器焼鯛、泉州生ほし鯛、土佐黒ぼし鯛、薩摩砂糖漬鯛、薩摩でんだく鯛、豆腐蒸鯛、くきむし鯛、江戸おまん鮓。

鱧《はも》

由来と流通

「麦藁《むぎわら》ダコに祭鱧《はも》」。これは大阪におけるタコや鱧の旬をいい表したもの。京都では祇園祭りを鱧祭りとも呼んでいるが、鱧は舟渡御《ふなとぎょ》[1]で有名な天神祭など、大阪市中における夏祭りにも欠かせない魚なのである。

鱧は「梅雨の雨を飲んで美味しくなる」といわれているように、産卵時期を迎える入梅時から脂が乗りはじめ、身も柔らかくなる。関西では夏の食材として親しまれてきた鱧だが、そのルーツとなっているのが大阪の鱧なのである。

古代から大阪湾には鱧が生息していたが、どうして獲ったのか、また、どうして食べたのかは記録がない。

京都、祇園祭では、鱧がつきものとなっている。これは、摂津国西成郡今宮村の供御人《くごにん》[2]が、祇園社（八坂神社）に奉《つか》える神人[3]になったという記録が建治《けんじ》四（一二七八）年に残されており[4]、このことに端を発しているようだ。ちなみに、鱧は生命力が強く、夏場に京まで運んでも生魚として食すことができた数少ない魚であった。その後、今宮村の漁師が大坂湾の魚介類を京で独占的に商内《あきない》していた。当初は蛤売りであったが、祇園会の開催中には魚物商売が拡大できた。

しかし永禄《えいろく》七（一五六四）年に、今宮の魚座《うおざ》[5]は京市中での魚物商売が禁止されている。

大阪における鱧食の原点は古く、船場の靭《うつぼ》町・天満町（中央区伏見町）の発掘調査においては、魚名入りの木簡が多数、出土。そのなかに鱧の名前が出てきている。大阪で鱧が流通するようになったのは近世中期のころからで、鱧は淡路島・播磨灘・紀伊水道を中心に、雑喉場《ざこば》生魚市場に出荷されていた。

寛政《かんせい》五（一七九三）年に、雑喉場《ざこば》生魚問屋では「京積魚荷申合せ」をしている。通常の取引時刻の午前四時以前に、宵買《よいがい》取引を認め、京まで生魚を今井船《いまいぶね》（三十石船）で送っていた。この時期になると、京へ生魚の

「街能噂」（平亭銀鶏撰）に見る大阪の鱧。
鱧の骨切りが大阪名物であることが書かれている。

積送りは本格化している。

近世後期の記録である雑喉場《ざこば》生魚問屋・神平商店の古記録『諸国客方控』『諸国客方帳』に、産地別・荷主別に、初回の出荷魚荷の品名と数量を問屋会所に届けた記録の写しがある。『客方控』によると、鱧は、阿波（徳島）の椿泊から天保《てんぽう》七（一八三六）年七月に四百本入荷し、また備前・牛窓から弘化《こうか》四（一八四七）年六月に、また淡路・由良浦および、紀州・勝浦から天保《てんぽう》十（一八三九）年にそれぞれ入荷している。

また『客方帳』には摂津・尼崎から天保《てんぽう》二（一八三一）年以後に、兵庫・駒が林から同年代に七百本、淡路・須本から文政《ぶんせい》十一（一八二八）年に七百本、同湊から文政《ぶんせい》六（一八二三）年に六百本、同福浦から文政《ぶんせい》五（一八二二）年に六百本、同沼島《ぬしま》から天保《てんぽう》五（一八三四）年に六百本、阿波の椿泊から慶応《けいおう》元（一八六五）年に、備前下津井から安政《あんせい》三（一八五六）年に、播磨の東二見から明治十二（一八七九）年に、讃岐・北山から明治十六（一八八三）年に、小豆島・伊喜末から明治十三

（一八八〇）年にそれぞれ鱧が入荷している。

明治三十六（一九〇三）年の第五回内国勧業博覧会[6]に出品された『雑喉場魚市場輸入魚類及価格月報』によると、「鱧は淡路・中国・四国・九州・朝鮮」から入荷している。これらはすべて延縄《はえなわ》漁業の漁獲物で、タイトルにある「輸入魚類」とは国内から大阪に搬入された魚類のことである。明治四〇年代（一九〇七〜一六年）にはじまる近代漁業の以西底曳網《いせいそこびきあみ》漁業によって、朝鮮海峡、東シナ海、黄海海域から、鱧の大量供給がはじまる。

大正時代（一九一二〜二六年）の雑喉場《ざこば》生魚市場に入荷した鱧は、期間が三〜十一月までで、産地は紀州・淡路・四国・朝鮮沿岸等になっている。

昭和六（一九三一）年十一月十一日に開業した大阪市中央卸売市場本場へは、昭和恐慌のなかであったが、下関・長崎の産地市場から以西底曳網の漁獲物が入荷されていた。食材に適するものが三割位、あとは、かまぼこの原料のすり身用として、大阪に毎日鉄道貨車で運ばれていた。

この底曳網ものの大部分は、鱧とキクチで、この両魚種が、大阪名産のかまぼこの主原料になった。底曳鱧のなかから好鮮度のものが「トロハモ」として、小売屋さんで「骨切り」され、附け焼（照り焼ともいう）にして売られる。大阪市民にとってなじみ深い一品である。通常の鱧ちり用のものや、料理屋で出す鱧の附け焼は、近海物の活鱧である。大阪や京都のかまぼこ屋が鱧の身をそぎ落とし、皮についた身ごと焼いてハサミで刻んだものが「鱧の皮」、上方の夏を彩る風物のひとつである。

鱧漁と沼島

関西で鱧のブランドといえば、「沼島の鱧」。沼島は兵庫県淡路島の南約四キロの沖合に浮かぶ小さな島。昔から「沼島千軒金の島《ぬしませんげん》」といわれるほど、南淡路を代表する漁場として栄えていた。特に鱧が有名であった。沼島の鱧は、頭が比較的小さいが、胴太で皮が柔

兵庫県淡路島の南沖合にある沼島。日本最初にできた島とも神話で言われている。最近では鱧だけでなくアジのブランド化が盛んに行われている。

らかく脂の乗りがよい。沼島にはこうした鱧が育つためめの条件とされる泥砂場があったことから高い人気を誇ってきた。

沼島では昔ながらの延縄漁法で鱧を獲ってきた。一本の縄に等間隔で、針の付いた仕かけをつけ、それを数十キロほどの長さで仕かける。江戸時代後期には沼島に七十隻以上もの鱧漁の延縄組があったとされている。獲った鱧は福良漁港に水揚げされた。しかし、大正時代（一九一二〜二六年）に入り鱧漁は、東シナ海以西の底曳網漁業により大量に漁獲されるようになった。そしてこの底曳ものの鱧のすり身を使ってできあがったのが、「大阪かまぼこ」なのではないか。

最近では韓国産の鱧の人気が高くなっているが、韓国産鱧の大半は雄鱧であり、国産鱧の大きなものはほとんどが雌鱧で子を持っている。

沼島で獲《と》れた鱧を使った鱧ちりと同じく沼島のキアジの造り身。

大阪の鱧と料理

鱧といえば「骨切り」が有名だが、関西の料理人は「一寸（三・〇三センチ）に二十五～二十六筋」の間隔で、骨を切っていくとされている。大阪では鱧の時期に泉州で新玉葱が収穫される。鱧とこの玉葱を使った鍋料理が「鱧すき鍋」。また鱧と毛馬《けま》胡瓜を使った「はもきゅう」も大阪惣菜として親しまれてきた。鱧の身をたたいて身を柔らかくし、皮から身をこそぎ取り大阪かまぼこが作られる。その余った鱧皮に、タレをかけて焼いたものが、かまぼこ屋の店先に並ぶ。これを毛馬胡瓜とともに三杯酢で和える。別名「鱧皮膾《はもかわなます》」とも呼ばれている。毛馬胡瓜ならではの歯ごたえのよい食感と鱧皮との味わいは夏惣菜の傑作と呼べるものであろう。

また、大阪では鱧の「笛」と呼ばれる浮き袋を使った吸物《すいもの》を楽しむ。内臓から白子、卵、骨まで余すところなく美味しく食べられる。鱧は鯛と同じ、大阪好みの魚だといえよう。

[1] 舟渡御《ふなとぎょ》　天満宮社頭の浜から神鉾を流し、その流れ着いたところをその年の御旅所《おたびしょ》とし、その月の二十五日にその場所でみそぎ行事を行う。それにあたり、神領民（神社の領地の住民）らが舟で奉迎したのが舟渡御のはじまりとされている。

[2] 供御人《くごにん》　朝廷に隷属して天皇に食料や手工芸品などを貢納する人、またその集団。

[3] 神人　じにん・じんにんと読む。家に仕えて神事、社務の補助や雑務に当たった人。祇園社の神人とは、八坂神社の奉人を指す。

[4]『雑喉場魚市場史』によるもの。酒井亮介著。

[5] 魚座　魚を取り扱った商人の座（同業者組織）。

[6] 内国勧業博覧会　主に産業や技芸の観点から、国のためになるとされる価値の高いものが、選抜出品された博覧会。明治十（一八七七）年に第一回、大阪では第五回が明治三十六（一九〇三）年に開催されている。

タコ

由来と流通

大阪府下にある大阪市旭区の森小路《もりしょうじ》遺跡や、和泉市の池上曽根遺跡から、弥生時代のイイダコ壺が出土している。これから見ても昔からこの地域でイイダコなどが漁獲され、食べられていたことがわかる。

タコは、関西圏では年中好まれる魚介類のひとつで、特に夏から需要が高まる。大阪の和泉、河内や関西圏の農村地域では、田植えをしたとき、稲の根がタコの足のように大地に張りつくよう祈念するのと、梅雨明けの草取りが終わった時期、半夏生《はんげしょう》（半夏は片白草《かたしろぐさ》が生じるころ。夏至から数えて十一日目の七月二日ごろ）に、タコを食べて疲れを癒していた。

これは大阪府下だけなく、奈良県、滋賀県、三重県等の米どころでは、昔からの長い慣習であった。実際にタコには大量のタウリンが含まれていることから、疲労回復には極めて適した食材であったといえる。梅雨どきの田植え、続いて数回にわたる草取りと、休む間もなく日中の暑いさなかの激労の骨休めとして半夏生のころ「休日」をつくったのも、農村人の知恵であったといえよう。

また、河内、和泉、大和、近江など米の産地の農村では、この日に「毒気が天から降る」と昔から信じられ、青果を食べたり井戸水を飲んだりしてはいけなかった。したがって、この日には古来より解毒作用があるとされてきたタコを食べて、身体の毒を洗い流したともいわれている。

ちなみに、「麦藁ダコ」という言葉があるが、これは麦秋の季節、麦の穫入れどきで、季節的には初夏、六月に獲れるマダコのこと。当年生まれた小ダコで、まだ皮も柔らかく身質もよい。

播磨灘で、水温が二十五～二十六度になる初秋（九月下旬）のころにマダコは産卵する。ただしマダコには個体差があって夏前に産卵するものもある。一カ月ほどすると稚ダコになる。そして翌年の四月ごろ、水温が上がりかけると成長をはじめ、梅雨に入ると一気に一キロ位になる。

大阪市場に入荷している活《いけ》タコは、淡路島の西部海域の播磨灘、岡山県・下津井（瀬戸大橋の北橋詰）から、広島県、九州方面にまで拡がっている。この他、山陰では鳥取県から西部海域に、韓国沿岸や中国（浙江省から広東省まで）からも活タコが生魚船《なません》で輸入されている。東瀬戸内では、タコの産卵期が九月ごろにあり、ちょうど産卵前にあたる時期から美味しくなる。

瀬戸内海でも東海域と西海域では季節によって、タコ自体の味が変わる。香川県海域の場合、高松周辺と、西海域の多度津方面とでは味が違ってくるのか、昔から大阪本場では、産地ごと、荷主ごと、大きさ別にセリにかけ、値段を決めていた。

タコは場にいつくことから、その海水域に流れ込む河川の水や水量によって味が変わるといわれている。

明石タコは淀川など多くの河川が流れ込む和泉地域のタコと比較し、身肉に含まれる塩分濃度が高いというのも、そうした理由からではないかとされている。

日本各地には様々なタコが生息している。三陸三県〈陸前〈宮城県〉・陸中〈岩手県〉・陸奥〈青森県〉の三陸三県の海岸地方〉と福島県のタコ類は、ミズダコ、ヤナギダコが多く、兵庫県や香川県のようなマダコとは種類が違う。

ミズダコは昔から関東圏から北海道にかけて食べられているが、大阪でも回転ずしや、たこ焼のタコにミズダコを使っている。たこ焼の原料の多くは、外国産の輸入マダコを中国に輸出して、たこ焼用に湯煮加工し、細切りにしたものを冷凍して再び輸入し、使われている。

輸入タコに話を移すと、平成十二（二〇〇〇）年の十一万六千トン以降、輸入される量は年々減少している。これは乱獲でタコが減少しているからである。反対に日本における漁獲量も減少しているものの供給不足となっていない。その理由は輸入ものに比べ単価が高いため、需要が伸びていないからだといえるだろう。

日本がタコ類を輸入している国は、モロッコ、モーリタニア、後は中国、ベトナム、そしてカナリア諸島と続いている。モロッコ、モーリタニア、カナリア諸島は、アフリカ大陸の北西部で大西洋に面している。この地域は北緯約十五度から二十七度までの、瀬戸内海の明石とよく似た温暖の地域にあたる。

いずれにしても、このままタコを乱獲し続けると枯渇してしまうと、心ある漁業者たちは心配している。その理由は、タコ類は毎年産卵して死に絶えており、新生のマダコが大きくなってまた秋には産卵を繰り返すも、一網打尽に根こそぎ漁獲する底曳網漁業のような漁法で漁獲を続ける限り、近い将来、全世界から枯渇してしまうからだ。

タコも他の魚のように、需要があるなら養殖すればいいようなものだが、タコは養殖には適さない。それは養殖できないのではなく採算がとれないからだ。タコはアワビなどエサとなるものが高価なことから、これを養殖で育てるとなるとコスト高になってしまう。しかもタコは鯛と違って大衆魚の代表格のような魚なので、高くては絶対に売れない。養殖もできず、低価格で供給させなければならない。タコ資源の枯渇が懸念される理由はこの辺りにもあるといえそうだ。

タコ壺漁

淡路島の淡路市富島《としま》は、昔からもっともタコ漁の盛

淡路島富島（北淡町）におけるタコ漁風景。（昭和三〇年代〈一九五五～一九六四年〉前後）

んなところ。対岸が明石ということもあって、タコの荷受け業者が多い。しかし、いかなごの期間（節分から四月一杯まで）はタコ漁をいっさいせずに、いかなご漁に専念する。そうすることでうまく資源保護もできていた。年中乱獲するのではなく、自然を守りながら漁業をする知恵がそこにはあった。昔の漁民の知恵に学ばなくてはならないことは多い。淡路島近海の砂地の遠浅で獲れるタコ、その柔らかな肉質と味わいは同じマダコでも岩場にいるタコとは違ったものとして昔から珍重されてきた。

　淡路島のタコ漁では、昔からタコ壺漁が行われてきた。淡路市内の貴船神社遺跡、小代呂遺跡、矢ケ崎遺跡、浜田遺跡など多くの遺跡でタコ壺が発見されている。釣鐘型のイイダコ壺など、淡路市北淡歴史民俗資料館で所蔵されているものの多くは「海揚り」[1]のもので、地元の漁師が寄贈したといわれている。

　古代から中世にかけてマダコツボも作られ、タコツボ漁が行われるようになった。これはイイダコ壺よりかなり大きく、真ん中がふくらんだ筒状のもの。多くのマダコツボは素焼きだが、なかには須恵器[2]のマダコツボもある。

　このように弥生時代から現代にいたるまで、淡路市ではタコツボを使ったタコ漁が行われてきた。このことから淡路、特に北淡の沖合いが昔からよい漁場であり、タコにとってもすみやすい環境だったことがわかる。隆盛を極めた淡路市のタコ壺漁だが、その漁にこだわる漁師は、今ではわずか三人となっている。

大阪のタコと料理

大阪湾そして瀬戸内で多く獲られていたタコ。しかしタコは長らく市場で需要の多い魚ではなかった。各問屋のセリ場では、鯛（単に「うお」「いお」といった）にはじまって段々格が下がり、タコのセリは最後に小番頭や手代のセリの稽古台にされていたほどだった。つまり正当な評価はされていなかった。

　そのような時代に、タコを専門に取り扱う問屋「大《だい》勘《かん》商店」ができた。雑喉場《ざこば》問屋組合のなかの問屋「大萬」から独立し、南雑喉場《ざこば》市場という、いわば場外市場に問屋をベンチャー企業として問屋仲間が興し、ここに全国唯一の、タコ専門の問屋「大勘商店」が大阪にできたのであった。以後、「大勘」をはじめ「伊加清」「蛸重」「中川」などのタコ専門問屋ができた。現在では新旧のタコ問屋により章和会が結成され、全国のタコの供給を担っている。

タコ洗い機。

　大阪に集められたタコはボイルされるわけだが、その前にタコの持つぬめりを除去する必要がある。「蛸清」の会長は家庭洗濯機にヒントを得て、これに改良工夫を加えた「タコ洗い機」を考案している。

　大阪でもっともタコの需要が高まるのは七月。七月は大阪の祭月にあたる。鱧と同様に、大阪ではタコを競って食べる。タコはほぼ年中獲れるが、旬は麦秋（六月）から八月ごろまで。それは、六月になるとタコの産卵期が近づくので、そのころから産卵が終わるまでが、なんといっても一番うまい時期となる。

　食通として知られた吉田三七雄氏によれば「タコは大阪では足の太いところを刺身にして酢味噌で食べ、頭のところは甘煮にしたり天麩羅にしたり、そしてその他の細いところは『胡瓜のざくざく（タコ酢）』にあしらえば、まさに味は満点、捨てるところのない入道である」とされている。

　大阪の泉南地方では、昔から子供が生まれて百二十日目のお食い初めのときには赤飯を炊き、御膳を作って、タコの足を子供に吸わせる習わしがある。この風習の由来には諸説あるがその詳細は不明である。「歯なしのたこ食い」といわれるように、タコはかまなくても胃のなかで溶けるから、そうするようになったともいわれている。

　またもう一説では、岸和田に伝わる「蛸地蔵伝説」に関係しているともされている。「蛸地蔵」は地名にもなっている。天正《てんしょう》年間（一五七三〜九二年）に、岸和田城が根来・雑賀衆に攻められ落城寸前の折り、大ダコに乗った一人の法師と数千のタコがどこからともなく現れ、凄まじい勢いで敵兵をなぎ倒し、城の危機を救ったと言い伝えられたことから、名にゆかりのあるこうした風習が生まれたのではないかとされているのだ。

　さて大阪泉州のタコ料理だが、冬期の間はイイダコを、初夏から秋にかけてはマダコを楽しむ。タコは大根で炊くと柔らかくなる。煮立った湯に、頭とされる部分を持って足を三回位ジャブジャブやると、キリキリと足を巻き上げる。その後に全体を茹《ゆ》でていく。薄切りにして刺身に、つけ醤油には山葵や土生姜が使われる。小口切りにしてキュウリもみの酢の物にもよく使われる。特に酢の物は慶事には欠かせないものとされている。

　この他に茗荷《みょうが》と合わせてタコ酢に、ぶつ切りにしてカラシ酢味噌に。大阪では手長ダコもよく食べられてきた。足の先に毒があるので、足先二センチ位を切り、頭をひっくりかえして墨をとる。塩もみしてぬめりを取ってから小口切りにし、泉州玉葱などと合わせた料理が今も残っている。

［1］海揚り　難破などで海に落とした船荷を、もう一度海から引き上げたものをいう。
［2］須恵器《すえき》　古墳時代中期から平安時代にかけて作られた土器。

鯨《くじら》

由来と流通

　食用として、大阪にかかわりのある鯨といえば、戦前は、白長須鯨《シロナガス》・長須鯨《ナガス》・座頭鯨《ザトウ》・背美鯨《セミ》・抹香鯨《マッコウ》・

鰯《イワシ》鯨などであった。世界で八十六種類の鯨が知られているが、そのうちの三十数種が紀伊半島で、また大阪湾でも十六種類の鯨が実際に確認されている。

大阪湾は、鯨にとって特別な場所であったのかはわからないが、大阪府の水産技術センター主任研究員である鍋島靖信氏の調査によると、北極海に住むとされるホッキョク鯨が日本で唯一、大阪湾で捕獲され、また平成九（一九九七）年にはニタリ鯨が堺の浜寺泊地に入り込んだという記録が残されている。大阪湾で見るこうした例は稀《まれ》なものだろうが、日本では列島各地で鯨が捕獲され、水揚げされ、そのほとんどが大阪へと集められてきたのだ。

近海捕鯨では、和歌山県の太地、宮城県の鮎川・女《おな》川《がわ》・塩竈・気仙沼《けせんぬま》、青森、北海道の釧路《くしろ》・厚岸《あっけし》・根《ね》室《むろ》・網走《あばしり》・霧多布《きりたっぷ》・稚内《わっかない》などから。西の方では長崎県の五島列島（福江・呼子《よぶこ》）や山口県の下関から。ちなみに下関のものは馬関物《ばかんもの》といい、馬関とは下関の旧称である赤間関《あかまぜき》の俗称である。

東からの大阪への入荷が多いが、じつは東京では鯨がぜんぜん売れなかったことが関係している。それほどに鯨食文化は大阪のものであった。

今でも日本の湾岸などに傷ついたり迷ったりして入り込んできたり、沖に漂流している鯨を見かけるが、昔はこれを漂着鯨、流鯨と呼び、引き揚げることができないものはその肉を切り取って持ち帰る切鯨《きりくじら》という方法で肉を食していた。

海に囲まれた日本だが、鯨がよくやってくる土地とそうでない土地があった。

その理由のひとつに、鯨通《くじらみち》があげられる。鯨の通り道があるのだ。その辺りでは鯨組《くじらぐみ》と呼ばれる組織ができている。捕鯨には資力もそうだが労働力が必要。このために鯨組が組織されたのである。また鯨に来てもらうための神事なども執り行われたりしている。鯨一頭獲れれば、七浦[1]が潤《うるお》う、ともいわれてきたのだから当然のことといえるだろう。

近代になり、昭和九（一九三四）年に遠洋母船式捕鯨

『大日本物産図会』壱岐　鯨漁之図。

が開始、南氷洋をめざすようになったが、現在では商業捕鯨は禁止されている。大阪では鯨の取引は主に入札によって行われてきた。鯨肉の種類は、尾肉・尾肉小切・脂須の子・鹿の子・背肉・赤肉・次肉・小切・胸肉・剥肉・嘴肉・潮吹・本皮（生皮）・三の皮などがある。また冷凍肉は、尾肉だけをとっても品質によって、一級・二級・三級・小一級・小二級・小三級・徳用一級・徳用二級・細肉一級・細肉二級・切り身に分けられていた。捕獲してただちに解体したもの、つまり、鮮度のよいものから等級付けされていた。

冷凍の他に、主に加工品とされた塩蔵鯨《えんぞうくじら》（塩漬けにされた鯨）も扱われていた。『水産物流通の変貌と組合の三十年』に記された資料によると、塩蔵赤肉・塩蔵畝須《うねす》などが戦前まではあったとされている。いずれにしても、戦前の大阪は日本を代表する鯨肉の集散地であり、鯨肉は大阪を中心に日本各地（各県）へと発送されていたのである。

捕鯨

近代捕鯨（ノルウェー）法とは、鯨に近寄り銛《もり》を砲弾式に打ち込んで捕獲するもの。これに対して一六世紀ごろの日本式捕鯨は、沿岸に回遊する鯨をひとまず船で網に追い込み、手銛を突き立てながら、鯨の鼻に網を通して捕獲するなどの突き取り式捕鯨を行っていた。一七世紀に入ってからは、網取り式捕鯨が行われてきたのである。

しかし、この網取り式捕鯨も明治十一（一八七八）年に和歌山県太地で起こった「大背《おおせ》美流《みなが》れ」の事故を契機に行われなくなってしまった。大背美流れとは、近年にない不漁の年の十二月に起こった大惨事のこと。このままでは年が越せない、何とか鯨を仕留めて正月を迎えたい鯨組は荒れる海に出漁。正午を過ぎたころに、ようやく鯨を発見。しかしその鯨とは、未だかつて誰も見たことのない巨大なセミ鯨の親子であった。太地では古くから「背美鯨の子連れは夢にも見るな」といわれるほどに、気性が荒くて危険なものとされていた。「捕ってはならん」とする古老らの反対の声を押し切り、鯨組は捕獲にかかった。

しかし網にかかった母鯨が暴れ、沖へと逃げ出す。船団はこれを追いかけ激闘の末にようやく仕留めることができたが、鯨のあまりの大きさに船が思うように進まず、黒潮に流されるばかり。やむなく鯨を切り離したものの地獄の漂流は続き、行方不明八十九名、餓死者十二名の未曾有の大惨事となったのであった。

大阪の鯨と料理

鯨が料理として紹介されるようになったのは江戸時代から。高正晴子氏の調査によると、鯨料理の記載のものとしては『料理秘伝抄』[2]『合類日用料理抄』[3]など九冊。料理には、煮物、和え物、焼き物、揚げ物、蒸し物、刺身、麺などがある。

『鯨肉調味方』で紹介されている揚げ物は、湯煮《ゆに》した鯨を鯨油で揚げたものとなっている。この書物によると、貴重な海の資源である鯨の各部位を、内臓まで余すところなく利用していることがわかる。このように江戸時代には西日本において、鯨が比較的庶民派の食材として広く食べられていた。もちろん肉だけでなく、鯨油の利用も行われており、農薬としても幅広く使われている。

さらに大阪では鯨のヒゲを文楽人形の操り糸として活用している。

大阪では鯨肉専門の料理屋も多く、昭和の初期には元祖鯨料理の新町「西玉水」、平野町にあった「柳屋」、神戸三宮の「スエヒロ」では洋風の鯨料理を出している。大阪で鯨といえば、水菜と煮たハリハリ鍋が有名だが、尾の身を造りにしたり、赤身をフライにしたりと食べ方も多岐にわたっている。大阪市中央卸売市場本場関係者によれば京都と大阪を比較すると、鯨はほとんど大阪でしか売れなかったという。これは京都には昔から鯨を食べる習慣がなかったことや、壬生菜《みぶな》や茎の細い京水菜はあっても、ハリハリ鍋に欠かせない太軸（茎）の大阪水菜がなかったことなどが関係しているのではないかと思われる。

昭和初期に刊行されていた大阪の食雑誌『食道楽』[4]は、「鯨の血と一般にいっているのは、血ではなく鯨の肉汁である。鯨には血は二％しかなくあとは肉汁。この肉汁を洗ってしまっては旨味も栄養分も失うことになる。鯨肉の料理のポイントは、肉質に合わせて熱を合わせるところにあるということ。魚ならよく煮、よく焼くということでいいわけですが、鯨をそうしてしまうと固くなるばかりで旨味も失せるわけです」と書かれている。また同誌における鯨の食味対談では「鯨の造りを食いこなせる人は一人前の鯨通。鯨の造りを食べられるか否かで、食通ぶりを決めていた」そうである。

◉鯨鍋の召上り方

・まず、出汁《だし》を半分鍋に入れて沸騰した時に水菜を入れて鯨肉を1枚ずつ水菜の上に並べ、肉の色が白く変色したら召上りください。

・出汁《だし》が沸騰せぬように適時に半分の出汁《だし》を差し入れ

てください。
・お召上りの後は、鍋の出汁《だし》のなかに小餅をほどよく焼いて入れ、召上るのも格別の風味です。
（昭和十一〈一九三六〉年：『食道楽』十一月号より）

[1]七浦　浦とは海岸に近い村を指す。鯨が一頭獲れると、七つの村を潤すほど大きな漁獲となった。
[2]『料理秘伝抄《りょうりひでんしょう》』　寛文《かんぶん》十（一六七〇）年刊の料理書。寛永ごろに刊行された『料理物語』から、汁・焼き物・料理酒・鱠など料理法の部分が抜粋されている。
[3]『合類日用料理抄《ごうるいにちようりょうりしょう》』　元禄《げんろく》二（一六八九）年、初版の料理百科。酒、味噌、醤油や餅、麩、菓子、豆腐、魚、鳥などの料理に関する事柄を、五巻にわたって記している。
[4]『食道楽』　明治三十八（一九〇五）年に創刊。明治三十六（一九〇三）年に報知新聞に連載された村井弦斎の小説『食道楽』の人気を受けて発刊される。昭和初期に第二期が創刊され、当時の有名文化人や料理家などが執筆。明治時代（一八六八～一九一二年）に比べると各地の郷土料理や有名料理店の紹介などが増えている。その後、第二期は昭和十一（一九三六）年に終刊した。

アナゴ

南海本線の湊《みなと》駅。同線の堺市駅と石津川駅の間に位置するこの辺りを出島地区という。アナゴ漁で有名であった出島（堺）漁港で知られる地区である。

　出島漁民のルーツは一説によると、遣唐使の島として知られる広島県蒲刈島から朝臣大伴氏の一族が追われて茅ノ浦越ケ丘（宿院住吉神社御旅所付近）に移住したことにあるとされており、タコ壺漁はこの一族が最初にはじめたともされている。

　さて、話をアナゴに戻そう。現在の堺市出島町1丁目辺りは、かつては出島穴子屋筋とも呼ばれていたほどアナゴを商う店が多かった。出島における聞き取り調査を行った上島幸子氏（大阪成蹊女子短期大学教授）の調査によると、出島の浜に水揚げされ買い取られたアナゴは、いったん「どまる籠」と呼ばれる籠に入れ、海水につけて生かしておき、そのうち必要な分だけのアナゴを新鮮なうちに店で調理したといわれている。調理されたアナゴは主に、天満《てんま》や木津《きづ》などの市場や料理屋などへ卸された。

同聞き取り調査では、昭和二十四(一九四九)年から「穴子ずし」の生産がはじまったとある。これは、開いて蒸した穴子を、つけ焼きにし、酢飯と合わせたものだと思われる。またアナゴの骨からはよい出汁《だし》が出ることから、骨だけを関東煮《だき》用として売っていた。

出島(堺)漁港。

アナゴの旬は夏頃だとされるが、夏はどうしてもウナギにかなわない。しかし大阪では茶椀蒸しなどにアナゴを利用していたので冬場の需要も結構あった。また秋から冬にかけては大きな黒アナゴが獲れ、地元ではこれを刺身にして食べていた。

堺の漁港といえば「堺魚市」が有名だが、これは鎌倉時代(一一八五〜一三三三年)にはじめられたものとされている。魚市に関して上島幸子氏は『大阪府の郷土食に関する研究』で次のように述べている。

「豊臣秀吉公より久家へ浜地を賜り、同家はこの地に魚市場を開設(現在の英彰小学校)。毎日、久の拍子木によって魚市が始められた。また夜市のはじまりは主として大阪、大和方面へ魚を運ぶのに夏期の鮮度を考慮し七月より九月までは市の開催時刻を早く日の出まで

どまる籠。

に市が終わるのを夜市（浜市）と呼んでいた。とくに大阪夏祭りのはじめられる頃より鳳、住吉神社祭礼の当日にあたる七月三十一日の夜中に年中行事として夜市が始められた。また昼網という魚行商人があって地曳網等で昼獲れた魚を声だかに売り歩いた。中には生き鱧を『水鱧』と称して民家の前で行商する風景もみられた」。

大阪のアナゴ料理一覧『大阪府の郷土食に関する研究』（上島幸子著）より堺における代表的なアナゴ料理を紹介する。

・なると巻き　茹でたうずら卵を生のアナゴで巻いて砂糖醤油で甘辛く味をつけて煮てから二つに切る。
・肝の佃煮　塩茹でした肝を味醂《みりん》と醤油で煮る。
・アナゴ丼　つけ焼きしたアナゴを刻んで、さらにつけ焼きのタレで味を付けてご飯にのせる。
・アナゴずし　開いたアナゴを砂糖・醤油・味醂で味をつけて煮てから、握り寿司の具とする。
・肝の塩茹で　アナゴの肝をさっと塩茹でしてザルにとり、山葵をそえて食べる。

鰯《いわし》

由来と流通

大阪では新鮮な鰯《いわし》を「手々《てて》かむ鰯」と呼んで売り歩いた。そんな地場の鰯《いわし》が、堺や西宮《にしのみや》辺りから大阪市内に盛んに持ち込まれていたのが、およそ昭和三十（一九五五）年。振売《ふりうり》[1]のユニークで元気なかけ声を、街中で聞くことができた。柔らかい口の鰯《いわし》が「手をかむほどに新鮮」という言い回しは、ユーモアにあふれたもの。何とも関西らしい響きである。

　これが東京に行くと、銚子や木更津から来た振売の声は、「ぉあーら、いわーしこいっ　ぉあーら、いわーしこいっ」とか「ぁいわーし、ぇいわーしこい、ぁいわー

昭和三十(一九五五)年ごろの岸和田の海岸(資料提供:小藤政子氏)。

し、ぇいわーしこい」(『江戸売り声百景』宮田章司著)だったようで、東西の発声や気性の違いがこんなところにも表れている。

さて、獲れた鰯《いわし》の一部は鮮魚として泉州や阪神間に売り歩きされていた。人々は大阪湾の地先に揚がる新鮮で美味しく、栄養満点の海産物を食べて暮らし、戦後復興から高度成長の時代を歩んできた。神戸から泉州にかけての大阪湾、とりわけその奥部は淀川、大和川、武庫川などの河川から豊富な栄養塩が流れ込み、植物プランクトンがよく発生する海で、それを求めてやってくる、カタクチ鰯《いわし》にとっては絶好の索餌場《さくじば》(餌を探し求める場所)であった。今も大阪湾には巾着《きんちゃく》網[2](中型巻網)、別名、鰯漁船団が出漁し、カタクチ鰯《いわし》漁が行われている。

夏になると、鰯《いわし》に脂が乗り、旬を迎える。大阪ではこうした新鮮な鰯《いわし》の頭と腹を取り、醤油と砂糖そして夏の新生姜を入れ、甘辛く炊いて食べていた。脂が多い時期には骨が柔らかく、少し酢を入れてコトコト炊くとすべて食べることができた。

大阪ミナミの木津市場では、前日に各地で水揚げし、夜中に入荷した鰯《いわし》を朝一番に大阪市中央卸売市場本場で買い、それを売っていた。しかし、堺から朝どれ鰯《いわし》が行商人によって持ち込まれてくる日には、商内《あきない》の勝手が少し違ってくる。堺から鰯《いわし》が持ち込まれてくるのが朝八時ごろ、荷物が入るとわかったときには「中央の鰯《いわし》、安うしてでもはよ売らなあかんで」と売り急ぐ。というのは、堺の鰯《いわし》が着くまでに売り切らないと、中央市場で仕入れたものはシャカ（売残り）になってしまうから。

「手々かむ」高鮮度の地場鰯の面目如何たる光景が、商内《あきない》の場面でも繰り広げられたのだった。

[1] 振売　天秤棒で両端に魚や野菜などの産物を入れて掛け声を掛けながら売る人。
[2] 巾着網　主に海上層の魚を獲るもの。網の下裾部に輪を取り付け、これに縄を通し、魚を囲い獲った後に、この縄を締めて引き上げる。

トビアラ（サルエビ）

水の都が育てたサル海老

大阪でもっとも身近な小エビがトビアラ。和名はサルエビで、ブトエビともジャコエビなどとも呼ばれ親しまれてきた。じつはこのエビが、大阪の食文化、出《だ》汁《し》文化と深く関わっているのである。

エビといえば誰もがクルマエビやイセエビを思い浮かべるが、トビアラはクルマエビの仲間に入るものの、体長は六〜七センチで、大きいものでも十センチ位。寿命はおおよそ一年。産卵は大阪府水産試験場の調査によると、五月上旬から九月下旬にひとつの個体が複数回産卵を行い、子孫を残していく。

トビアラはカマスゴなどと同様に、瀬戸内海の重要な資源となっている。小さいときには小型魚類の餌として、また大きくなったものも鯛をはじめとする大型魚類の餌として、食物連鎖のなかで重要な位置を占め

泉州の市場に並ぶ地物の魚介。

ているのである。つまりトビアラが、瀬戸内海に魚を呼び込み育てているともいえるわけである。

実際に、岸和田漁港では、「トビアラが多い年にはアナゴがよく涌《わ》く」ともいわれているほどだ。

トビアラがよく生息しているのは砂や泥が広がる所で、水深は二十〜三十メートル。鹿《しか》の瀬《せ》をはじめ大阪湾は水深がこれ位の場所が広がっており、ちょうどその条件を満たしている。さらに淀川や大和川から砂とともに流れ込む豊富な栄養塩類が、エビの餌ともなっているのである。

漁法

大阪では、ずいぶん昔からトビアラを獲るために、先進的な漁法がいくつも開発され、それが全国各地に伝播したところとしても有名である。

とりわけ名高いのが「泉州打瀬《うたせ》」と呼ぶ底曳網漁。網漁法が発展したのも、大阪湾が持つ砂・泥地という条件にかかわりあいがあった。打瀬とは帆を立て、風を受けて船を横に進め、その力で網を曳くというもの。今でも熊本県芦北地方では、この方法でクマエビ（アシアカエビ）などを漁獲している。

一方、手繰網《たぐりあみ》[1]といって、底を曳いた網を文字通り手繰り揚げる漁法も様々な形で発達してきている。

さらに地元の人々が打瀬網を「えびこぎ」と呼ぶところに、その主要な獲物であるトビアラの重要性を垣間見ることができる。トビアラは、底曳網が行われているほとんどの港で、多かれ少なかれ水揚げされている。主なところは堺出島、泉佐野、岡田浦、尾崎、西鳥取、箱作《はこづくり》、深日《ふけ》など。淡路島東岸では由良《ゆら》、仮屋《かりや》な

漁船が停泊する深江港（昭和二十九〈一九五四〉年）。（『芦屋市立美術博物館図録』より）

どの港が有名。兵庫の本州側ではやはり明石浦で多く水揚げされている。

手繰網のように大阪湾では海底を曳く漁法が、狙う獲物によっても細分化し発達し、現在に連なっている。細分化されているということは、こうした漁法は、人々の知恵が様々な角度から結集されている証であり、大阪湾の網漁業の文化性を見出すことができる。

トビアラと大阪の食

『聞き書　大阪の食事』（農文協刊）には「和泉海岸の食、漁場の風と潮を操り泉州打瀬でとる魚」の項で、大阪の出汁《だし》文化とトビアラ（サルエビ）の関係が紹介されている。夏のごちそうのひとつである素麺には頭と皮を剥いたトビアラで出汁《だし》をとり、身は具にしてそのまま食べる。

秋、岸和田だんじり祭には、トビアラを入れたかき「まぜ鮨」が作られる。ケ（日常）には、古漬《ふるづけ》の水ナスとトビアラの煮物「水ナス・とびあら・薄揚げの煮物」などが、一家団欒のおかずでもあった。またエビで出《だ》汁《し》をとることは、大阪や播州地方で広く行われてきたが、こうした食文化は関東ではあまり見かけることがない。

さて、トビアラなどの小エビを乾燥させた加工品を「干しえび」というが、関東ではこれが入ったかき揚げが蕎麦屋で供される。関西の蕎麦屋ではまずお目にかかることはないであろう。エビひとつにしても、食の慣習や調理方法は、関西と関東とでは多くの点で違っていることがわかる。

大阪では素麺の出汁《だし》や出汁《だし》巻きを焼くときに、「干しえび」が欠かせない。この干しえびも昭和三〇年代（一九五五～六四年）には由良港の向かい、「淡路橋立て」といわれる成ヶ島で加工が盛んに行われていたが、今はまったく見られなくなっている。

大阪では、生のトビアラを泉州名物のタマネギと合わせて、かき揚げにする。新物が出回る九月下旬からは皮が柔らかいので、そのまま素揚げにされる。もちろん、むきエビにし天麩羅にすれば、甘さがきわだつ。旬の夏ナスとトビアラの干しえびを炊いた料理など、多くのトビアラを使った惣菜料理が伝えられている。

［1］手繰網　てぐりあみともいう。大正時代（一九一二～二六年）から瀬戸内の各地で行われてきた古い漁法のひとつ。いかりで舟を固定させ、袋網と袖網を使い、主に小魚等を獲る。

ワタリガニ（ガザミ）

「ガニ」漁

大阪で、身近なカニといえばワタリガニ。ワタリガニは大阪の漁業者にとって、じつになじみの深いもの。泉州の漁師はこのカニを「ガニ」と自然に呼ぶところにも、その身近さがあらわれている。

大阪湾のワタリガニは十一月ごろから腹に卵を持ちはじめる。成熟した雌に外子《そとこ》があらわれるのは四月下旬から五月の連休時分。このころから九月にかけて数回にわたって抱卵・ふ化し、幼生《ようせい》が誕生する。

生まれた幼生は、浮遊しながら稚ガニに成長していく。この稚ガニが浅海域に生息する時期は四～十一月、成長とともに沖合に移動するわけだが、その際、特に夏場に脱皮を繰り返し、急速に成長を遂げていく。こうして泉州が祭りの時期を迎える九月ごろ、成長著しいワタリガニが揚がりはじめるのである。

岸和田春木の漁師によると、大きなガニが山ほど獲れたのが、およそ昭和三十（一九五五）年。このころは一把二十五メートル位の網を二百～四百把ほど積み込み、男手が三～四人乗り込んで出漁。午前三時ごろに出て、カニがよくかかるように上手に網を投入し、数時間待って網揚げ。「オオコダケ昇ったら網揚げろ」（オオコダケとは、天秤棒の長さを目安に山から太陽が昇った時分）といって、日の出とともにカニが動き出し、かかった頃合を見はからって網を揚げる。

このような漁で、大型のカニが一船で四百～五百尾は水揚げされていたという。砂浜に相撲の土俵位の円をいくつも描き、円のなかに五十尾ほどのカニを投げ入れ、セリにかけていたのである。

その形から菱ガニ（別名ガザミ）の名があるワタリガニ。

だんじり祭とワタリガニ

けんか祭りの異名をとる岸和田だんじり祭。そのはじまりは、元禄《げんろく》十六（一七〇三）年に岸和田第三代藩主岡部長泰《おかべながやす》が、京都伏見から五穀豊穣の神である稲荷をお迎えしてお祭りし、城内三の丸に稲荷社を建立したことにはじまる。

稲荷社が完成したのは九月二十七日(旧暦)で、この日にお祭りが執り行われるようになった。以後執り行われる日取りは変わるが、現在は敬老の日直前の土曜日が宵宮、翌日が本宮で、岸城神社へ宮入りする。この祭りは封建身分制の時代には珍しく、城下に暮らす庶民も城入りして稲荷社にだんじりを曳き、参詣することが許された。

年を追うごとに有名になったこのお祭りは、現在中央地区、沼天神地区、浜町七町の旧市の人々を中心に行われ、勇壮で迫力満点の曳行と夜には提灯が灯り、祭りムードを盛り上げる。

さらに十月に入ると岸和田市の各地区も含め、泉州一帯で秋祭りが執り行われる。その祭りに欠かせないのが、地元の味覚ワタリガニ。別名「がに祭り」と呼ばれ、寿司とともにワタリガニを茹《ゆ》でて客にふるまい、ハレの日を演出する。

しかし、現在の九月半ばといえば、いまだカニは成長途上で脱皮を繰り返す時期。この時分のカニを地元では「びしゃがに」とも呼び、身が柔らかく普段なら買い手が少ない時期。旧暦時代の十月の秋祭り時分が、やはりもっとも美味であったはずである。

ワタリガニは、内子《うちこ》を味わうなら冬場から春先にかけてがよい。またこの時期雄ガニの身は風味がよい。

雄雌の見分け方は、カニを裏返した通称ふんどしの形で見分けられる。ふんどしとは腹と尾の部分が退化したもので、遠い昔エビと同じところから出発している証。尖った形のものが雄、うちわ状に幅が広いのが雌で、地元では「腰巻き」と呼ばれたりしている。

大阪の川魚

大阪の川魚

大阪には淀川、大和《やまと》川の二大河川、それらの支流、一万箇所を超えるため池、網の目のように張りめぐらされた用排水路があり、昔から、人々の生活と深くかかわりあってきた。飲み水、炊事洗濯などの生活用水、農業用水、排水並びに舟運に利用されてきた。

また、水泳や釣りなどレジャーの場になるとともに、捕獲された魚介類は貴重な蛋白源になっていた。北河内郡では、水が少なくなる秋祭りや正月の前、池や井路（水路）を堰（せ）き止め、水をかい出して魚を獲る「じゃっかい」が行われていた。コイ、フナ、ナマズ、ウナギ、テナガエビ、モクズガニなどが獲れた。じゃっかいは「河内昆巻《かわちこんまき》」[1]など、祭り用の魚を獲る他、村人の和を作る娯楽の場ともなっていた。

淀川水系の漁業

淀川で漁師をしておられたお一人に馬場崎氏がいる。淀川で「杭巻き」というコイを穫るための新漁法を考案した人物である。馬場崎氏は日露戦争のころ（明治三十七〜三十八〈一九〇四、〇五〉年）淀川上流の宇治川と木津川の間にあった「巨椋池《おぐらいけ》」（現在干拓により消滅）の東一口《ひがしいもあらい》から枚方《ひらかた》に移住している。

東一口は、古来禁裏（朝廷）へ鮮魚の調達を任務としていた漁村で、巨椋池はもとより、周辺水域で自由に漁獲をする特権を与えられていた。また、大正末年から昭和初（一九二六）年にかけては、毎年一月から六月まで半年の間、かつての朝廷の儀式に則って朝廷が巨椋池に東一口《ひがしいもあらい》の漁業者を十三人呼び寄せて、正月四日から二月五日ごろまでがコイの漁、また三月初旬から末までがモロコ、三月末から四月はヒガイ、五月にはカマツカの漁に従事させた。そして六月五日、宇治の縣《あがた》神社の祭りの日になると、漁業者たちは東一口に帰ることを常としたという。

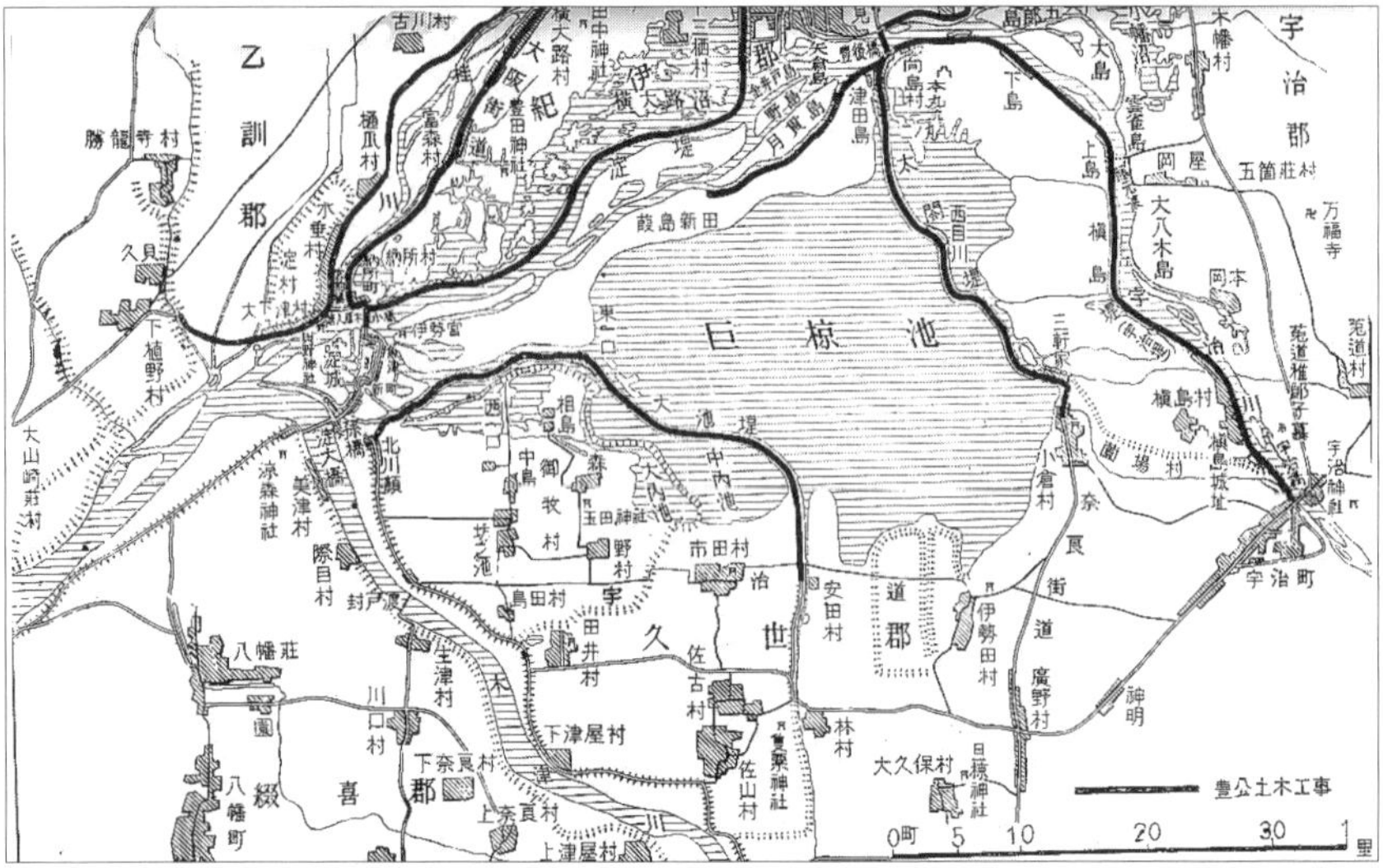

豊臣秀吉時代の巨椋《おぐら》池浴岸土木工事図（『巨椋池干拓誌』昭和三十七〈一九六二〉年より）。

長年漁師をしてきた馬場崎氏は、戦後の高度経済成長で水が汚れ、取れる魚も油臭くなって売れなくなったため昭和三十九（一九六四）年に廃業した。

明治三〇年代（一八九七〜一九〇六年）の記録をみると、巨椋池の漁獲物はウナギ、コイ、アユが中心で、フナ、ナマズ、マス、ハゼ、ヒラバイ、川キス（カマツカ）、川バチ、ヒガイ、ドジョウ、河騰《どぐろ》、エビ、カニ、しじみ等がある。ウナギは大阪市、西成、泉北、三島、コイは北河内、アユは西成、三島、豊能が主産地であった。

明治19年漁浦および水産物

漁浦 漁場名	漁浦 所属郡区	漁業者郡区	主要水産物
淀川	北区	北区	ウナギ
	島上郡	島上郡	コイ、フナ、ウナギ、ナマズ、エビ
	島下郡	島下郡	コイ、フナ、ウナギ、ナマズ、エビ
	茨田郡	茨田郡	コイ、フナ、ウナギ、ナマズ
	交野郡	交野郡	コイ、フナ、ウナギ
	西成郡	西成郡	
中津川	東成郡		
神崎川	住吉郡		コイ、フナ、シジミ、雑魚
安治川	川辺郡		アカガイ、ハゼ（ボラ、スズキ、アカエイ、ハマグリ、烏貝）
木津川	西成郡		
尻無川	西成郡		
淀川友渕村	東成郡	東成郡	エビ
淀川野田村			ウナギ、フナ
寝屋川今福村			フナ、雑魚
寝屋川新喜田新田			
鯰江川蒲生村			フナ、雑魚
新田非路筋	住吉郡	住吉郡	ウナギ、フナ（ボラ、ハマグリ）
猪名川	豊島郡	豊島郡	アユ、ウナギ
寝屋川	讃良郡	讃良郡	コイ、フナ、ウナギ

明治十九（一八八六）年の巨椋池魚浦および水産物。

樒（しきみ・しきびともいう）の枝を束ねた「シバ」。船から樒を川へ投げ込み、しきみの香りに鰻が引き寄せられ、このなかに入り込んだところを捕まえていた。

淡水魚養殖

江戸時代、大坂淀川の鯉、といえば全国に知られた名物であった。そんな大坂ではコイの養殖がかなり古くから行われ、天明《てんめい》年間（一七八一～八九年）に、河内高安（現・八尾市高安）の稲田与三郎の先祖が、大和郡山からコイの稚魚を買い入れ、ため池に放流したのが最初とされている。

昭和に入ってから、ため池養殖はゲンゴロウブナを改良した大阪特産のカワチブナ（ヘラブナ）を中心に、ギンブナ（マブナ）コイ、モロコ、エビを混養するようになった。カワチブナはアオコと呼ばれる植物プランクトン、ギンブナ、コイはアカムシなどの底生動物、モロコは動物プランクトン、エビは魚の糞や植物の腐ったものを食べる。

このように食べ物の異なる魚を収容し、自然繁殖する餌を効率的に利用する省エネ型の養殖方法を確立したのだった。カワチブナは、釣り対象魚のヘラブナとして有名で現在も全国に出荷されている。また、カワチブナの一部とギンブナは、モロコとともに佃煮用、エビ（スジエビ）は釣り用の餌として利用されている。

大阪とウナギ

ウナギといえば、大伴家持が石麻呂にあてた万葉集の歌が有名だ。

「石麻呂にわれもの申す夏痩せによしというものぞ武奈伎《うなぎ》とりめせ」

この万葉歌から判断すると、千余年も前から、ウナギが食べられていたことがわかる。

しかし、どういう調理法が行われていたかということは、わかっていない。醤油などの現在使われている調味料もなかった時代であることを思えば、現在の「か

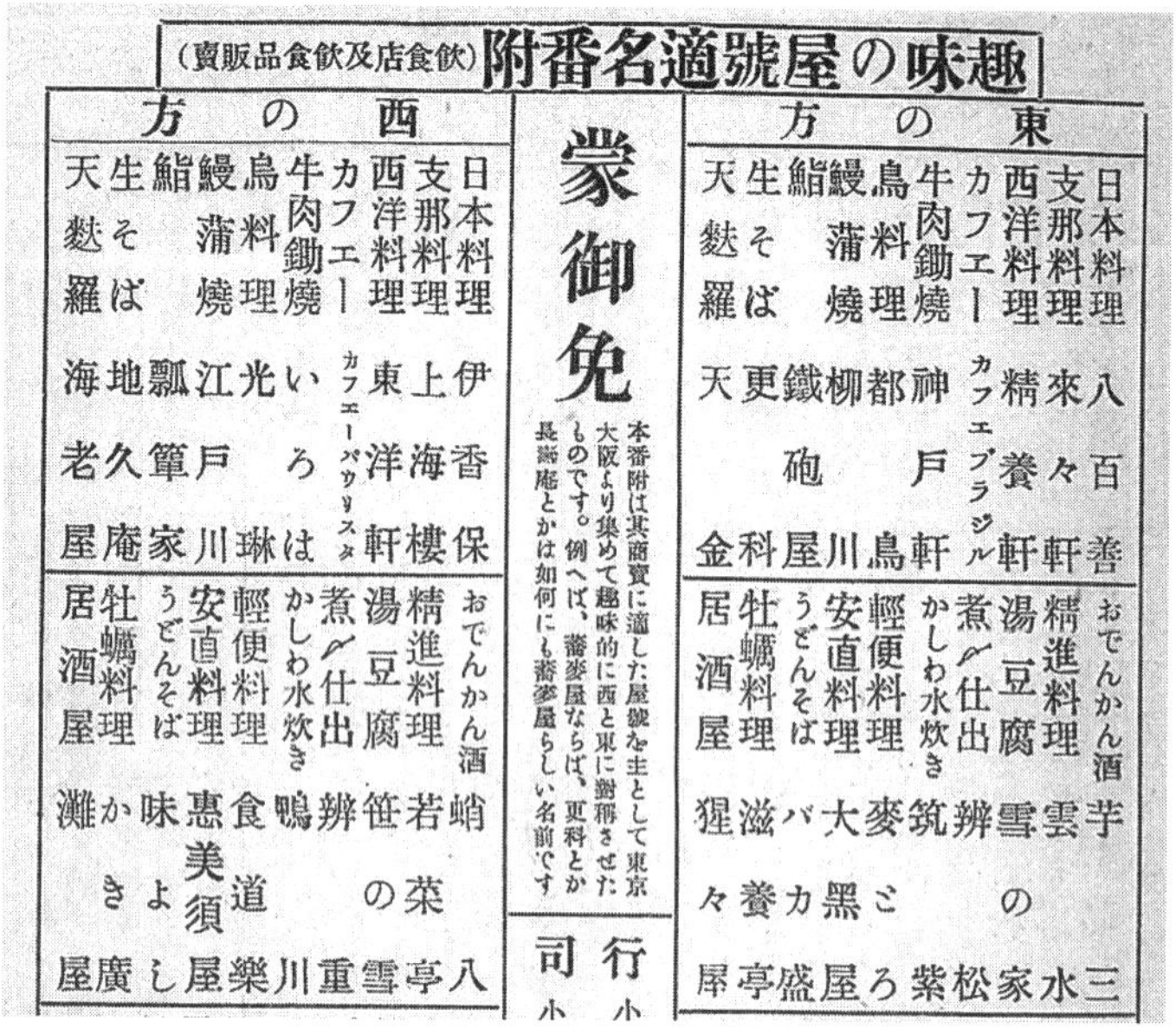
趣味の屋號適名番附（飲食店及飲食品販賣）

蒙御免

本番附は其商賣に適した屋號を主として東京大阪より集めて趣味的に西と東に對稱させたものです。例へば、蕎麥屋ならば、更科とか長壽庵とかは如何にも蕎麥屋らしい名前です

東の方	
日本料理	八百善
支那料理	來々軒
西洋料理	精養軒
カフエー	カフエブラジル
牛肉鋤焼	神戸
鳥料理	都鳥
鰻蒲焼	柳川
鮨	鐵砲屋
生そば	更科
天麩羅	天金
おでんかん酒	芋三
精進料理	雲の水
湯豆腐	雪家
煮〆仕出	辨松
かしわ水炊き	筑紫
輕便料理	麥ごろ
安直料理	大黒屋
うどんそば	バカ盛
牡蠣料理	滋養亭
居酒屋	猩々屖

西の方	
日本料理	伊香保
支那料理	上海樓
西洋料理	東洋軒
カフエー	カフエーパウリスタ
牛肉鋤焼	いろは
鳥料理	光琳
鰻蒲焼	江戸川
鮨	瓢簞家
生そば	地久庵
天麩羅	海老屋
おでんかん酒	蛸八
精進料理	若菜亭
湯豆腐	笹の雪
煮〆仕出	辨重
かしわ水炊き	鴨川
輕便料理	食道樂
安直料理	惠美須屋
うどんそば	味よし
牡蠣料理	かき廣
居酒屋	灘屋

行司

大正時代に料理屋によく付けられていた屋号番付。「鰻蒲焼」の店名を見ると、東京では「柳川」、大阪では「江戸川」という屋号が多かった。焼き方は違っても鰻といえば江戸というイメージが、この頃にできあがっていたことがわかる。

ばやき」とは違った料理法で食されていたようだ。

関西地方では、ウナギによく酢を合わせる。ウナギを鮓《すし》にしたものを「宇治丸」といった。『嬉遊笑覧《きゆうしょうらん》』[2]（一八三〇年）巻の十、飲食篇にも「宇治丸は、鰻の鮓にて、古く名高きものなり」とある。

木下謙次郎氏の『美味求真《びみきゅうしん》』[3]（一九二五年）に、宇治丸について次のように記されている。

「鰻鮓、今は余り鰻酢を造らざるも、昔は甚だ流行せる如し、殊に京都にて一時宇治丸とて、宇治川の鰻酢は珍重せられたることあり。此の料理法は三四十匁位の鰻を割きて四切位になし、上等の酒に少しからめ塩を混じたるものに一夜浸し置き、翌日、飯に酢と塩、砂糖を混ぜ、先の鰻を載せ、蓼又は紫蘇の葉にてこれを巻き、一夜壓石《おもし》をかくべし」

宇治丸については、『朝倉亭御成記』[4]（一五六八年）に記されている他ウナギの膾《なます》については、『大草家料理書』[5]、寛永二十（一六四三）年に刊行された料理書、『料理物語』[6]に、「なます、すし、こくせう、かばやき、山

可笑《かしょう》作の『通神伊勢物語』（天明《てんめい》二〈一七八二〉年）より。

椒みそ杉やき、さしみ、白やきにして青すにてよし」と書かれていることから、ウナギには酢がよく用いられてきたことがわかる。

かばやきの由来

ウナギの料理に「かばやき」の名が見えるのは、『料理物語』がもっとも古いとされる。「かばやき」という調理法がいつ確立されたかは定かではないが、徳川以前からすでに行われていたようだ。

では「かばやき」とは、どういった意味（由来）から付けられたものだろうか。

ひとつのヒントになるものとして平安時代の『新猿楽記』[7]（一一世紀半ば）がある。ここに香疾大根《かはやき》という大根名が出ている。この名の由来がどうやら、とても香が強くいち早く人の鼻に入る意味だと察することができることから、ウナギの「かばやき」という名も、こうしたところから出たものと考えられる。

ちなみに、斎藤彦麿《ひこまろ》の『傍廂《かたびさし》』[8]（一七六八〜一八五四年）には、ウナギの「かばやき」は、鰻の口から尾にかけて竹串を通し塩焼きにしたもので、その形が蒲《がま》の穂に似ているから「蒲やき」というのであると書かれている。

関東風と関西風

「かばやき」の調理法だが、関西と関東では、かなり相違が今もある。関西風は、ウナギを腹の方から裂き、頭を切り離さずにカナ串へ刺し、一度素焼（シラ焼き）にしたものを蒸さずに、タレをつけて「かばやき」にする。一方、東京風は、ウナギの大小にかかわらず頭を切り離して竹串を打ち、シラ焼きをしてから更に蒸しをきかせてタレをつけて焼く。

関西風の調理法が、古くから行われた様式であることはいうまでもない。シラ焼きにしたウナギを蒸すということは、江戸でも極めて近世になってから行われるようになったものだと思われる。関西では関東のように蒸してしまうと、せっかくのウナギの脂が落ちてしまうので直接にタレを付けて「かばやき」にするが、ではどうして関東では蒸す必要があるのか。これには様々な理由が考えられるが、ひとつに関東の河川の水質状態が悪く、このようにしなければ、臭くて食べられなかったのではないかという説が有力とされている。

最後にタレの製法だが、関西では吟味した上味醂をよく煮詰め、これと同分量の上醤油にざっと火を入れたものを混ぜ合わせる。これが「同割り」といって「かばやき」のタレの標準となっている。

関西には「いづもや」という屋号を持つウナギ専門店があるが、これは出雲《いづも》（島根県）のウナギが大阪でひとつのブランドであったことの名残ともいえよう。何でも江戸時代に出雲の中海でウナギが大漁となった。これを安来（島根県安来市）の佐右衛門なる商人が、生きたまま大阪へと運ぶことを考え、人力による天秤棒を使った陸送で、中国山脈を抜けて瀬戸内に着き、そこから船を使った瀬戸内から播磨灘への海送を経て、大阪の安治川から、江戸堀下之鼻《しものはな》川魚市場[9]に荷揚げし、

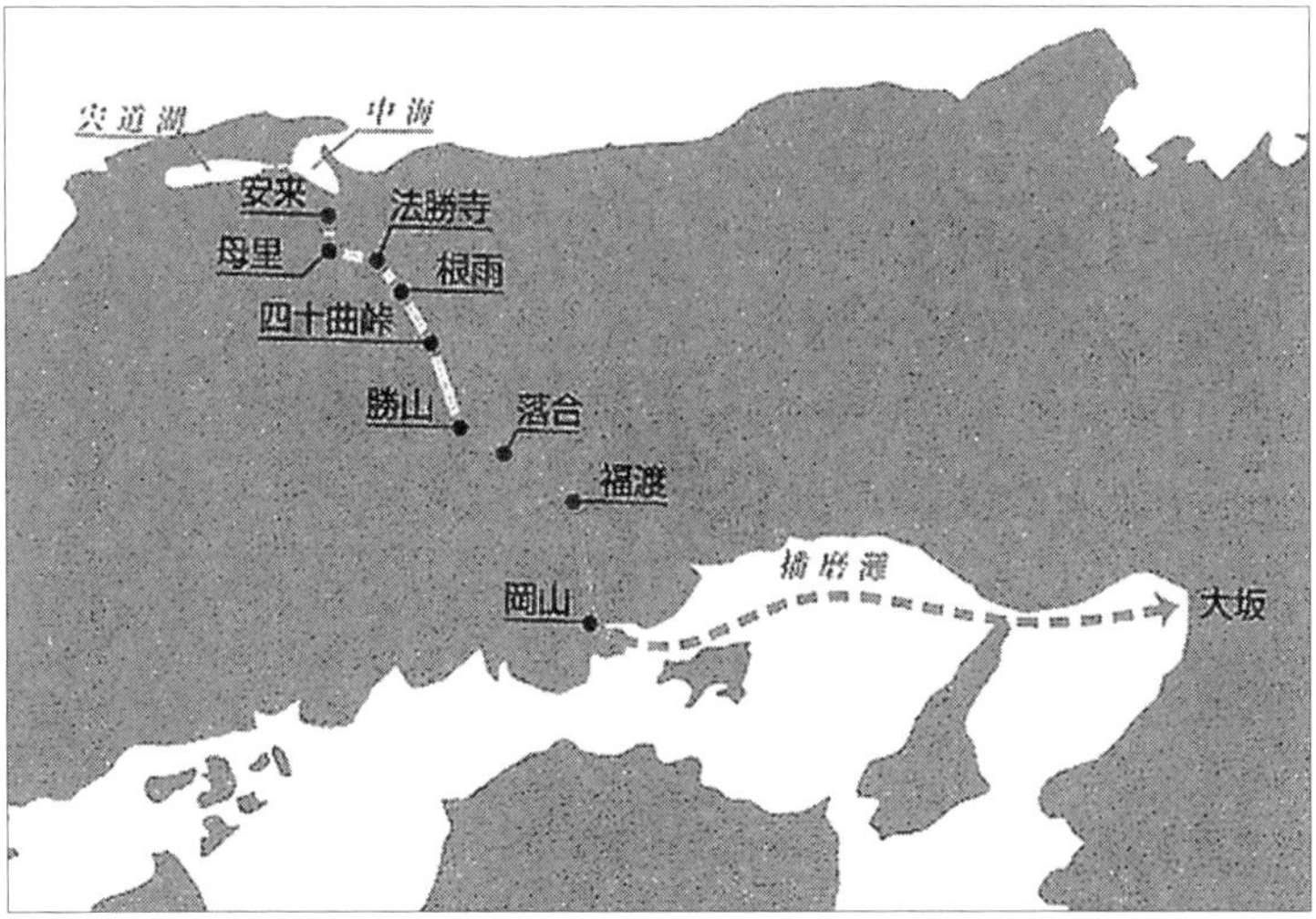

出雲から大阪へのウナギを運んだルート図（図版：「シップアンドオーシャンニュースレター」より）。

堀川辺りで商内《あきない》をしていた牡蠣舟や鰻専門店にこれを届けたという。

大阪のコイ、フナ、アユなど

巨椋池とならび、淀川の漁業のもうひとつの中心地であったのが淀川河口域。ここには、漁業に携わる村として、佃村・大和田村・野田村・難波村・九条村・大野村・福村の七つの漁村があり、魚介類を対象に様々な漁業が行われていた。このなかで、佃村と大和田村の漁師は、徳川家康との特別な由緒など[10]により、無運《うん》上《じょう》[11]・無鑑札《かんさつ》[12]で日本全国での自由な漁の権利があるとし、特権的な漁業を行っていた。

淀川河口域に限らず、淀川で獲れるコイの味には定評があり、「淀鯉」の名がひとつのブランドとなっていたようだ。

昔からコイの食味は、長流に住むものが優れているとされてきた。それだけに都に近くもっとも長流といえば淀川になり、もっぱら賞味の対象となり、大坂名物のひとつとしても知られた。

細川勝元はコイの通人であったようで、いろんな逸話が残されている。その勝元が淀川の鯉を賛美したものに、次のようなものが残されている。

「他国の鯉は作りて酒に浸す時、一両（少し時経て）箸に及べばその汁濁れり、淀鯉は然らず、いかほど浸せども汁は薄くして濁りなし、これ名物のしるしなり」。（『塵塚物語《ちりづかものがたり》』天文《てんぶん》二十一〈一五五二〉年より）

勝元に限らずコイ通は多く、コイの身をずらりと並べ、一口食べてどのコイがどの川の産であるかを言い当てることができたという様な逸話も残されている。

また淀鯉のブランド性を物語るものは、井原西鶴の『日本永代蔵』[13]にも見ることができる。無一文になった大坂の商家主が、再起をかけて淀川名物のコイ、フナを京へと売り歩く。「淀川の川魚」だと売り歩けば、次第に得意先も増え出し、商売も淀鯉の風味にもまして繁盛したと記されている。

江戸時代の淀川河口の漁村で行われていた鯉の漁法で注目されるのは、大和田村での「鯉の素潜り手づかみ漁」。この漁法については、『摂津名所図会』巻之三「大和田鯉抓」に、「漁人鯉をつかみ上るにはその鯉の眼を手でふさがねばはねまはるなり」と、絵入りで紹介されており、『名所図会』や『浪華名物図会』などにも紹介されるほどに著名なものであったことが知られる。

さて淀川を河口から京へと遡《さかのぼ》ると有名な漁場となっていた枚方がある。大正のはじめごろまで東一口の漁師たちは枚方に働きに来ていた。四～五月ごろがもっとも漁獲の多い時期で、年間の漁獲が多かったのは大正十五（一九二六）年まで。以後は漁獲が減少するようになるが、これは大正七（一九一八）年からはじまった淀川改修工事、続いて昭和八（一九三三）年に着手した淀川低水工事などの影響によるものといわれる。

大正時代のころ使用されていた漁具は、漁業従事者の手製によるものが主であったようである。フナ漁には、絹がすみ網、かすみ網（小糸網）、づる網（曳網）、網もんどりなどが使用された。これらの網の目の大き

「大和田の鯉つかみ」(『摂津名所図会』巻ノ三より)。

さは、鯨尺(一尺＝約三十八センチ)で八分から一寸であり、コイ漁には、ぶち網(投網)を用いた。ウナギ漁には網目の細かい網もんどりを用いた。

当時の漁獲高や出荷高の記録はないが、主な魚種は次のようである。三月ごろに鶴屋浜などのヨシ原の先で、タモロコ、スガニ(スゴモロコ)、クチボソ(ムギツク)、ヒガイ、カワムツ、タナゴ属数種、アユモドキなどの他に、テナガエビ、スジエビなどが獲れた。四月ごろには木屋から点野にかけて樋の付近、枚方、出口、木屋、太間、点野などの樋内の水路で、カマツカが絹がすみ網によって毎晩十貫(約三十七・五キロ)ほど獲れたそうである。

これらの魚種の他にコイ、フナ、ウナギ、ドジョウなどはいうに及ばず、季節によりカワマス、アユ、ニゴイ、ワタカ、ケタバス(ハス)、スズキ、セイゴ、チヌ、ボラなどが獲れた。また二枚貝類では、かつて遊船会社が淀川に移入したせたしじみをはじめとし、ドブガイ、イシガイ、どぶしじみなどが多く生息し、なかで

枚方《ひらかた》で行われていた鵜飼《うかい》の風景（大正時代〈一九一二〜二六年〉ごろ）。

もせたしじみは、淀川右岸の高槻側に多かったそうである。枚方といえば「アユの鵜飼い」が盛んに行われており、その様子が絵はがきとして残されている。枚方近辺で漁獲された魚は、当時の問屋（仲買人）であった伏見の「いづつ屋」、淀の「ひとくち屋」「ふなくら屋」などが漁師から買い上げ、それぞれの販路を通じて市場、魚店、川魚専門の料理屋や料亭などに売られていた。

　最後に、川魚の面白い食べ方のいくつかを紹介したい。カマツカは塩焼きにし、熱いうちに三杯酢で食べると美味である。ケタバス（ハス）は塩焼きにし熱いうちに食べる。ワタカは十分に骨切りをし、淡味に炊く。タナゴ類は、ほろ苦いので淡く飴煮にし、甘辛く味を付け、三つ葉などを下に添えて圧し、鮨の上に乗せる。モロコは飴煮にし、佃煮のようにする。ドジョウ、シマドジョウは開いて飴煮にすると美味である。

ドジョウとスッポン

ドジョウとスッポンについても触れておきたい。

ドジョウ（泥鰌）は大阪でもずいぶんと古くから食べられていたようだが、鍋物料理が発達した関東のように、鍋をはじめ様々な料理で盛んに食べられていたというものではなさそうである。井原西鶴が『好色一代男』のなかでドジョウを持ち出していることから、ドジョウが滋養（強精作用）の高い食べ物として扱われていたと思われる。

次にスッポンだが、スッポンといえば現在は京都のようなイメージがあるが、大阪人のスッポン好きは古くから有名だ。安政《あんせい》三（一八五六）年に書かれた『浪花の風』や、ほぼ同時期に西沢一鳳が書いた『皇都午睡《こうとごすい》』にもスッポンのことが書かれており、大坂ではスッポンを「丸《マル》」の愛称で呼んでいたことがわかる。

さらにこれも同時期の随筆になるが『嬉遊笑覧』では、「浪花にてはもとより好んで喰いたるものなり」と、大坂人のスッポン好きが指摘されている。

ちなみに、大阪・京橋にあった川魚市場では最後にセリが行われたのがスッポン。スッポンのセリにも間に合わない輩、つまりは時間に遅れてくる人を「スッポン」と大阪で呼ぶようになったのはこれに由来している。

京都には今もスッポンの専門店「大市」が営業しているが、戦争も関係してか大阪には多くあったスッポン料理店が少なくなり、スッポン料理で有名だった船場の「丸水《がんすい》」や、料亭の「播半」などもなくなったことで淡味で上品な大阪風のスッポンが失われつつあるのは残念である。

［1］河内昆巻　小魚や鰻などを昆布で巻いて炊き上げたものと思われる。

［2］『嬉遊笑覧』　文政《ぶんせい》十三（一八三〇）年成立。喜多村信節著。十二巻、付録一巻。江戸時代の風俗・習慣・歌舞音曲などの記事を集め分類し、考証を加えた随筆。

［3］『美味求真』　大正十四（一九二五）年刊。政治家・木下謙次郎著の随筆。「食を好むもの必ずしも味を好むものにあらず」、「食事が人の精神に及ぼす影響も見のがすべからざる重要事なり」と綴っている。

[4]『朝倉亭御成記』　永禄《えいろく》十一（一五六八）年に朝倉義景が足利義昭を一乗谷にもてなしたときのことが記されている。

[5]『大草家料理書』　六十五条にわたって料理や饗応（もてなし）の雑事を記した書物。

[6]『料理物語』　寛永《かんえい》二十（一六四三）年刊。著者未詳。海魚、磯草、川魚、鳥、獣、きのこ、青物の七部は、材料名とその料理名を挙げ、八項目から汁の部、なますの部など代表的な料理法を具体的に記し、最後に関連事項を述べている。料理材料や調理法を簡潔ながらも具体的に著したものとしては、最も古い書とされる。

[7]『新猿楽記』　一一世紀半ば、学者・藤原明衡の著とされてきたが、近年では白河院政期ごろの一貴族によるものとする説もある。（『日本史小事典』山川出版より）猿楽を見物にきた一家に仮託して、下級官人、庶民、職人らを描き、当時の世相や職業、芸能などを書かれたもの。

[8]『傍廂』　斎藤彦麿（一七六八〜一八五四）の随筆。

[9]下之鼻川魚市場　京橋川魚市場開市から二百年後（安永《あんえい》九〈一七八〇〉年）に雑喉場近くにできた大坂で二番目の川魚市場。

[10]特別な由緒　佃村（現・大阪市西淀川区）の漁民が家康によって江戸入りし、漁を営む特権を与えられるようになったのには由緒となる話がある。ひとつは信長が本能寺で討たれた際（天正《てんしょう》十〈一五八二〉年）に、堺にいた家康に危機が迫り兵庫へと逃げる途中、神埼川を渡る舟がなく、また空腹で困っていたところを佃村の漁民によって舟の手配と小魚を煮た食料の提供がなされ、難を逃れたとするもの。もうひとつは、大坂夏の陣（慶長《けいちょう》二十〈一六一五〉年）において、家康の一行を佃村漁民が同様に助けたとするもの。これらが由緒話として伝わっている。

[11]無運上　運上は江戸時代、商・工・漁・運送業者に課せられた雑税。

[12]無鑑札　鑑札は江戸時代、商工業者などに営業の免許証として与えられた木製の札（または板）。

[13]『日本永代蔵』　元禄《げんろく》元（一六八八）年刊。井原西鶴作の浮世草子（小説の一形態）。六巻。出世・破産を繰り返す町人社会の世相を描いた短編集。

第五章

練《ね》り物《もの》と乾物《かんぶつ》

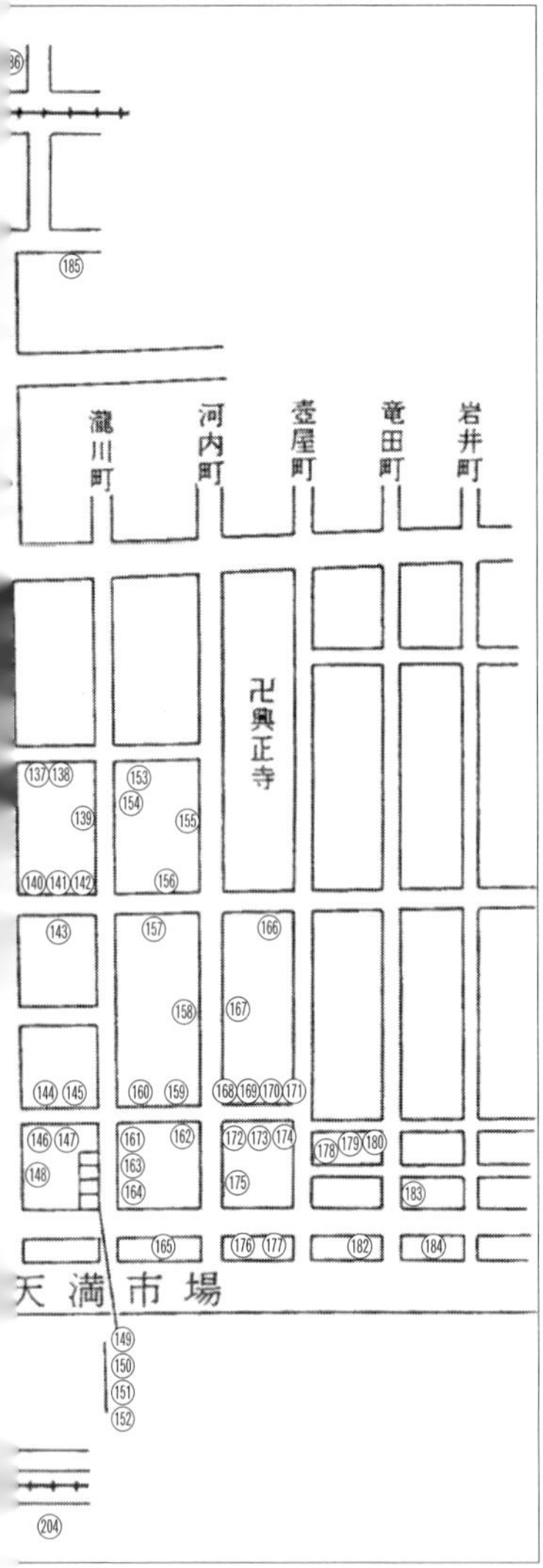

1 カネイ 渡辺
2 加藤甚
3 大田
4 赤尾
5 和田亀
6 大谷屋
7 泉清
8 山本
9 和田万
10 尾形
11 寺儀
12 カネ吉 吉野
13 マル久 北村
14 松原徳
15 山村
16 山中
和田甚
17 カネマ 桑田
18 澤木
19 芝甚
20 澤仁
21 ヤマニ 永井
岡田
22 和田永
23 カネリ 今川
24 カネ小 吉野
25 和田常
26 岸長
27 ヤマヨ 黒川
28 曽我勘
29 木村庄
30 吉岡清
31 伊藤勇
32 楠田
33 今川安
34 本ヤマソ 松田
35 池内
尾本
36 ヤマイ 奥田
37 木村定
38 天野
39 西村からし
40 金丸
41 藪田
42 栗本
43 西出
房川
44 盛岡
45 豊国
46 三好
47 西脇
48 江草
49 島中
50 富家
広本
51 日水
52 吉源
53 上野
54 福前
55 今村勝
56 水野
57 ワチガイ 森川
58 イリヤマや 森川
59 乾物クラブ
60 服部
61 早田
62 今中
63 カネモ 森田
64 マル合 物産
肥塚
65 ヤマツ 田中
66 中村修
大野
67 カネ八 土井
68 三宅
大塚
69 田貞
70 山田嘉
71 土屋
72 杉崎
73 北野
74 橋本
75 大原
76 金沢
77 斎藤
78 武田
79 上月
80 広瀬
81 小川
82 ヤマさ 山本
83 カネタ 山田
84 カネキ 木村常
85 狩野
86 牧野
87 刀禰
88 松田正
89 山城物産
90 マルー 永島
91 武部
92 カネや 中村
93 古南
94 田口
95 一や 山中
96 霧山
97 弘木屋
98 大野
99 味の素
101 大常
102 但馬
103 加藤德
104 大爲
105 備菊
106 宮本
107 末広
108 大橋
109 桑田德
110 旭会
菅野
111 マル中 中村
112 川村
113 三浦
114 志賀
115 カネ吉 中村
116 福井藤
117 澤崎
118 上總
119 福井竹
120 佐藤
121 田中
122 安原
123 マル松 松田
124 枡利
125 大仙
126 花菱屋（藤田）
127 播卯
128 三輪
129 菅野（味付屋）
130 大一 島田
131 吉岡友
132 佐野甚
133 稲田
134 白井
135 マルイ 櫻井
136 大土居
137 佐古田
138 德田本店
139 和田半
吉野忠
140 山田榮
141 富原
142 和田吉
143 田中直
144 平瀬
145 上清
146 播市
147 松川
148 牛沢
149 浅野
150 播久
151 播市
152 櫻井權
153 ヤマト 神田
154 西前
155 カネ十 藤田
156 荒木權
157 美濃
158 名古屋 福田
159 長尾
160 マル万 土井
161 播芳
162 中尾
163 茂
164 カネ定 乾
165 茨木
166 高野
167 中島
168 辻嘉
169 水谷
170 辰田
171 小澤
172 宮地
173 吉井金
174 櫻井兵
175 渡新
176 田尾田
177 三宅
178 田中兵
179 吉谷
180 内田
182 河野
183 カネ冨 乾
184 宮川
185 森田椎茸
186 野田喜
187 小川良
201 本 マルク
202 ヤマ三 小野
203 イリヤマ三 三浦
204 三菊

天満《てんま》界隈の乾物問屋一覧。乾物問屋の一大商業街として栄えた天満菅原町。天満青物市場の天満市之側に店を構えていた乾物問屋が集まり、文久《ぶんきゅう》元（一八六一）年に大坂乾物商仲間組合が設立された。問屋のなかに「味の素」(99)の名が見える。

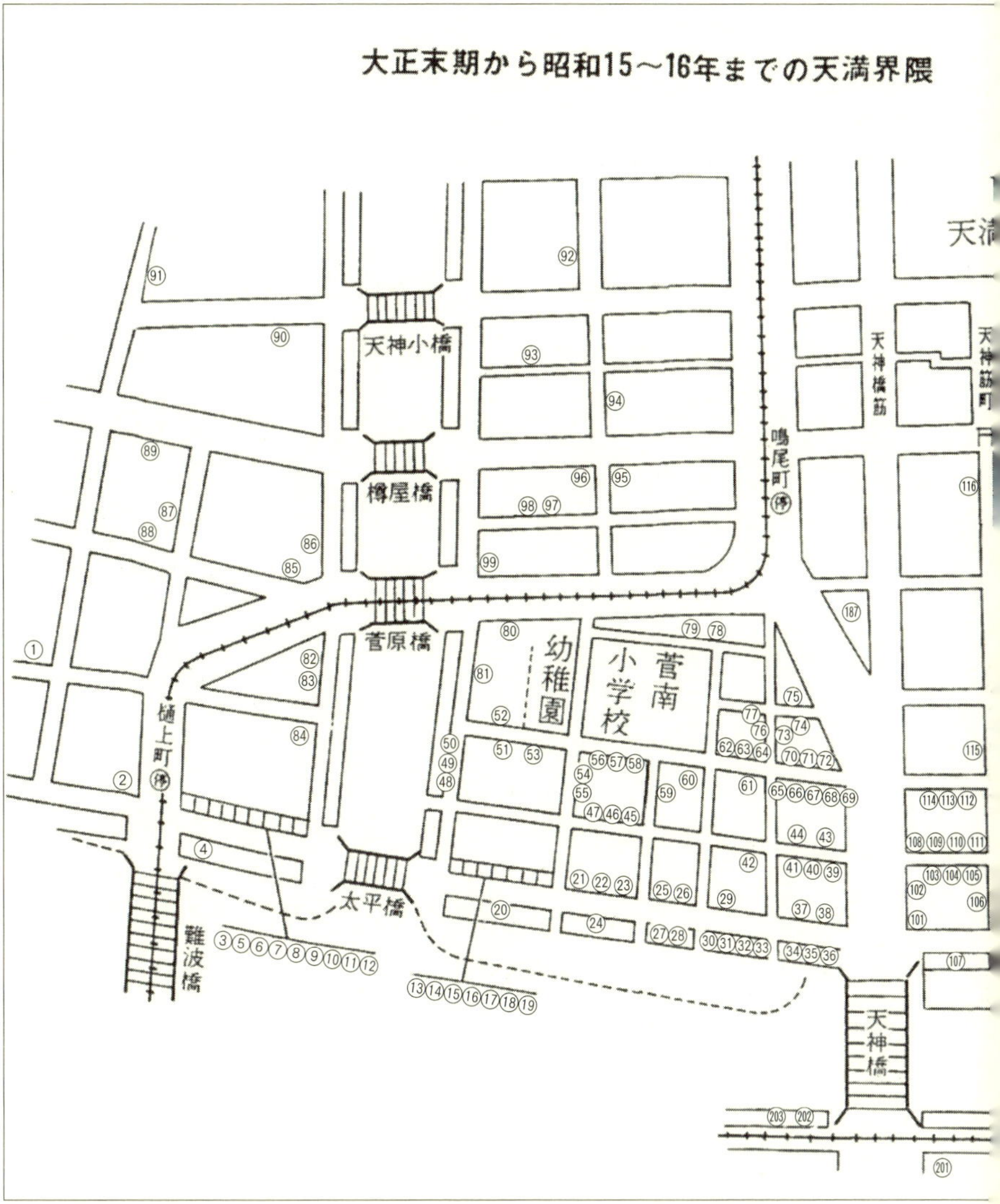

| 大正末期から昭和十五～十六（一九四〇～四一）年までの天満《てんま》界隈。（一九三ページ参照）

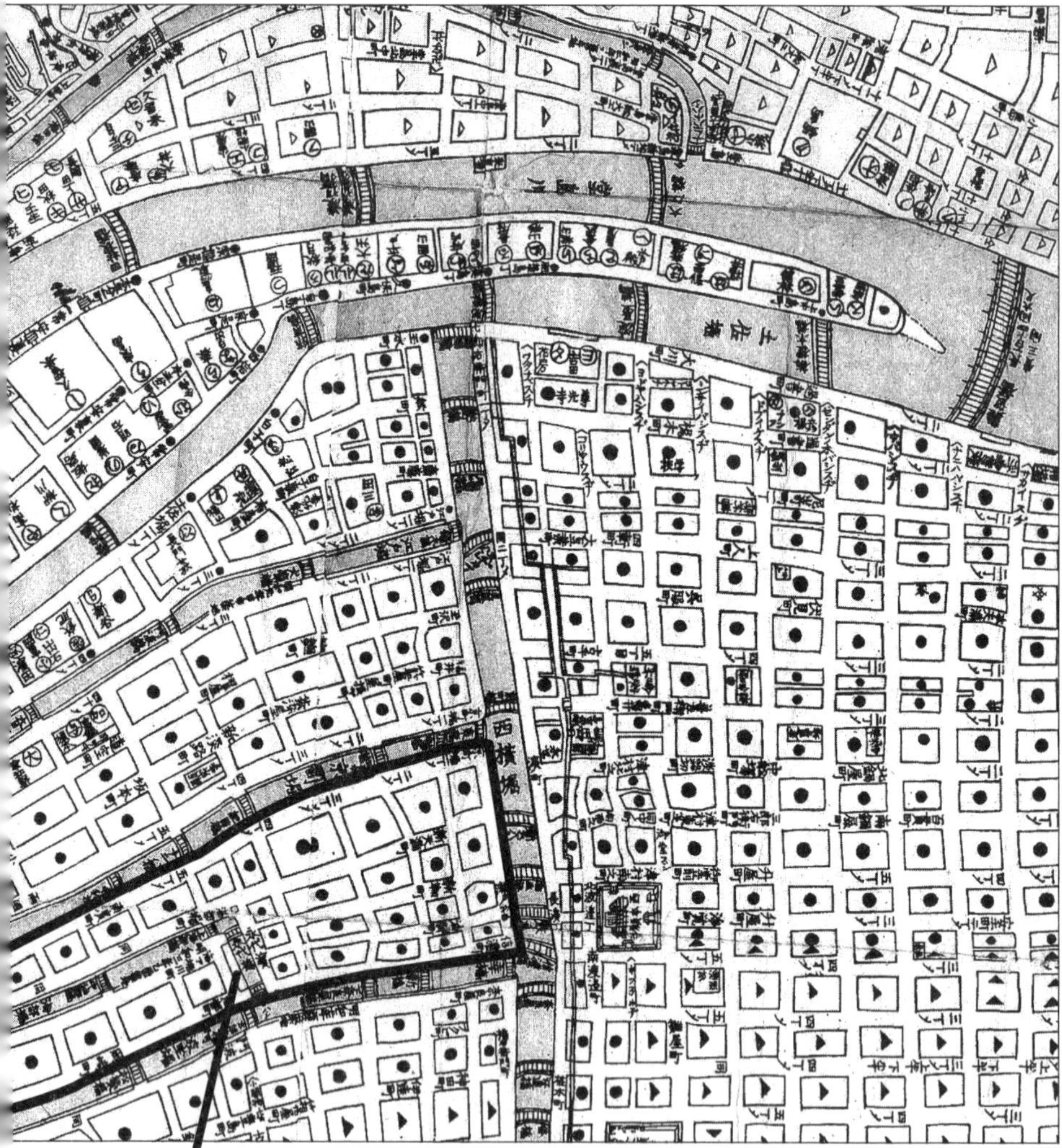

「増脩改正摂州大阪地図」（文《ぶん》化《か》三〈一八〇六〉年）刊。黒枠は靭《うつぼ》。

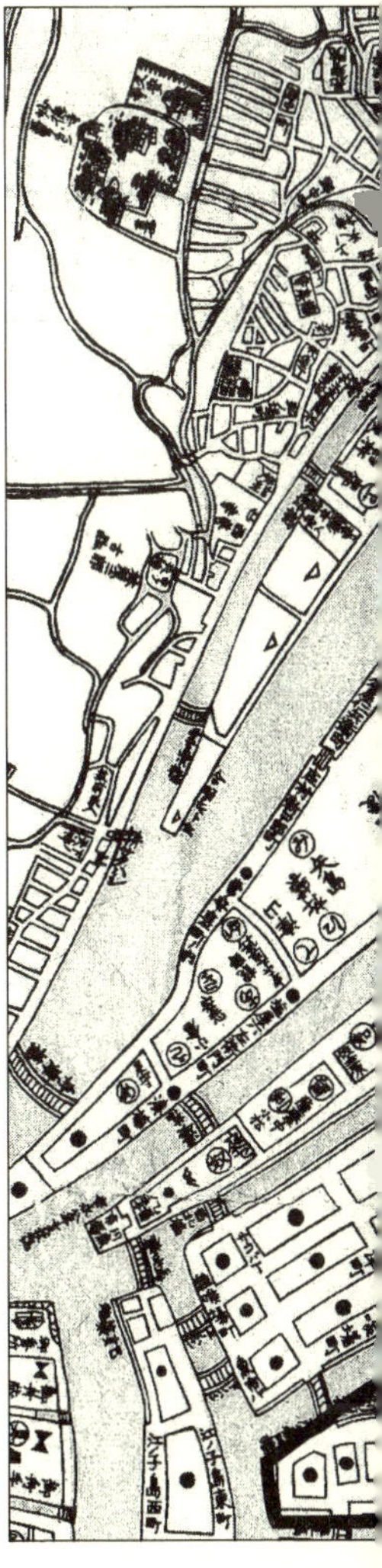

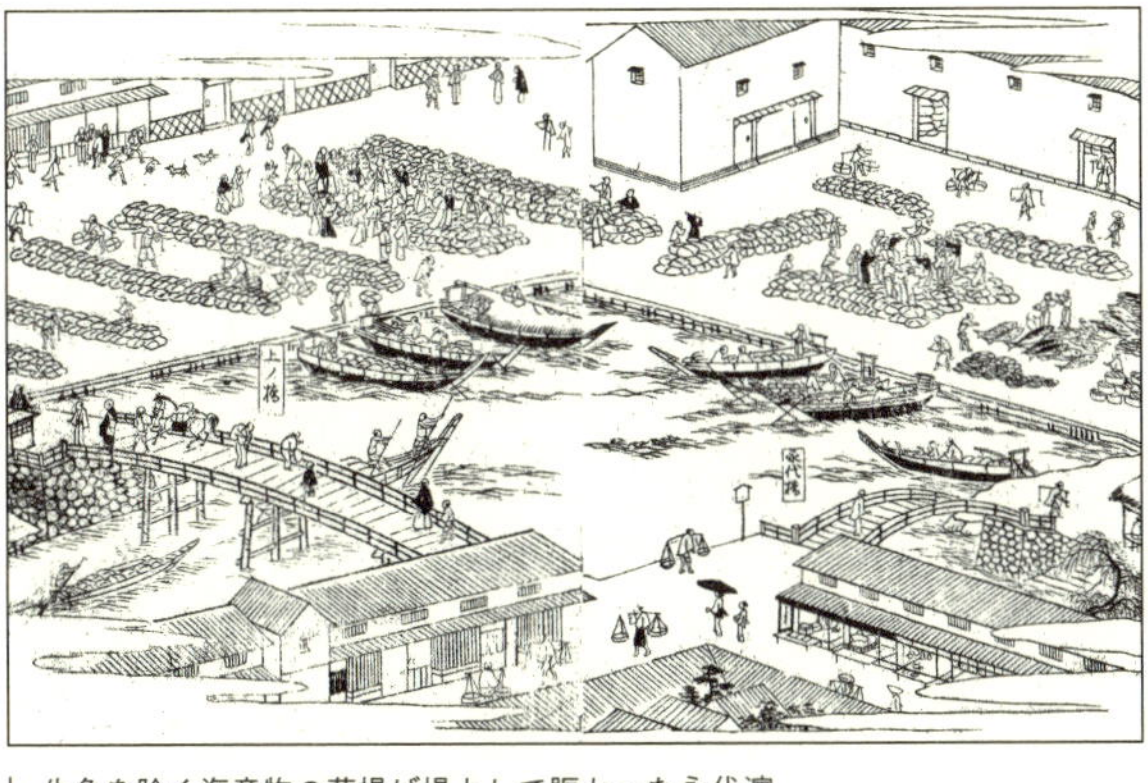

生魚を除く海産物の荷揚げ場として賑わった永代濱。
『摂津名所図会』（寛政《かんせい》十〈一七九八〉年）刊。

干瓢

割り菜

干し蕨

ユウガオの果実を薄く長くひも状にし干した乾物「干瓢」。
サトイモの芋茎《ずいき》を割って干した乾物「割り菜」。
早春の蕨《わらび》を干した乾物「干し蕨」。

図版提供：大寅蒲鉾株式会社。（一八四ページ参照）

塩魚干魚、鰹節商、乾物商の引き札。
明治（一八六八～一九一二年）のころ。

乾物商の引き札。

大正時代（一九一二～二六年）初期の天満市場風景（撮影：長尾卯吉氏）。

明治～大正時代（一八六八～一九二六年）に使われていた靭《うつぼ》の海産物問屋（生魚を除く塩干物や昆布、鰹節など）の引き札（チラシ）。（図版：大阪市中央卸売市場本場所蔵）

千早赤坂村 天然凍豆腐製造工場分布図（昭和１１年調 ※辻政彦氏の証言を元に郷土史資料に加筆訂正）

千早赤坂村の天然凍豆腐製造工場分布図（昭和十一〈一九三六〉年）調べ。
※辻政彦氏の証言を元に郷土史資料に加筆訂正。（一九七ページ参照）

千早豆腐製造風景（昭和初期）。

『大日本名産図会』より。（二〇五ページ参照）

『大日本物産図会』より鰹節製造之図。（二〇五ページ参照）

鰹節商の引き札。

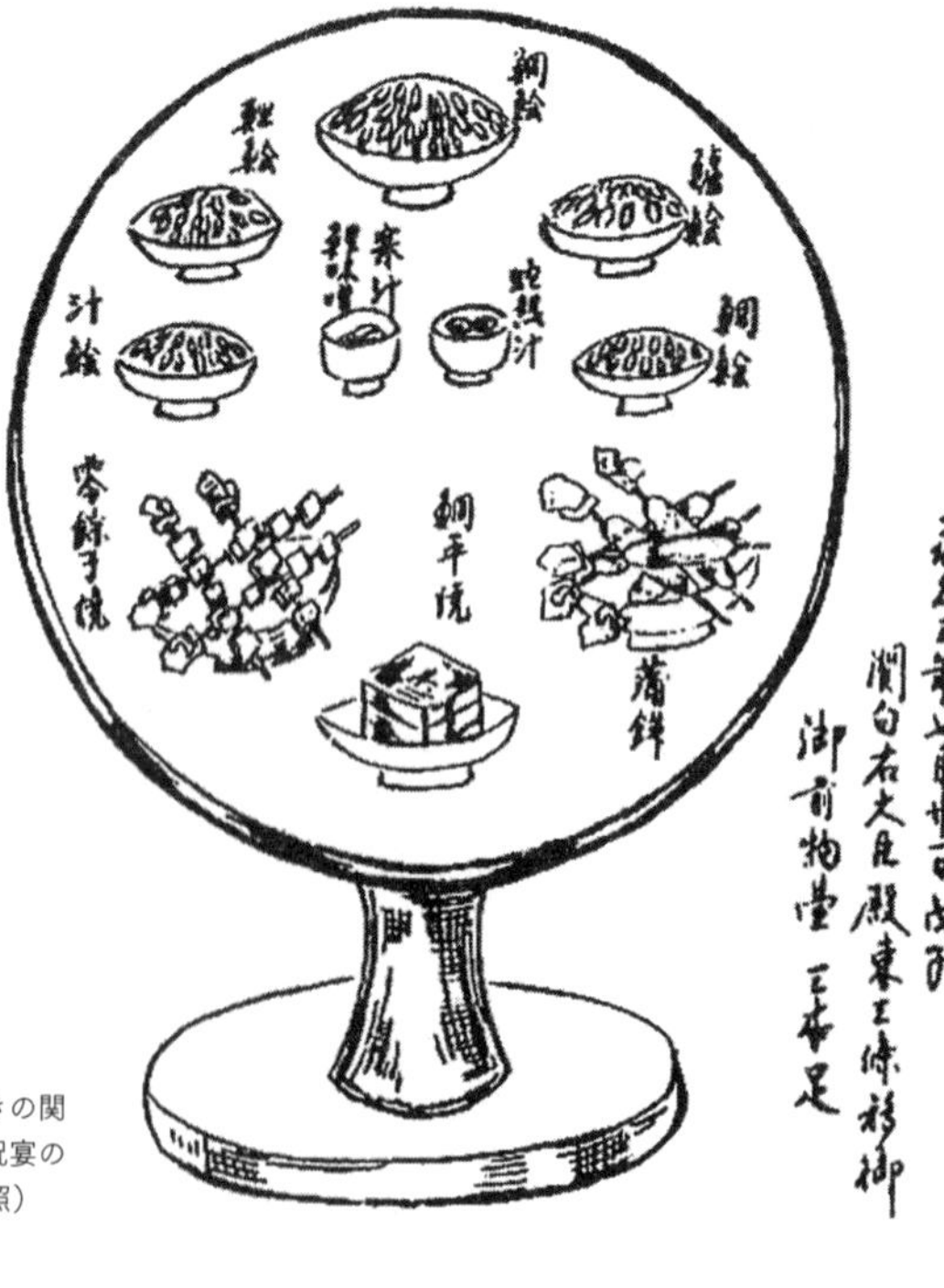

永久《えいきゅう》三（一一一五）年、ときの関白右大臣藤原忠実が催した祝宴のメニュー。（一八四ページ参照）

｜大寅蒲鋒が発行した商品引換券（切手）。

かまぼこと大阪

歴史と由来

はじめて「かまぼこ」の名前が文献に現れるのは、永久三《えいきゅう》（一一一五）年。ときの関白右大臣藤原忠実《ふじわらのただつね》が催した祝宴のメニューに、かまぼこの名前が載っている。それは今風にいえば、焼き竹輪に似たものであったらしい。（一八二ページ参照）

当時、かまぼこはすでに一般に認知された料理の一品であったと思われる。それ以前に遡《さかのぼ》っての資料はないが、その完成度を見ると相当の歴史があったに違いない。

「かまぼこ」の語源はどこから来たものだろうか。『宗五大草紙』（享禄《きょうろく》元〈一五二八〉年）に「蒲鉾はなまず本也。蒲のほをにせたるものなり」とあり、その形がガマの花穂に似ているから、かまぼこの名ができたというのである。

ご存知のようにガマの穂は現在の竹輪にそっくりで、古代に作られたかまぼこは現代の竹輪のようなものであったことが想像される。それ以後の多数の古文書を見ても、すべてこれを踏襲している。

以上のことから、かまぼこは今の竹輪から発祥したことがほぼ明らかになったが、それでは板に付けるようになったのは、いつからか。

一説によれば、豊臣秀頼が大坂に帰城の際、板付かまぼこが出されたとあり、安土桃山時代に入って板付かまぼこがあったことがうかがえる。江戸時代（一六〇三〜一八六七年）には板付が一般化したようだ。以後、改良、工夫にもとづく変遷が繰り返され、現在では全国津々浦々、海のあるところには必ずといえるほどの名物かまぼこが誕生した。

かまぼこの原料

かまぼこの特徴は、舌先で感じる旨《うま》さと歯で感じる弾力である。昔から大阪かまぼこは弾力よりも旨さに重点を置いてきた。明治から大正時代にかけて、大阪では鱧《はも》を多用したが、現在でもその手法は変わらない。鱧は本来、素晴らしい味を持っているが、少々弾力に欠ける魚である。明治後期のころまでは、大阪湾では西風が吹くと大量の鱧が漁獲され、主にそれをかまぼこの原料としたものである。その他にも、ニベ、エソ、イシモチ（クチ類）等、複数の魚をミックスさせて旨さの相乗効果を狙ったかまぼこが作られてきた。

ただ、当時は原料となる魚の入手は天候次第で、明日は明日の風が吹くといったまったく不安定な状況。したがって、かまぼこ屋の営業も天候次第で、何日も休業状態が続くといったことが頻繁にあった。その不安定さを少しでもカバーする意味で、鰹でんぶを販売したり、佃煮類も商っていた。

明治後期のころ、この業界には三つの業態があった。ひとつは張板屋、二つ目は問屋に委託販売する張り屋、三つ目は製造直売の店売り屋である。

そのころ大阪では、雑喉場《ざこば》、天満《てんま》、木津《きづ》の三大卸売市場が全盛で、市場内に住まいと工場を兼ねた店舗を持ち、製造卸売りを専業としたのが張板屋である。夜半一時に起床し、朝一番の買出人《かいだし》に備えて一応の品種を作り、店の終了の午前九時ごろまで、出来たての商品を販売していた。それが済むと職人たちは翌日の段取りにかかり、終わるのが午前十時か十一時。

二つ目の張り屋は、製品の価格が、生産者ではなく問屋の仕切値一本で決まるので、安い魚で量産せざるを得ず、大阪湾岸で獲れる雑魚を原料とし、漁師の家の女手を使える泉南方面に業者が多かったが、大阪市内にも数軒あった。

三つ目の店売り屋は、内売り屋ともいい、市内の目抜きの場所や、小売市場に店を持つ製造直売の業者である。大店《おおだな》もあったが、職人一〜二名、丁稚一名ほどの店で、夫婦でやっている店もあり規模は様々だった。

大店は、原料となる魚の仕入も箱買いだったが、小店は魚を自由に選べるので貫目《かんめ》買いをしていたようだ。肩にかけたブリキ缶一個に三〜五貫目の魚を入れ、市電や自転車で買出しに出かける店がほとんどだった。ひと臼分の魚をすってそれで全商品をまかなっていた。

全般にこの種の店の主人は職人気質が強く、製品の品質を競い合ってきた。原料を吟味した、味本位の高品質なかまぼこ作りの歴史。それが現在の大阪かまぼこを作っていったのである。

干鰯《ほしか》とだしじゃこ

歴史

大阪湾で豊富に獲《と》れていた鰯《いわし》。この鰯を利用し、大阪では昭和三十(一九五五)年ごろまで干鰯が作られていた。干鰯は、鰯を煮て脂を絞った後のもので、古くから棉《わた》、菜種をはじめとする換金作物の肥料「金肥《きんぴ》」(金銭で商人から買う肥料)として各地の農家に出荷されていた。

絞った脂は、電気のない時代には灯油として利用され、後には石鹸の原料になった。柄杓《えしゃく》ですくい取り、缶いくらという具合で売られていた。しかし、これらは高度成長期に化学工業が普及するにつれ、需要が激減した。

一方、泉州の浜では、昭和四十(一九六五)年ごろまでだしじゃこも作られていた。だしじゃこの原料になる鰯は、脂肪分の少ないものが好まれる。春から夏場の鰯は「あぶらいわし」といって脂がきつく、加工には向かない。

脂が多いと炊いても脂が抜けず、長期間の保存もできないため、商品価値が低かった。しかし、秋になると鰯は脂が抜け保存性が高まり、品質もよくなる。

だしじゃこ作りが盛んなころは、大阪市中央卸売市場本場の荷受会社や、鰯漁、加工が盛んであった三重県からも買付けに来て、全国に出荷されていた。

大阪市内からは、行商を取りまとめる人が現金を持ってだしじゃこを買いに来て、それぞれが値段交渉をして持ち帰った。品物の目利きのポイントは、原料の鮮度、つや、形状に加え、脂がなくてよく乾いたものかどうか。よい品物はまとめて買い、身内や仲間に分けて、それぞれがいろいろな食料品とともに行商に出る。それが昭和三十（一九五五）年ごろまでの光景であった。

大阪と雑穀《ざこく》

雑穀の一大消費地大阪

大阪に雑穀《ざこく》の組合ができたのは大正時代。当時は雑穀卸商が大阪に約三十店ほど、卸し先になる小売店は二百店以上あった。

大阪の商店街や市場には、必ず雑穀の店や乾物店があった。この数と比例するように、雑穀を使う和菓子店、あんこ屋、煮豆屋などが数多くあった。

雑穀というのは一年作。毎年値が上下を繰り返す。そこで誕生したのが雑穀相場である。昭和二十六（一九五一）年、戦争のため長く続いた雑穀取扱の統制（雑穀類配給統制規則）もようやく解除。戦後の食糧難を乗り切るには雑穀しかないと、雑穀商人は活況づいた。

なかでも昭和三十（一九五五）年前後にかけて小豆相場で繰り広げられた激しい仕手戦は有名で、小豆が「赤いダイヤ」と呼ばれたことを知る人も多いだろう。

当時、北海道には雑穀問屋が多くあり、北の雑穀は貨車で産地から釧路や小樽に送られ、船便や陸送で本州に送られた。大豆や小豆など国の検査を受けた雑穀は産地引問屋《さんちびき》[1]に集められ、それが関西の消費地問屋に送られてくる。各産地で豆を集めていたのが買子《かいこ》。ブローカーの指示の下に、直接に農家を訪ねて買付けてくるのだ。

様々な食の商内《あきない》で雑穀が必要とされていたため、大阪は雑穀に関して大きな力を持っていた。大阪の雑穀卸店で扱っていた豆でいえば、大納言《だいなごん》などの小豆類、金時豆、大豆類、うずら豆、青豌豆《えんどう》、黒豆、そして空《そら》豆《まめ》。なかでも大納言小豆や一寸空豆は当時から嗜好品であった。自家消費・地方消費を主としたいわばブランド豆。

大阪に多くあったのが煮豆屋である。各町にある煮豆屋が、味と腕を競った時代。今では大きな煮豆メーカーが均一な味の煮豆を大量に流通させているが、昔の大阪はそうではなかった。

雑穀の一大消費地であった大阪は、豆を使った食文化でも素晴らしいものを持っていた。だからこそ大阪の煮豆屋には、地方から多くの人が働きに来ていた。

特に和歌山県の周参見（現・すさみ町）辺りから大阪の煮豆屋に働きに来る人が多かったようだ。あんこ屋へは静岡県から多くの人が奉公に来ていたし、豆腐屋には北陸からの人が多かったといわれている。それぞれが奉公し、その味を引き継いで暖簾《のれん》分けをしてもらう。そんな雑穀全盛時代が大阪にあった。

また大阪の雑穀商とは、種苗《しゅびょう》商でもあった。豆そのものが種なので種子として販売できる。売れ残ったものを雑穀としても販売できるわけだ。

種といってもいろいろな種があるわけだが、なかでも豆の種は育種《いくしゅ》（いい種を採ること）が難しいもののひとつとされている。そのような理由から、雑穀商は豆の一大産地であった大阪（羽曳野《はびきの》）や香川そして奈良などの農家で、信頼できる人に種を渡し、種採り用に栽培を依頼していたのである。雑穀には野菜や魚のような市場がなかった。だから大阪では雑穀問屋自らが、農家など生産組合に直接栽培を依頼し、作り方まで指導して流通させるような商内《あきない》を行っていたのである。

［1］産地引《さんちびき》問屋　産地と消費地の間で仲介する問屋を指す。

乾物《かんぶつ》

大坂蔵屋敷と乾物

天満青物市場は、大坂本願寺の門前に市としてはじまった。その後、豊臣秀吉の世となり、大坂城を築くにあたり、京橋《きょうばし》南詰上手に市場（市）を移した。

さらに江戸時代（一六〇三〜一八六七年）に入り、幕府は街道を整理するために市場地を公収とし、その代地を片原町（現・都島区片町）に与え、慶安《けいあん》四（一六五一）年に移らせた。しかし、片原町は人の往来が多く、市場として不適当なのがわかり、承応《じょうおう》二（一六五三）年四代将軍家綱のとき、官許を以て天満の地に、乾物及び生魚の一部とともに青物商を移転させた。このとき、天満地区は人家少ない畑地であった。

天満に移転後、市場は自らの繁栄の策を進めるとともに、幕府が特別の庇護を与えたので、蔬菜《そさい》（野菜）を全市へ供給する唯一の市場として発達した。

乾物商「黒川興兵衛」引き札。（大阪市立中央図書館所蔵）

江戸時代（一六〇三〜一八六七年）、諸国との運輸機関の拡充に伴い、大坂の商業は隆盛の途を辿り、諸国にできる米穀をはじめ、材木、炭、薪《まき》、酒、醤油、蝋《ろう》、棉《わた》、木綿その他一切の魚、鳥焼物に至るまで、その国々の産物が荷揚げされ、大坂は一大集散地となった。これは産物がまとまればまとまるほど、また早く金銀に換えようと思うほど、大坂へ積み送る以外になかったためである。

地方荷主に取引の便を与えるために荷受問屋ができた。諸国荷受問屋は国毎に数軒から数十軒あった。しかも商品別に専門的に取り扱う問屋があり、その他、船問屋、船宿というものもあった。

一方、加賀の前田家が天正《てんしょう》年間（一五七三〜九二年）に、蔵屋敷を大坂に設けたのにはじまり、諸侯は各々その藩民の納めた産物の他、藩民の生産した重要特産物を売りさばくため蔵屋敷を置いた。

蔵屋敷を設けたのは諸大名にとどまらず、公家、社寺、旗本等に及ぶ。江戸時代に大坂商業が発達したのは、この蔵物の取引が影響している。

蔵屋敷がもっとも多かったのは中之島、次いで堂島、天満、土佐堀、江戸堀である。浜に沿ったところに荷揚げ場があり、「御船入《おふないり》」という船が入っていく入堀があった。蔵屋敷はそうした船着きに便利な場所が選ばれた。

商品の取引方法は、蔵屋敷、荷受問屋とも公の場では、有力な商人に対しては入札制度とし、船宿などの商談では、相対で売買するか、特定商人に荷受けさせるかの方法がとられていた。また船頭荷主が直接相対売買を行うこともあった。

大坂三郷と乾物

江戸時代（一六〇三〜一八六七年）の役所及び町会　隣組《となりぐみ》について少し触れておく。大坂市中の司法及び行政を兼ね町民と交渉を持つのが東西両奉行であるが、行政については奉行所配下の役人のみで面倒をみることができないことから、町民と役人との間に入る世話役として惣年寄《そうどしより》が生まれた。大坂を北組・南組・天満組の三つの組に分け、これを総称して大坂三郷といい、郷ごとに惣年寄が執務する惣会所《そうかいしょ》があった。

惣年寄は古くは北組十人、南組六人、天満組五人の計二十一人であったが、のちに増減があり、明治維新当時には十二人であった。

さて天満青物市場だが、元禄《げんろく》二(一六八九)年には、市場問屋は五十四軒にもなった。しかし享保《きょうほう》の末(一七三六)年以後、元文《げんぶん》(一七三六~四一年)から明和《めいわ》(一七六四~七二年)にかけ市中随所に青物を立売《たちうり》する者(特定の場所を定めず、往来の客を相手に販売する無店舗販売者)が多く、市場に近い天満橋上、天満九丁目、菅原町市之側、樋之上町および北浜堺筋にも見られるようになり、問屋仲間はこれを取締まることを官に請うようになった。しかし、あまり効果はなく、明和《めいわ》八(一七七一)年、これまでの単なる市場許可でなく持ち株によるものとするよう願い出て、翌年、問屋株四十株、仲間株百五十株の許可を得て、大坂三郷の独占的青物市場の地位が確立された。

乾物品も、最初は青物商の店先に青物と並べて売られていたと思われるが、次第に独立商品となり乾物専業の店ができていった。乾物は青物のように一週間やそこらで腐ることはなく、またあるシーズンには大量に出回るが、消費は一年中少しずつ消費される物が多い。こうした商内《あきない》のやり方の違いから専業化したと思われる。

また乾物は青物と違うということで、青物市場の周辺に店を設ける者ができた。市場を中心に二~三百メートルの範囲に店を構え、さらに倉庫を建て大々的に商売をやるようになった。天満青物市場は浜通りにあるが、そのひとつ北の通りの裏街筋には市中の小売店を相手にする店が立ち集い、裏街市場といわれた。

こうして、乾物商および魚類商の一部は天満七丁目裏街に移り、のち九丁目(天神筋町)に移って天満魚市場として明治年間(一八六八~一九一二年)まで続いた。乾物商も慶応《けいおう》年間(一八六五~六八年)、別に乾物商組合を組織し、青物市場からまったく分離して天満裏街市場となって、昭和六（一九三一）年、大阪市中央卸売市場本場に入場するまで続いた。

　この間、菅原町には乾物屋（干瓢・椎茸・乾海苔・凍豆腐・氷蒟蒻・割り菜だけでなく昆布・鰹節・寒天その他も扱う）で主として業者間で仲間取引をする店や地方送りを主体とする店が集まり、その上澱粉《でんぷん》、米粉、胡麻、湯葉等を専業にする店さえできはじめた。

　どんな食品でも生産者から消費者に渡る過程は、単純なものから複雑なものになる。量的な面での偏在、生産時期の問題等を調整する機関が必要となり、その機関が種々の問題を調整するが、その方法は値段によるものである。早くいたむ、あるいは四～五日の内に消費しなければならない商品や生鮮品は、売れ残ると腐ってしまい、価値はゼロになってしまう。その負担を考えれば口銭率（手数料）は自ずと高くなる。

　反対に、日持ちする腐らない乾物は、口銭率は低いが、一年間の相場を考えて値上りしたときに売りに出すと儲けることができる。

　一年以上たったものは「ヒネモノ」として品質が劣るものが多く、安く売らざるをえない。三年以上たっても品質が変わらないものは、年々の原材料の生産量や製品の消費量で相場が変動する。

乾物問屋

　乾物問屋の事業を考えてみると、ずいぶん複雑である。問屋とはその名の通り、「いくらで買ってもらえるのか?」と問われれば「いくらです」と答えを出さなくてはならない。もしも売手が「それでは安すぎる」と思えば、隣の問屋へ行って売ればいいのである。買い手に対しても同じことである。

　ものの値を自ら判断し決めて商内《あきない》する、これがまず問屋の仕事である。その他にも運送業、保険業、金融業、倉庫業をも兼ねている。生産場所にもっとも大量に物があり、安いときに購入してこれを消費者に運びもっとも必要とされている場所で一番高値で売る。いわゆる見込み商売だから大儲けするときもあれば、大損を被ることもある。

また問屋は生産者に対して前渡金《ぜんときん》という形でお金を渡す金融業的なこともする。生産者はそのお金で乾物を作る原材料や道具を購入するのだ。もちろん製造売掛金や仕入前渡金等の回収も行わなければならないことから、そこにはリスクがつきまとうため保険業的な仕事もしなければならない。

さらにできあがった乾物を商品として確保し、必要なときまで保管しておくことから倉庫業も行っていることになる。乾物問屋の世界では入荷した商品が、右から左へと動くことはむしろ珍しいことなのである。

乾物のなかに干瓢《かんぴょう》があるが、干瓢は連作ができない。農家は毎年その年の値段を予測し、作付け面積を決める。すなわち乾物にかかわる農家もまた、相場に対する思惑者となるわけである。産地問屋はもちろんのこと、農家との間に立つ仲立業者も皆が相場の差額を取ろうとして動く。このため商品の動きは一層複雑なものとなる。

天満菅原町と乾物問屋街

菅原町について述べておこう。この町名がもちろん菅原道真の関係からきているのは誰でもわかるだろう。往時天満方面の町名は、今の天満橋筋一丁目を天満一丁目として、西へ二丁目、三丁目と数え、今の天神橋筋が天満十丁目であったので、今でも天神橋筋のことを「十丁目筋」とよくいわれる。

大阪の商業は、古来伝統的に同業種、同職種または関連業態が相寄り、相集って各々ひとつの商業街区を形成し、その街区独特の商品構成と雰囲気とを醸成するのが常であった。そのため、商業と商業街区名とは同意語をなすものが多い。

大阪天満の乾物商は、法律上または商習慣上の市場を形成したものではなく、その営業場所は各自の任意であった。長年の年輪が経過するうちに、親企業から子企業へ、子企業から孫企業へと後進の徒弟の成長に

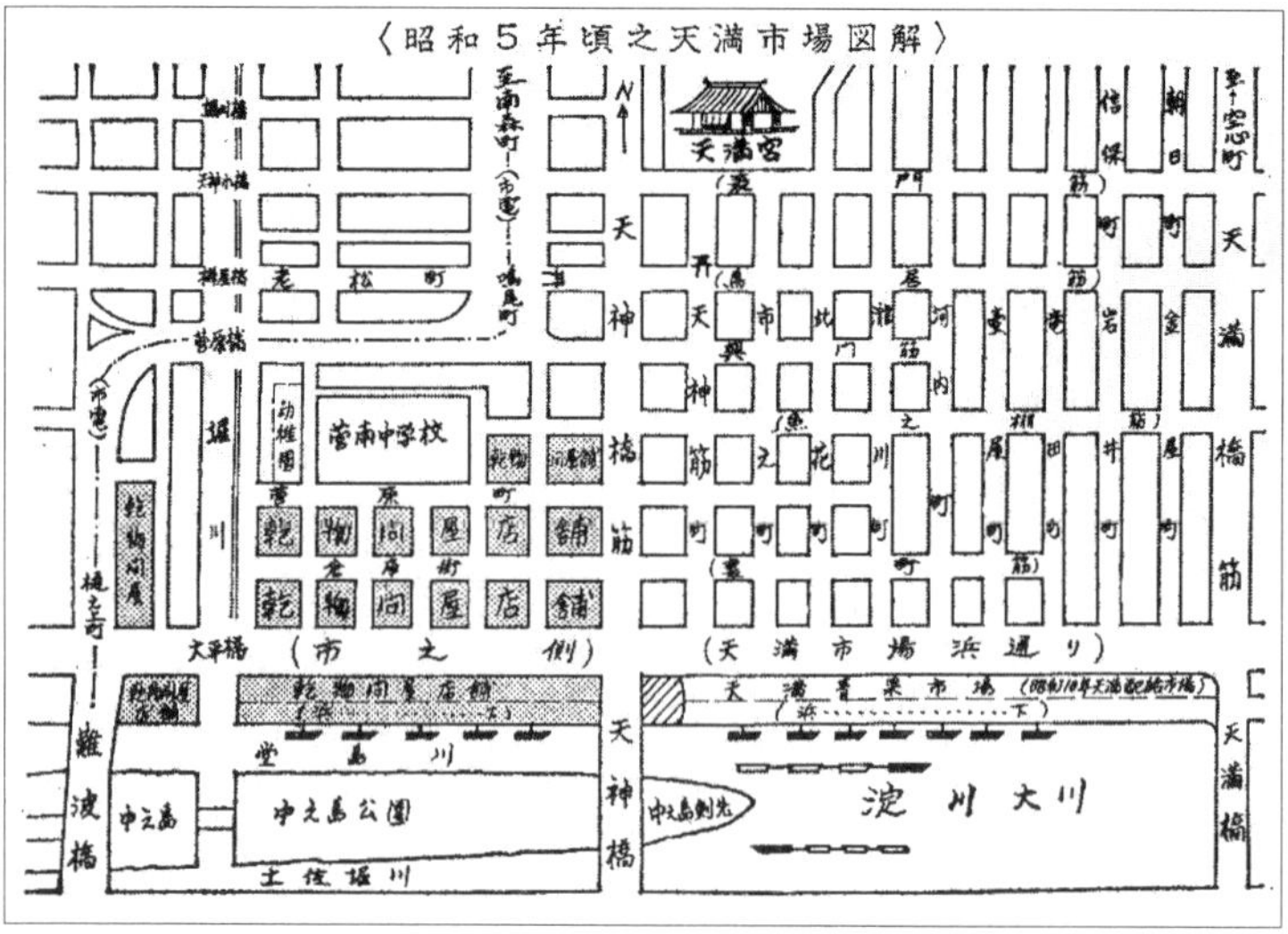

天満青物市場が天満橋～天神橋間に乾物問屋が天神橋～難波橋間にあった。

よって、新規企業が独立、成長し、乾物問屋商業街区に作り上げられていった。そして乾物問屋街区特有の雰囲気と商法によって、全国的にその知名度を高め、発展していった。

しかしながら、地域的な成長は、何か天与の恩恵によって発展過程を辿ったことであろう。輸送至便の地、水利の便に恵まれた地であったことは今さら言を俟《ま》たないが、さらに東に天満青物市場が存在していたことも、天満乾物問屋街区の成長の主因であったろうと推察する。

当時、天満市之側に店舗を有していた天満乾物問屋連中が相寄り、相計り大坂乾物商組合の設立機運が高まり、青物市場内に店舗を有していた乾物仲間も参加して、文久《ぶんきゅう》元（一八六一）年に大坂乾物商仲間組合が設立された。

明治、大正、昭和初期の天満市乾物問屋街といえば、全国の産地で生産された海苔や若布といった水産物もが集荷され、また積み出され、市場のセリでは公正な価格が付けられて、関西をはじめとする周辺の消費地へ積み出されて行った。

このようにして名実ともに大阪天満の乾物問屋街は、全国の乾物商品の集荷と販売力を堅持し、かつ供給していたといっても過言ではない。

大坂乾物商同業組合営業品目一覧

・椎茸・香茸《こうだけ》・木耳《きくらげ》・岩茸・凍豆腐・凍蒟蒻《こんにゃく》・干瓢《かんぴょう》
・割菜《わりな》・切干大根（千切、小花切、角切、花丸）
・乾紫蕨《ほしわらび》・干牛蒡《ごぼう》・干蓮根・乾海苔・青板《あおいた》海苔
・青苔・青苔粉・寿泉寺苔《すいぜんじのり》・三島苔・鶏冠苔《とさかのり》・若布《わかめ》
・鹿尾菜《ひじき》・切荒布《あらめ》・素麺・干饂飩《うどん》・干蕎麦
・冷麦・葛《くず》素麺・白玉粉・パン粉・黍粉《きびこ》
・蒟蒻粉・白胡麻・黒胡麻・荏胡麻《えごま》・麻の実・干栗
・実胡桃・銀杏《ぎんなん》・榧実《かやのみ》・焼麩・庄内麩
・干湯葉・鏑骨《かぶらぼね》等

これらは組合として協議した品目だけのことで、たとえば寒天やテングサ（石花菜）等は寒天組合に属し、

瓜の真ん中をくりぬいた捨子《すてこ》舟（左下の敷物の上に並んでいるもの）と雷干瓜（「四季漬物塩嘉言」より）。

穀粉類、澱粉類は粉商工組合に属した。

干瓢

『毛吹草《けふきぐさ》』[1]、『摂陽群談《せつようぐんだん》』、『五畿内志《ごきないし》』[2]にも名物、土産として、大坂木津の干瓢が記載されている。『日本山海名物図会』には干瓢を作る様子が次のように記されている。

「むかしは、大坂三津寺前よりおほく干瓢を出し、今はその地町やとなりぬ。其南の一村を木津という、里人これを作り、実りたる時、とって輪切りにし皮を去《とり》て細くむきあげ、竿にかけて日に干す、その白きこと雪のごとし、木津はかんぴょうの名物なり。凡そこれをむくには、剃刀を左の手に持ち、右の手にて輪切りのかんぴょうをまはしてむくなり」。

干瓢を作る原料の夕顔という野菜は、ときの神功皇后が三韓征討より凱旋したときに船を敷津（現・浪速区敷津西及び敷津東）に着けさせ、船のなかで生まれた応神天皇の産衣を木津の地に埋めさせたところ、翌年その地より夕顔の新芽が誕生。この夕顔の果実をもって作られたのが、干瓢のはじまりと伝えられている。

古代より名物にして木津は夕顔の里と称された。「神のなす瓜なれはこそ白ゆふに宿も夕顔の里」（神に捧げられる瓜だけに、この里では白い干瓢が、まるで御幣《ごへい》〈御《お》祓《はらい》に用いる、白い紙などを木に挟んだ祭具〉のように宿にかけられていることだ）、童謡に「嫁にやろまへ木津今宮へ、夜さりやかんひょうの皮むかす」（自分の娘は、木津今宮へだけは嫁《とつ》がせたくはない。一晩中干瓢づくりをさせられるのはあまりに可哀そうだ）などの歌が残されている。

江戸時代の天満青物市場に関する資料によると、淀川を下って様々な野菜や果物を運ぶ運賃が決められているが、そのなかに干瓢が載っており、各地より干瓢が天満青物市場に集荷されていたことが窺われる。特に南京都の木津産の干瓢（夕顔）が木津川によって多く市場に運ばれたものと推測される。

このように大坂の木津が発祥であった干瓢づくり

は、その後、滋賀県の水口《みなぐち》に伝わり江州の名産となった。さらに水口城主の鳥居伊賀守忠英が下野《しもつけ》国壬生《みぶ》城に移動になったとき、夕顔の種子を持ち込んだことから、栃木県での生産がはじまったとされる。

干し蕪

『毛吹草』によれば、本邦古今の名物（物産）の摂津に天王寺、鋸、綿、はぜ、蕪、天満宮前の大根、木津瓜……と記述があり、この蕪が天王寺蕪のことを指しているのではないかと推定されている。

『天王寺誌』（一九二五年刊）には、「大塔宮の家来は故あって民家に下り、代々農業に従事していたが、大坂夏の陣の際に、種物倉を保護し、兵火、盗難を免れしめし功により、小儀村（天王寺七郷の一なり）に荒蕪地を若干歩賜り、開墾後蕪菁を栽培しこれを四天王寺僧坊の食料にあて、年々増殖しさらに市場に出すに至り、ついに『天王寺蕪菁《かぶら》』の称を博するに至れるものなり」（天王寺蕪の種は、これまで寺外不出の種とされてきたが、大坂夏の陣の際に、種蔵が焼けないように農民が守ったことから栽培が許され、市場へ出回るようになり、「天王寺蕪」の名を博するようになった）と記されている。

また、正保《しょうほう》元（一六四四）年に「村上家十四世喜兵衛の代に至りて『干蕪菁』を製し、降て亨保の末年孫喜平治が粕漬の製法を創始せり」と村上家資料に記載されており、『本多忠勝従軍誌』や『浪速図絵《なにわずえ》』には、大坂冬の陣のとき徳川家康に鼈甲《べっこう》色の天王寺蕪の粕漬を香の物に供して、その名を残したとある。

高野豆腐と千早豆腐

高野豆腐の起源は、その名の通り和歌山県の高野山にある。しかし起源説となると幾つかある。高野の坊さんが豆腐を置き忘れたか、もしくは供え物としての豆腐を極寒の一夜そのままにしておいたため、凍豆腐ができ、これをヒントに高野豆腐が生まれたとされる説。

一方このような偶然説ではなく、中世・鎌倉時代の一三世紀に、覚海《かくかい》尊者なる高野山の高僧が作りはじめ、これを高野聖が持ち歩いたため全国に知れ渡るようになったという説もある。

いずれの説にせよ、凍豆腐ができる環境と、豆腐を作る大豆が揃わなければできなかったことは事実だろう。高野の山上では稲作は適さず大豆が栽培され、この大豆から豆腐が作られ、高野豆腐が誕生したと推測できる。

高野山で作られていた高野豆腐だが、その生産は次第に大阪府の千早赤坂村《ちはやあかさか》へと移り、ここに千早（凍《し》み）豆腐が誕生している。

大阪府の千早赤坂村の郷土資料である『ふるさと千早』によると、江戸期に若山（和歌山）藩が編纂した『紀伊続風土記』（天保《てんぽう》十〈一八三九〉年）にある氷豆腐の記載が、高野豆腐の濫觴《らんしょう》ではないかとしている。これには高野山上産物として凍豆腐の他にも、氷餅や高野槙《こうやまき》などが書かれている。

では、高野山で民間人が商売として、いつごろから高野豆腐を生産しはじめたのだろうか。一説には宝永《ほうえい》五（一七〇八）年ともいわれているが、これは定かではない。

記録に残されているものとしては、先ほどの『紀伊続風土記』があげられる。これが書かれた時点で、すでに高野山上には凍豆腐屋が数十軒あり、諸国に売っていたとされている。そして面白いことは、高野豆腐そのものには様々な品質のものがあったようで、高野山上では、非常に寒い夜わずかの間に凍るのを最上等品としていたそうである。

その他、たとえ

千早《ちはや》豆腐の製造風景（昭和元〈一九二六〉年ごろ）。

ば雪の夜に凍ったものなどは、色目や風味が薄く二級品とされていたようである。同じ高野山で作られていても、少し状況が変わることで、味わいも変わったのだろう。

高野豆腐の製法と味わいについては、江戸時代（一六〇三～一八六七年）の料理書として知られる『料理《りょうり》山海郷《さんかいきょう》』[3]に書かれているので、ここに引用してみたい。

「豆腐一丁　八ツに切り　籠に並べて　翌朝氷りたるを湯にて炊き　和らし懸　また籠に並べ毎日干すなり　右る　虫の用心なり　寒の中　夜中時分煮え湯をかけ　一夜外へ出し寒気にあげ上に浮きたる時に取り上げ　少し出ゆで湯に山梔子《くちなし》割り入れに氷るがよし宵は悪し」。

ここでは一夜氷《いちやごお》りについて書かれているが、豆腐そのものの製法については書かれていない。

さて、高野山で数十軒ある生産者のなかでも、特に極上品を作るのが源兵衛という人であったらしく、源兵衛豆腐の名はブランドとなり、他所で作られた高野豆腐もみな源兵衛豆腐という名を付けて売られていたことが記されている。

高野山に次いで凍豆腐の生産を開始したのが、高野山からさらに北にあたる岩湧山《いわわきさん》（大阪府河内長野市）付近。この地での製造は紀伊伊都郡伏原村の筒井葉左衛門によってはじめられたという。文化《ぶんか》三（一八〇六）年に領主紀伊徳川家の「御免」（免許）を受け、翌年には河内長野市の五葉谷《ごようだに》での製造許可を狭山《さやま》藩から受けている。一釜につき年銀二十目ずつの貢納を行った。

その後、次々と凍豆腐を製造する小屋が増えたため、狭山藩は天保《てんぽう》十二（一八四一）年に凍豆腐屋に株仲間を結成させ、冥加銀（税金）の徴収をはじめた。のちに株仲間は解散となったが徴収は続けられ、一釜につき鑑札一枚交付。届け出ない者は稼業が許されなかった。

しかも生産された凍豆腐はすべて大坂の藩御用場《はんごようば》（大坂道修《どしょう》町御用場で藩の用を勤めるところ）への出荷を強要され、専売機関である乾物問屋久宝寺屋喜右衛門を通じて売りさばかれたのである。財政難の藩にしてみれば、高野豆腐は願ってもない財源であったようだが、生産者にしてみれば、できることなら高い冥加銀から逃れたい。そこで職人が他に移り、高野豆腐ではなく凍豆腐として生産を開始したのが、大坂の千早豆腐ではないか、という説がある。

千早赤坂村で凍豆腐の製造がはじまったとされるのが、弘化《こうか》二(一八四五)年。ただこの年というのは本格的な生産が開始された年であって、千早に凍豆腐の技術が伝えられたのはさらに前らしく、千早の天明《てんめい》三(一七八三)年の古文書には「氷豆腐弐丁」との記録が残されている。

凍豆腐の製造にはいくつかの条件が求められる。それが次の五つである。

①北斜面で気温が低いこと。
②清らかな水が豊富にあること。
③原料となる大豆の運搬が便利なところ。
④豆腐を凍らせる棚場用の平地があること。
⑤田畑としてあまり価値のないところ。

なかでも、安定した気温の低さと、水は不可欠なものだったに違いない。発祥の地である和歌山県では、野迫《のせ》川で明治三十(一八九七)年に最盛期を迎えたが衰退。大阪の乾物問屋はこうした条件により合致した場所(東経一三五度線上)へと生産地を探し移っていったものと思われる。

そのひとつが奈良の小倉山であり、播州の八千代(兵庫県多可郡多可町八千代)であった。特に凍豆腐が一大産業となったのは第二次世界大戦中である。戦場における食糧として、乾物は不可欠な食材であったのだ。

乾物と料理法

野菜はもともと野や山にあったもの。太陽の恵みによって育つもの。しかしその旬は短い。もう少し長く楽しむには……と考え出したのが乾燥、つまり乾物であった。太陽乾燥されたものは、生鮮では求めらない栄養素が太陽の力で宿り、独特な味わいが加わる。大阪ではこれらを「乾《かわ》きもん」と呼んできた。

主な乾物とその料理法を紹介しよう。

◉薇　わらび

〈使い方と料理法〉

薇は水で洗い半日ほど水に浸したら水を取りかえて再び浸して一晩置く。新しい水で柔らかく茹《ゆ》でる。かたい場合は重曹を少々加えるとよい。水で洗いかたい部分は切り取って、出汁《だし》、酒、濃口醤油、砂糖などで煮る。好みで鶏肉、揚げ豆腐などと煮たり、油で炒めてから煮ることも。淡味に煮ておけば三つ葉などを加えて「辛子和え」、分葱《わけぎ》と「ぬた」、豆腐や蒟蒻、葉野菜と合わせて「白和え」、鶏肉と「すき焼き」もいい。

◉干し椎茸　ほししいたけ

〈使い方と料理法〉

干し椎茸は原木作りで肉厚、椀形のものがいい。ザッと洗い前夜から昆布とともに水に浸す。石づきを切り取って茹で、昆布を引き上げてから柔らかくなったら漉《こ》し、汁に人参を切って入れ再び煮ると「精進出汁《だし》」ができる。

好みで鰹節を入れてもよい。タマリ、酒、砂糖で「煮込み椎茸」、濃口で「煮浸し」にした物は干瓢や、高野豆腐などと「炊き合わせ」、淡口醤油で煮て「白和え」の一品に、また「天麩羅」にもよい。

◉割り菜　わりな

〈使い方と料理法〉

割って干すことからこの名が付けられた。干し芋茎《ずいき》のこと。水に浸すとすぐにふくらんで黒っぽい水がでるのでよく洗い絞って新しい水で茹でる。さらした茹で汁は使わない。薄揚げとの「炊き菜」が一般的、淡口醤油で煮たものは胡麻、豆腐をすり合わせて酢と砂糖、塩、淡口醤油で調味した衣で和える「白酢和え」、または「胡麻酢和え」「辛子浸し」に。味噌汁の具にもよい。各々に合う青野菜を加えるとよい。

◉高野豆腐　こうやどうふ

〈使い方と料理法〉

高野山でできたのがはじめというが正しくは凍み豆腐。現代では水に浸すとすぐにふくらむように作ってあるので水に入れて茹でる。かたい場合は重曹を少し入れるとよい。出汁《だし》に酒、淡口醤油、砂糖で甘口に炊く「ふくめ煮」が一般的。他の野菜を盛り合わせるもよい。軽く絞って小麦粉をまぶし、溶き玉子をつけてフライパンで「六方《ろっぽう》焼き」にし元の煮汁に浸す。

◉干し大根　ほしだいこん

〈使い方と料理法〉

大根の種類によって、また切り方で変わる干し大根。ザッと水で洗って昆布とともに浸しておくとふくらむ。この浸し汁を六の割合に、米酢を四、砂糖と塩を少々で「酢」を作って浸しておくと「ハリハリ大根」。好みで塩の代わりに醤油を用いることも可。浸し水で茹で、薄揚げと煮る「炊き菜」、炒めてから淡味で煮て、芹と「白和え」、菜種や三つ葉と「辛子和え」、蒟蒻や人参、鶏肉と炒め煮など。

◉干し蕪　ほしかぶら

〈使い方と料理法〉

干し蕪としては売っていないので、自分で干して楽しむとよい（寒い時季のみ）。食べ方は干し大根に同じだが、肉質はかたい蕪がよい。特に天王寺蕪は半日ほど干してサラダ油を塗って塩焼き、田楽など甘味があって旨い。塩水をまぶしておき昆布入りの甘酢に鷹《たか》の爪《つめ》唐辛子を入れて浸すと一寸風味の違う「アチャラ漬《づけ》」となる。かたく絞った物は水で洗って昆布と浸し、柔らかく茹でその浸し汁で、味噌汁に。

◉鹿尾菜　ひじき

〈使い方と料理法〉

大阪好みの布《めえ》とは荒布《あらめ》といって、昆布科の海藻で、ひじきとよく似ているが、ひじきはホンダワラ科の海藻で食べ方は同じ。水に浸してふくらんだら茹でて薄揚げと「炊《た》き菜」、大豆を浸してその水で茹で、ともに炊く「ひじき豆」、調理人としてはお番菜の域を出ないものとする人もあるが、他の食材と合わせたり、形を整えることによって、それが今一度、家庭料理の楽しみとなるようにしたい。

◉干し柿　ほしがき（祇園坊《ぎおんぼう》）

〈使い方と料理法〉

干し柿は渋柿で作る物で干すことで甘味に変わる。上等のものはそのままで食べる方がよいが、吊し柿でも味の淡いものはタテに開いて種をとり酒粕をはさんだ「天麩羅」が旨い。また、甘酢をまぶしてからレモン汁をきかせた「白酢かけ」。串柿などかための干し柿は天王寺蕪、大阪人参の紅白膾《なます》にきざんだ柚子皮とともに浸す「干し柿なます」。これは砂糖を控えめに。

◉空豆　そらまめ

〈使い方と料理法〉

花のあとの豆のサヤが空に向かって付くところから空豆と書くが、正しくは蚕豆《そらまめ》。現代では生鮮で若い物は塩蒸しに、つづいては煮付けだが乾物を食べることは少ない。四国の「醤油豆」は戻して甘辛く煮たものだが、香ばしく煎って昆布出汁《だし》で割った加減醤油にジュッと浸けると簡単に酒の肴の「醤油豆」ができる。皮の先を少し切り取って素揚げして塩を振るとビールの肴になる。煎って昆布出汁《だし》に浸すと皮が取りやすい。

◉大豆　だいず

〈使い方と料理法〉

大豆といえば干し大豆で節分になくてはならぬのが煎大豆、もっともポピュラーだが「煮豆」には実に色々、蒟蒻、人参、牛蒡、昆布などと煮る「五色煮」、干し貝柱と煮込む「帆立豆」、『こぶ豆』「じゃこ豆」。煎って昆布出汁《だし》に浸すと皮が取りやすい。醤油豆も空豆に同じである。煎大豆を粉にした物は「きな粉」。貴重だった砂糖を混ぜて紙に乗せた物を、鼻の頭につけておやつにした子供のころを思い出す人もあろう。

◉昆布　こんぶ

〈使い方と料理法〉

大阪では特に「おこぶさん」と呼ぶ。北の国からきた昆布が大阪の特産物になったのはその加工技術であるが、まずは出汁《だし》昆布としての功労が大きい。その出汁がらを細かく切りそろえて、新しい昆布も切ってこれを酒と水で戻したなかに入れて煮ると旨い「煮昆布」となる。タマリと少しの味醂、好みで有馬山椒《ありまさんしょう》を加えると「山椒昆布」、鰹節を粉にして入れると「土佐煮昆布」と家庭の味である。

また、大阪では昆布巻を「こんまき」という。昔は小さなモロコ、干し鰊《にしん》を巻いて喜ばれたが、ちょっと贅沢に白板昆布を使って「鰻こん巻」「穴子こん巻」。白板昆布は、とろろ昆布を取ったあとの芯だから上品である。素焼きした穴子、または鰻と下茹でした牛蒡を巻いて竹皮の細くさいたもので結び、水でひと煮立ちしたら煮汁を半分取って、酒と新しい水を入れて柔らかくなったら、淡口醤油、味醂で味を付けてゆっくり煮込む。取り置いた煮汁は別に牛蒡など煮るとよい。

◉干し筍　ほしたけのこ

〈使い方と料理法〉

大阪では作っていないようであるが旨い物が出ることがある。昆布とともに水に浸し茹でること干し大根に同様だが、長い物は適宜に切って昆布を引き上げた後に、鰹節を加えて出汁《だし》をとる。この出汁《だし》で煮るとよいが、水に浸して茹でた干し貝柱と、または戻した干し椎茸あるいは鶏肉と煮るもいい。細かく切って味付けご飯「干し筍ごはん」もおつなもの。

◉干瓢　かんぴょう

〈使い方と料理法〉

干瓢は水でぬらして塩もみして洗い、ひたひたの水に浸けてふくらんだら、そのまま火にかけて柔らかくもどす。このときの茹で汁を冷やし、出汁《だし》昆布を三時間ほど浸し、再び弱火で煮ると干瓢出汁《だし》がとれる。これが精進出汁《だし》である。これに鰹節を入れて漉せば、三種混合の旨い出汁《だし》となる。まずは、細く長く切って「白味噌汁の椀種《わんだね》」。出汁《だし》に酒・淡口醤油・砂糖で甘口に煮て、三つ葉などとともに「細巻干瓢ずし」にする。次に二種を「白和え」に。また干瓢を淡味にややかために煮ると分葱などと「辛子酢味噌和え」(ヌタ)にもできる。かために茹でて薄揚げを加え、「干瓢飯」や百合根やエンドウとともに玉子とじもよい。

[1]『毛吹草』　各地の物産を紹介した江戸初期の俳書。松江重頼編。
[2]『五畿内志』　江戸時代に編纂された畿内(山城、大和、河内、摂津、和泉)の地誌。
[3]『料理山海郷《りょうりさんかいきょう》』　一七五〇年代(宝暦《ほうれき》年間ごろ)の料理書。博望子《はくぼうし》著。各地の珍味を書かれた書。

鰹《かつお》と鰹節《かつおぶし》

鰹節のはじまり

日本人と鰹節との付き合いは永い歴史を持っている。弥生時代の米食がはじまるころから、副食物として鰹を食べるようになった。また保存のため鰹の干物が作られ、堅魚煎汁《かつおいりじる》（生節からとった出汁《だし》）が調味料として利用されたほど古くからの付き合いであった。

　日本列島の周辺を流れている黒潮の流域で、水温二十度位の深海の上層を群泳してきた鰹は、二～三月ごろ台湾沖から黒潮に乗って沖縄、薩南、鹿児島、宮崎、高知の沖を東上する。

　紀伊半島付近から本州に接岸するころには脂肪も付きはじめ、静岡沖や伊豆半島から房総半島沖になると、脂も乗り生食しても美味しくなる。これを「上り鰹」という。

　関東沖を過ぎて、三陸（宮城・岩手・青森）沿岸を北上するころにはさらに脂も乗り、関東以北では昔から生食文化が発達していた。

　九～十月ごろ水温が低下してくると、逆転して南方の海へ戻って行く。これを「戻り鰹」という。関西では、この戻り鰹が旨いといって喜ばれている。

　一七八〇～一八二〇年代にかけて、豊かな時代を背景に江戸の町では初鰹の生食に人々が熱狂した時期があった。しかし以後初鰹熱が衰えはじめた。その理由と考えられるものに、ひとつは天明の大凶作と大飢饉、もうひとつには寛政の改革[1]という混迷した時代とがあった。

　当時、社会的混乱のなかにあった江戸で、これだけの熱狂が起こったのは、江戸に供給される生食用鰹にそれだけの旨さがあったからで、大坂や京では鰹の生食はまだ料理の対象になってはいなかった。

　土佐沖や紀州沖の鰹はそれほど脂肪分がなかったのと、生鮮鰹の鮮度低下が早く、四国沖や紀伊半島沖の外洋を通る鰹を獲ってから紀伊水道を通り、雑喉場生魚市場まで帆《ほ》掛船《かけせん》[2]や八挺艪《はっちょうろ》[3]で運ぶには、日にちがかかりすぎることもあったようだ。

　ずっと後の一九七〇年代前半まで大阪本場《ほんじょう》では、関東圏の卸売市場ほど鰹は流通せず、売れなかった。大阪市中央卸売市場本場の鮮魚部重要四十五品目の商品にすら入っていなかった。そのため、古くから西日本

「日本山海名産図会」。

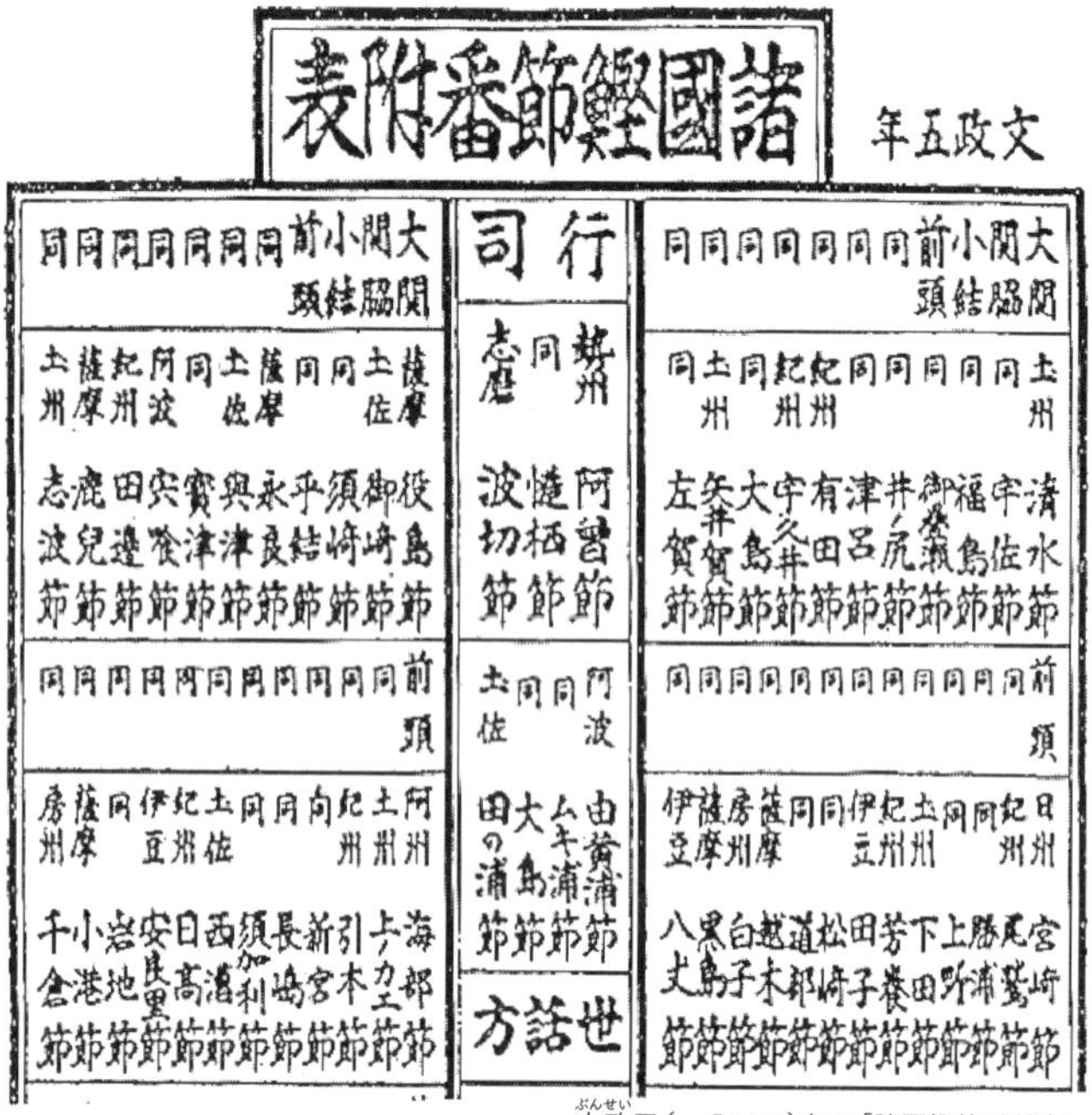

文政《ぶんせい》五（一八二二）年の「諸国鰹節番付表」。

の漁師たちは鰹を漁獲すると、すぐに生鰹を原料として鰹節の製造に着手していた。

大坂への鰹節の主な供給元としては、和歌山県勝浦町（現・那智勝浦町《なちかつうら》）など紀州からのもの、足摺《あしずり》岬以西の土佐からのもの、そして鹿児島の薩摩等からの鰹節があった。今も西区に交差点名が残る「鰹座橋《かつおざばし》」は、寛永《かんえい》二（一六二五）年に開削[4]された長堀川にかけられた橋のひとつ。「座」とは今でいう商工組合のようなもの。この鰹座橋を挟んで鰹節ゆかりの薩摩藩蔵屋敷と土佐藩蔵屋敷があり、橋の北詰には鰹節問屋が立ち並んでいたことから、橋にこの名が付けられた。

一八世紀後半に伊勢貞丈《さだたけ》によって執筆された『貞《てい》丈雑記《じょうざつき》』[5]に「カツヲといふ魚は昔は生にて食せず乾《ほ》してばかり用いしなり、乾したるをカツヲ節とはいはずカツヲといひしなり、カツヲは堅魚なり、乾せば堅くなるが故なり、されば古へは堅魚と書きてカツヲとよみしを、後に鰹の文字を作り出したり、俗字なり」とある。

時代は遡《さかのぼ》るが、天正《てんしょう》十一（一五八三）年、豊臣秀吉が大坂をひらくまで中世末期の大坂は本願寺を中心に数万人の町民、農民、僧侶たちの町であったが、その当時の食生活のことはよくわからない。

元和《げんな》八（一六二二）年に靱《うつぼ》の島が開拓されて以来、塩魚干魚商と干鰯《ほしか》商（肥料商）は年々発展していったが、その後、鰹節の製造技術の向上で大坂に出荷される鰹節類も順次増加し、鰹節商人が塩魚干魚商や、干鰯商たちと分離していく。

塩魚干魚鰹節商は、永代濱《えいたいはま》（現・西区靱公園）から東側に展開し、海部《かいふ》堀川《ほりかわ》の北側には干鰯商人が、南側には干魚・鰹節商人たちが店舗を展開していた。

鰹節と料理

一流料理屋で作る料理は、家庭の料理とはひと味もふた味も違う。「家では出せない味」を出すのが一流料理屋と自負があるから、吸物ひとつでも、最高の味を創りだそうと板前は勉強し努力している。そのためにもっとも神経を使うのが出汁《だし》である。すべての料理は出汁《だし》によって決まる。

一流料理屋では鰹節と昆布で出汁《だし》をとる。家庭とは使用する鰹節の種類や入手の方法も違ってくる。

鰹節は香りが身上だから、削りたてのものを使ってこそ、真にコクのある出汁《だし》がとれる。一流料理屋では、午前中に使う分と、午後に使う分を分けて、そのつど鰹節屋に注文し、削りたてのものを持ってきてもらう。

数日分や十数日分をまとめ買いすれば、手間もかからないが、それでは極上のものが作れない。だから面倒でもそのたびに注文して、削りたてを使っている。

またどの部分の削り節を使ってもいいというのではない。よく使われるのが「血抜きの鰹節」である。これには、真っ白な色をしている脂肪の多いものと、透き通った色で脂肪分の少ない二種類のものがあり、料理屋では後者が好まれているようだ。

大阪・京都では淡味を好む。汁物にしても「すまし汁」で、関東では「味噌汁」である。醤油も関西は淡口《うすくち》

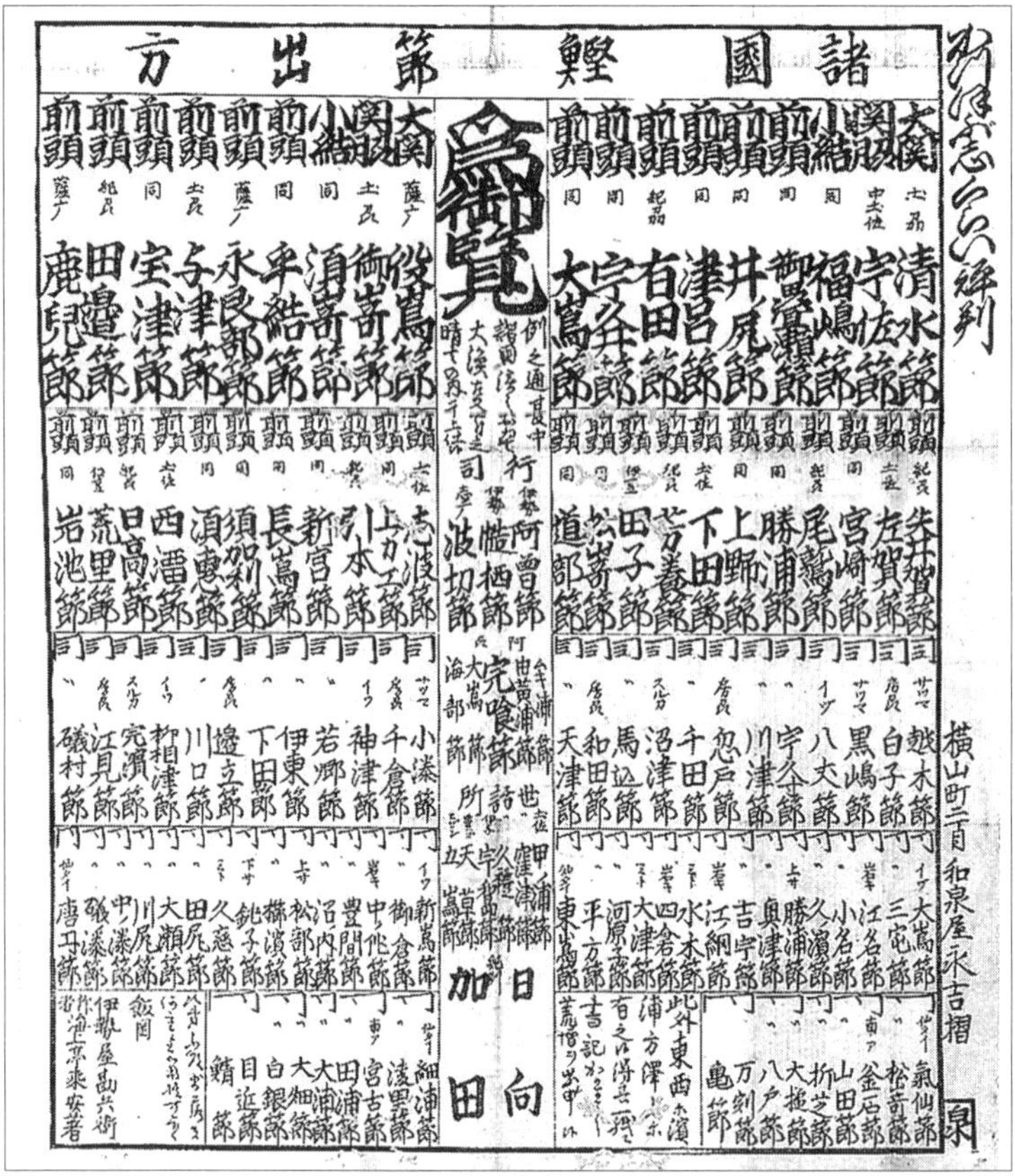

鰹節見競《みたて》（江戸時代〈一六〇三〜一八六七年〉）。

であり、関東は濃口《こいくち》である。永い歴史と伝統とともに、生産物や漁獲物の違い、気候の違いによって、中世の室町時代以来、それぞれの食の文化が深化してきた。

鰹節の削り節も、大阪、京都は「薄削り」といって〇・二ミリまで、それ以上は「厚削り」といっている。様々な地より大坂へと運ばれてきた鰹節だが、出《だ》汁《し》をとる際の鰹節には優劣のあったことが江戸後期の『新撰包丁梯《かけはし》』[6]に書かれている。

「かつお煮汁を製するには、まず鰹節を選ぶ必要がある。この鰹節を製する地は数多いが土佐が最上であり、次に薩摩そして紀州産のものとされている。けれど土佐の上物はなかなかに入手が難しい。紀州産のものはカビ気が多く乾きが少し甘く、とった出汁《だし》は少し濁りぎみになるが味はよい」。

紀州産に限らず、鰹節に付くカビは土佐や薩摩にとっても悩みの種であったことは容易に想像できる。そこで考え出されたのが、悪いカビが発生する前に、良いカビを先に付けることで防ぐというもの（カビ付け法）であった。土佐藩ではアオカビを付けることで悪いカビを抑える方法を編み出し土佐秘伝としてきたが、薩摩藩などにも広まり薩摩節が生まれたとされる。

「削り節」の初期の商標（『鰹節』〈下巻：日本鰹節協会〉より）。

後に時代が下がり、大坂から江戸への下り荷が増加するにつれ、カビ付けにも工夫が求められた。産地からさほど遠くない大坂へは、多くても一度のカビ付け（荒節）でよかったが、次にこれを江戸へ送る（下り物）となれば、数度（三度程度）のカビ付け（本節）が必要となった。だが、こうして度重なるカビ付けを行うなかで、これが鰹節の持つよさを醸し出すということもわかってきた。

流通の都合から生まれた鰹節のカビ付けであったが、味がよくなる、濁りが出にくくなる、保存性がさらによくなるなどから、明治時代（一八六八～一九一二年）には意図的に行われるようになり、四～五度を超えるカビ付けから、本枯節《ほんかれぶし》が誕生したのである。

［1］寛政の改革　松平定信《まつだいらさだのぶ》が老中の折、天明《てんめい》七（一七八七）年～寛政《かんせい》五（一七九三）年まで行われた。
［2］帆掛船　帆を張って走る船。
［3］八挺艪　八挺の艪でこぐ和船。
［4］開削　道路や運河を通すことをいう。
［5］『貞丈雑記』　天保《てんぽう》十四（一八四三）年刊。伊勢貞丈著。

十六巻。武家の礼法である伊勢流を子孫のために書きとどめた故実考証を三十六部門に編集したもの。
[6]『新撰包丁梯』 杉野駁華著。享和《きょうわ》三（一八〇三）年。巻頭には料理の心得や珍しい盆や椀の図解などが、また本文では、各種出汁《だし》のとり方、醤油・酢・味噌の製法、吸物や煮物の作り方が記されている。巻末には、いろは順に食品名とそれを用いた料理名が表で体系的に書かれている。

大阪と昆布

歴史と流通

わが国では古来より、昆布は海産物のひとつとして重宝されてきた。その主産地は北海道や東北地方。昆布業がひとつの産業として成立をみたのは、商業と交通の発達する江戸中期になってからである。

しかし、単に名産品ということであれば、一四～一五世紀ごろに書かれた『庭訓往来《ていきんおうらい》』[1]に「宇賀《うが》昆布」（函館市銭亀沢のウンカ川付近産の昆布）の名を見ることができ、昆布が北海道の名産であることは広く知られていたことがわかる。

多くの名産品を持つ北海道だが、特に昆布は最重要海産物のひとつであった。その採取は函館、亀田を中心とした地域が最初で、これが次第に内浦湾沿岸へと伸びていった。

時代は下って、松前（北海道）藩成立の初期、寛永《かんえい》十七（一六四〇）年に、駒ヶ岳の噴火の際に津波による百余隻の昆布取船転覆事故があり、多くの人が溺死したことから、昆布が一大産業として確立していたことがわかる。その採取法は原始的で、小舟以外に特別な用具も使用せず、手取りであった。

北国船（北前船の前身）による大坂への輸送は、日本海側から開け、越前敦賀《えちぜんつるが》、若狭《わかさ》の小浜《おばま》の二港を経由し、ここからは陸路で馬の背輸送、さらに琵琶湖の水運（丸子船）[2]によって大津へ。ここから陸路と淀川を利用して京都、大坂へ至った。

本州の商船が日用必需物資を積み込んで北海道を訪

れ、物々交換で昆布をはじめとする水産物や狩猟品などを持ち帰り、これを先ほどのルートを経て京都その他へ売りさばいた。

『日本昆布大観』によれば、奈良朝廷へ昆布が献上されたことが記されている。蝦夷(北海道)の昆布が税として納められ、それが公家に現物支給され、公家がこれを金に換えるため奈良や京都の人に売ったというのである。北国船のなかった当時、陸路で少量しか運べなかった昆布は大変貴重なものであっただろう。

当時、函館が昆布産地に近い有力港として栄えていた。室町時代(一三三六~一五七三年)になると、若狭から定期的に商船が来ていたという。敦賀、小浜は近畿の北の関門として栄えた。敦賀はその後南北朝時代に戦乱のため途絶えたが、小浜はますます栄え、北海道物産の最大取引地となっていった。

余談になるが、「京といえば利尻昆布」という図式ができ上がるには北陸のヤン衆(出かせぎ漁民)の存在が大きく関係していたと思われる。利尻・礼文の昆布を入手しやすく、また京へ流通させやすいなどの条件が整っていた。京へ利尻・礼文の昆布が入り、後に道南の真昆布が大量に大坂へ運ばれたことが関西の昆布文化圏を形成させたとも言えよう。

松前産昆布を大量に移入し、中世後期にはこれを加工して若狭昆布の名で諸国に販売。さらにこれが京都へと運ばれ、京昆布として売られたのである。

近江《おうみ》商人は鎌倉時代から各地で商業活動を行い、室町時代には海外貿易も行っていた。寛永《かんえい》年間(一六二四~四四年)の鎖国後は敦賀を拠点として北海道に新市場を求め、交易をはじめるようになった。

中世末期から近世初頭にかけて北海道に渡った近江商人は、当初行商交易[3]を行っていたが、次第に海運業も営み、さらに漁業を奨励し産物の増産をはかるようになった。江戸中期以降、松前昆布の生産が増大し、昆布業が画期的な発展をみせるが、その開発に近江商人の活躍があったのは注目すべきことだといえよう。

京都、大坂と北国地方との交通は、一七世紀後半になって、河村瑞賢により西廻り航路が開発されたことにより、大きな変革がもたらされた。

　西廻り航路とは、日本海側の港から出発し西へ向かい、下関海峡、瀬戸内海を通って大坂へ直結する航路である。この航路で北海道の昆布を大量に大坂へ運んだのが高田屋嘉兵衛《たかだやかへえ》だといわれている。一見、遠回りに見える日本海ルートだが、太平洋だと波が荒く遭難する船も少なくない。また敦賀、小浜からの陸路コースだと、ここからは馬での輸送なので大量の荷物は運べない。日数はかかっても、大量に運ぶことのできる日本海から瀬戸内回りのコースが商人達に選ばれた。

　輸送途中には多くの寄港地があり、その地の特産品などと物々交換を行う。いわゆる「諸国物産回し」も行われていた。大坂では、当初は河内木綿などが交換されていたようである。

大坂市場に昆布が初お目見え

江戸時代（一六〇三～一八六七年）に入り、諸藩が大

『大日本物産図絵』北の海での昆布採取の図。（ケンショク「食」の資料室所蔵）

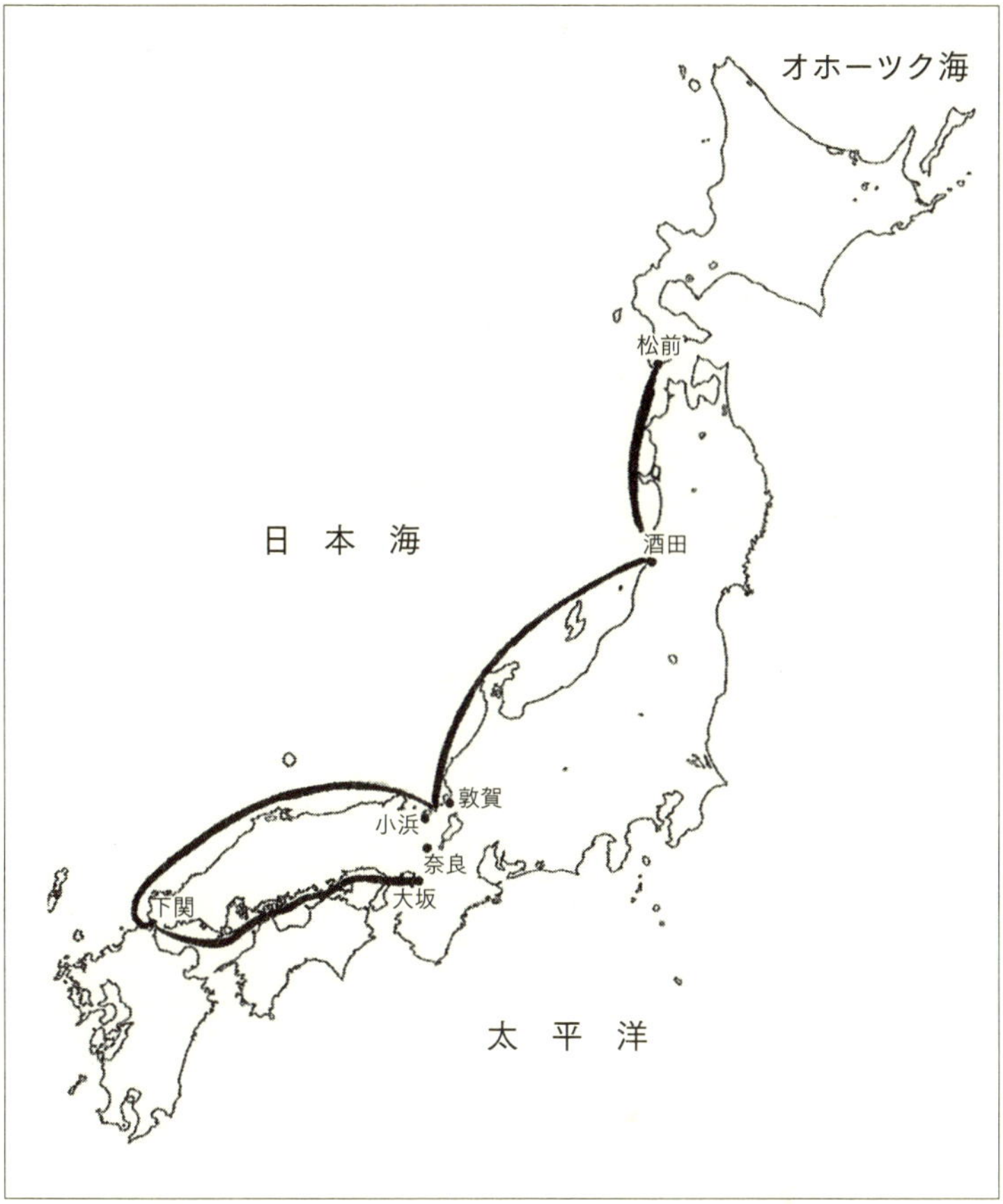

大坂への昆布の搬入ルート。西廻り航路。

坂に蔵屋敷を置き、領内産米をこの蔵屋敷へと送るようになった。

「諸国物産をはじめ来船舶の諸物もひとたび当初に漕せざれば速やかに金銭へと代え難く、小さい価の者は他国にても金には換えれども大価に至りては必ず当地を速やかな理とする」という『近世風俗志』[4]の文面からも、大坂なくしては産物を金に換えることができなかった当時の事情が理解できる。

さて、日本海側の諸藩ははじめ、敦賀小浜経由の海運ルートを利用していたが、これだと途中に何度も積みかえる必要がある。そこで海路一筋で大坂へ直送しようということから先述の西廻り航路に大坂商人が目をつけた。こうして西廻り航路により松前産の昆布が大坂へと直送されてくるようになった。

貞享《じょうきょう》年間（一六八四〜八八年）には、函館の近海で採取された昆布が「松前物」という産物名で、はじめて諸国に販売されていたことが明らかになっているが、まだ大坂の市場には現れていない。ようやく正《しょう》徳《とく》・享保《きょうほう》のころ（一七一一〜三六年）になって、近江商人が木綿類などその他の日用品を、諸国廻船が入港できる松前三湊（松前・江差・箱館）へ積み送って昆布などと交換し、それを大坂へと積み上り松前物産問屋[5]へ持ち込んだのが、昆布が大坂市場に現れた最初とされている。そしてこの昆布の売買を最初に行ったのが、昆布屋伊兵衛《こんぶやいへえ》であるとされている。

当時、大坂に問屋の数は四千以上、仲買商は八千以上であったが、昆布だけの専門問屋や仲買といったものは実体をなしていなかった。その後、北前船により蝦夷松前の昆布が大坂に向けて盛んに積み出され、仲買の手をへて本格的に取引されはじめたのは、宝暦《ほうれき》・明和《めいわ》（一七五一〜七二年）以降とされている。

昆布荷が激増し、大坂に本格的な昆布問屋や仲買が現れ、いわゆる昆布商、加工業者も現れたのである。これに応じて細工《さいく》昆布の需要も増え、大坂は全国最大の昆布の集散地となったのである。

大阪出汁

大阪出汁《だし》の特長とされるのが真昆布と鰹などの合せ出汁《だし》。ではその出合いとはいつごろのことなのか。

一説には永代濱《えいたいはま》ができた江戸初期という見方もあるようだが、やはり昆布が仲買によって本格的に流通しはじめた、江戸中期とするのが妥当ではないだろうか。干鰯や塩魚干魚だけでなく永代濱があった大坂の靭（現在の大阪市西区靭公園周辺）の地には鰹節、昆布の問屋が軒を連ねていたことから、[6]ここを起点に大阪ならではの昆布と鰹、昆布とじゃこなどの合せ出汁《だし》文化が誕生したと考えられる。

合せ出汁《だし》の比率を誰がどのように決めたのかはわからないが、京都ではよく「水一升、昆布一尺に鰹二握り」といわれているようだ。この場合の昆布とは利尻昆布。大阪の料理屋が好んで使ってきた真昆布とは違い、利尻昆布では強い昆布味や香りが出にくいが、それが京好みとされてきたのだろう。

一方、大阪では真昆布をはじめ様々な昆布が料理用途に合わせて使われてきた。なかでも出汁《だし》昆布に最上で、佃煮や汐昆布など加工昆布にも最適な真昆布が大阪では愛されてきた。この真昆布が大阪好みの出汁《だし》味の基本となっているといえよう。

料理用語に「八方地《はっぽうじ》（出汁《だし》）」という言葉がある。この言葉の意味は現代では「八方に使える出汁《だし》」ということになっているが、明治時代（一八六八〜一九一二年）の大阪の料理本には「真昆布や野菜や魚など八方からとった出汁《だし》を集めたもの」という定義がなされている。これからもわかるように、大阪における出汁《だし》とは、隠し味や調味料的な意味合いを超えて、出汁《だし》そのものがひとつの料理、つまり食せる汁（スープ）として位置づけられていたのである。

加工昆布

大阪の各種昆布加工業のなかで、もっとも古く創業されたのが刻《きざみ》昆布加工業とされる。これは細工昆布業とともに昆布加工業の双璧をなすもので、享保《きょうほう》六（一七二一）年ごろ、刻昆布は大坂で創始された。

当時は紙裁《かみたち》包丁[7]で昆布を細かく切り刻んでいたが、それから三十年後の宝暦《ほうれき》年間（一七五一〜六四年）には、京極若狭之助《きょうごくわかさのすけ》によって鉋《かんな》の使用が考案された。京極の用いた原料昆布は若狭から移入した物で青刻昆布[8]を製造したといわれ、これが大坂における京極刻昆布の最初だと伝えられている。

ちなみに古いものの順でいうなら、おぼろ→青刻み→揚げ昆布となるようだが、どうして「おぼろ」がもっとも古いのか。昆布にはカビが発生する。これを何とかする工夫から昆布をタワシでこすってみたが除けない。そこで包丁でこすってみた。するとカビとともに表面の昆布もとれ、食べてみると旨かった。これがおぼろ昆布のはじまりとされているようだ。またカビを予防する目的で酢につけてみたことから、酢昆布ができたといわれている。

明治十五（一八八二）年に刊行された『商工技芸浪華之魁』には、当時の大阪名物が紹介されている。そのなかに昆布商小倉屋本家の松原久七の店が出ており、子孫に松原武助、山本利助らの名が並んでいることから、すでにこのころに昆布が大阪名物となっていたことがうかがえる。

昆布のいろいろ

全国最大の昆布集散地となった大坂。昆布の加工に力を入れた大坂だが、なかでも細工昆布は盛んに作られた。そもそも細工昆布は、元和《げんな》六（一六二〇）年ごろに若狭・小浜で作られだしたものとされている。

小浜では屑物の昆布を廃物利用することが目的であったが、大坂では廃物ではなく上等の山出し昆布（出汁《だし》昆布）を用いた細工昆布が作られたのである。当時は、大坂堺が刃物の町であったこともあり、昆布の細工にその用具と技術が存分に生かされた。

加工された昆布として最初に小売店で販売されたのが、刻んだ昆布と荒昆布を干したもの。これらは出汁《だし》昆布に使われたり家庭で炊いたり、また焼いても食べられていた。すでになくなってしまった加工昆布には、昆布の芯（白板）の部分を縦に細かく刻んだ「白髭昆布」、白板を横に切った「横切り」、昆布の耳をとっておぼろを取った「霜地」、耳も爪もついた「三返地」、白板を一ミリ位に切った「水晶」などがある。

汐《しお》昆布ができたのは明治の後期。一般に汐昆布は佃煮と思われているが、少なくとも大阪ではそうではない。佃煮昆布は、そのままでは食べられない昆布を加工することで食用となったものだが、大阪の汐昆布というのはそのまま食べても十分に旨いものを、さらに醤油や砂糖など加えることで製品化させたものである。また汁気を微妙な火加減でなくし見た目の旨さを追求し、より大阪らしい汐昆布ができないものかと考案されたのが「汐ふき昆布」である。

　昆布を加工することに長けていた大阪は、昆布から濃厚な出汁《だし》を引き出す技にも長《た》けていた。塩、醤油、酢、味噌などの調味料では出せない、すっきりまったりとした後味のよさ。そうした深みのある味わいを昆布から出汁《だし》としてとる。こうした調理法が大阪で確立されたであろうことは、つまりは日本料理の味のスタンダードを大阪が作り上げた証であるともいえよう。

　大阪と昆布の関わりの深さは、織田作之助の次のような小説のなかにも見ることができる。

「山椒昆布《さんしょこんぶ》を煮る香いで、思い切り上等の昆布を五分四角ぐらいの大きさに細切りして山椒の実と一緒に鍋にいれ、亀甲万《きっこうまん》の濃口醤油《こいくちしょうゆ》をふんだんに使って、松炭のとろ火でとろとろと二昼夜煮つめると、戎橋の『おぐらや』で売っている山椒昆布と同じ位のうまさになると柳吉は言い、退屈しのぎに昨日からそれに掛り出していたのだ。火種を切らさぬこと、時々かきまわしてやることが大切で、そのため今日は一歩も外へ出ず、だからいつもはきまってつかうはずの、日に一円の小遣《こづか》いに少しも手をつけていなかった。蝶子の姿を見ると柳吉は『どや、良《え》え按配《あんばい》に煮えて来よったやろ』長い竹箸《たけばし》で鍋のなかを掻《か》き廻しながら言うた。」（織田作之助『夫婦善哉』昭和二五〈一九五〇〉年初版・新潮文庫より）

［1］『庭訓往来』　室町〜江戸時代に寺子屋などで使われていた教本。当時の全国産物紹介などが記されている。

［2］琵琶湖の水運（丸子船）　近世の琵琶湖水運で用いられた、独特の造りの三十石から五百石積みの輸送船。

［3］行商交易　行商とは店での販売ではなく、産地などへ出向いて物品の交換売買（交易）を行うことを意味する。

［4］『近世風俗志』　原書名『守貞謾（漫）稿』。明治四十一（一九〇八）年、当時帝国図書館の所蔵となっていたのを整理編集して『近世風俗志』の書名で刊行された。

［5］松前物産問屋　江戸時代、大坂にできたとされる各産地の物産を総合的に扱う委託販売問屋のひとつ。

［6］じゃこ　鰯などの稚魚を天日などで干したもの。

［7］紙裁包丁　紙を裁つための包丁。
［8］青刻昆布　享保《きょうほう》六（一七二一）年ごろに大坂で創始された加工昆布。紙裁《たち》包丁で細かく刻んだもの。

第六章
大阪の酒《さけ》

大阪河内長野市、天野酒の創業は享保三年。当時は「三木正宗」という名前で売られていた。（二二四ページ参照）

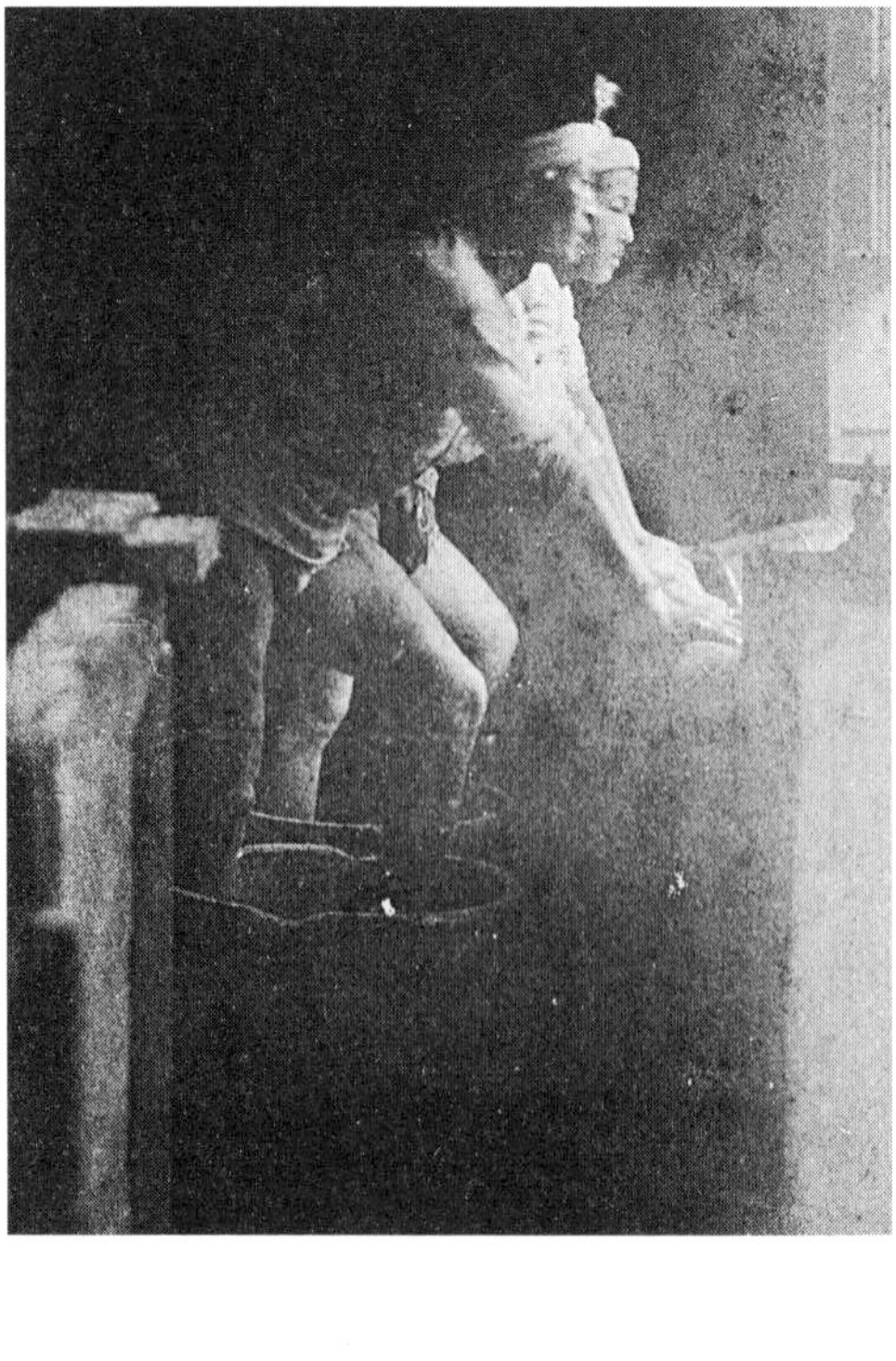

天野酒の寒造り風景。
明治後期と思われる。
（二二四ページ参照）

頻繁に往来する淀川三十石船は、枚方《ひらかた》、交野《かたの》といった、北河内の蔵元にとってまたとない販売網であり、宣伝のツールであった。(『上方』より。二三四ページ参照)

古い歴史を持つ大阪の酒

わが国の酒造りは、かなり古い時代にはじめられたとされている。大阪府の酒造業について鎌倉時代以前のことは何もわかっていない。室町時代に入ると、「天野《あまの》酒」がはじめて文献に現れる。このことからも大阪の酒造りは永い歴史を持っていることがわかるのではないだろうか。

「天野酒」に続いて、戦国時代に「富田《とんだ》酒」が普及し、「堺《さかい》酒」「平野《ひらの》酒」がやや遅れて伸びてきている。その後、江戸時代になって「池田《いけだ》酒」「伊丹《いたみ》酒」が造り出され、幕末に至って酒造りの中心は「灘五郷《なだごごう》」へ移っていったのである。酒造業としては灘や伏見よりも古い歴史を持つ、それが大阪の酒なのである。

大坂が天下一の酒どころとなったのは、摂津・河内・和泉と呼ばれた三州から江戸に向けて大量の酒が運び込まれ「下《くだ》り酒」[1]としてもてはやされたからだろう。近郷の良質米、周辺の山脈からもたらされる清らかな水で醸《かも》された大坂の酒は、いずれも大坂の生活文化、食の豊かさに育まれ、鍛えられ、すっきりとした飲み口に、確かな主張を有した奥行きの深さが持ち味となっている。料理をさらに美味しくし、料理によっていっそう旨《うま》さがきわだつ、それが大坂の酒であった。

[1] 下り酒　上方で生産されたもので江戸に運ばれたものを「下りもの」という。中でも伊丹や灘などで造られた酒は江戸で人気を集め「下り酒」として愛飲された。江戸時代、毎年新酒ともなると樽廻船などで競っていち早く届けられ、その有様は現代のボージョレヌーボーのような騒ぎであったと想像できる。ちなみに杉樽に詰められた酒にほどよい木香が移り味がよくなるのが船が富士を越えた頃、ということからこうした下り酒を「富士見酒」とも呼んでいた。

天野酒

「天野酒」とは、室町中期から戦国期にかけて都の貴族あるいは武将の間で高く評価された、河内、和泉の国境に近い現・大阪府河内長野市天野町の山中の名刹、天野山金剛寺で醸造された僧坊酒のことである。

天野山金剛寺は聖武天皇の勅願により僧行基が創建

天野酒の仕込み風景（明治時代〈一八六八〜一九一二年〉）のものと思われる。

したものといわれている。平安時代の終わりごろには随分と荒れ果て、堂舎は崩壊の寸前にあったのだが、真言宗の阿観上人《あかんしょうにん》が再興した。また、この辺りに住む豪族、源貞弘から荘園を寄進され、その力は強大なものとなった。南北朝時代（延元《えんげん》元・建武《けんむ》三〈一三三六〉〜明徳《めいとく》三・元中《げんちゅう》九〈一三九二〉年）には、天野山金剛寺は南朝の後村上天皇の行在所（仮の住まい）になったほどである。しかし、南朝勢力の衰退と荘園公領制にも崩壊の兆しがあらわれるなど次第に金剛寺の経済は芳しいものではなくなったのであろう。そうしたときに売り出されたのが、この「天野酒」であった。

　ちなみに、「天野酒」として文献にあらわれるのは、『看聞御記《かんもんおんぎ》』。永享《えいきょう》四（一四三二）年四月二十九日の条に「河内天野酒」とあるのが初見である。また『経覚私《けいかくし》要抄《ようしょう》』の嘉吉《かきつ》四（一四四四）年正月の条にも「天野酒」の名が見える。それ以降の文献に「天野之古味尤モ妙味」とか、「天野比類ナシ」とか、「美酒言語ニ絶ス」などと見えるが、これらはいずれも中世酒造界における第一等酒「天野酒」への賛辞に他ならない。

かの豊臣秀吉も木灰《きばい》を加えないとしてこの酒を愛飲し、購入の使者を派遣するとともに、良酒醸造に専念することを命じた朱印状[1]を送った。

しかし時代が下るにつれ、他の地域でもこの「天野酒」の技術を真似し、酒を造るところが出てきた。さらに、約八十あった僧房もほとんどが焼失してしまい、「天野酒」の名は次第に世から忘れ去られるようになってしまったのである。

金剛寺に残されている仕込瓶《しこみかめ》。

「天野酒」の酒造法は、永正《えいしょう》・天保《てんぽう》年間（一五〇四～四四年）に書写された（原本の成立は文和《ぶんわ》四〈一三五五〉年と長享《ちょうきょう》三〈一四八九〉年の二説がある）といわれる、常陸の国佐竹家の『佐竹文書』のなかにある『御酒《ごしゅ》之日記』に、「御酒」「菩提泉《ぼだいせん》」などとともに記されている。天野酒の酒造法はひとまず置き、ここでは「御酒」の酒造法を説明しよう。

「御酒」といっても二種類ある。ひとつはこの『御酒之日記』に記されているもので、もうひとつはこれより古い『延喜式』（延長《えんちょう》五〈九二七〉年成立）に記されている「御酒」である。

まず、『延喜式』[2]の「御酒」の造り方を説明しよう。「御酒」は寒造りの酒として登場し、その酒造法は「しおり方式」と呼ばれている。

はじめに蒸米、麹、水を仕込む。十日ほど経ってもろみが熟成するとこれを濾過する。次に、濾過した酒を汲み、水代わりにして蒸米、麹をそのなかに仕込む。このような手順で何度も「しおる」（絞る＝濾過）方式がとられていることからその名が付いた。なお、「しおり」は十日目ごとに行われる。出来上がりは濃厚な味であったようだ。

対して『御酒之日記』に記されている「御酒」造りは、やはりこちらも寒造りの酒であった。

まずは酒母《しゅぼ》育成工程から説明しよう。はじめに白米一斗（十五キロ）を一夜浸漬し、翌日蒸す。蒸米と麹六升（九キロ）とを合わせる。仕込み温度は人肌程度、つまり三十六〜三十七度で、直ちにむしろ巻きにして保温する。まもなく湧きついて炭酸ガスを放散し、表面に泡が盛んに出るようになれば、櫂《かい》でよく攪拌し、桶肌の温度まで下げる。昼間は櫂入れ二回、やがて内容物は甘みが少なくなり、酸味、渋味、特に辛味がはっきり感じられるようになる。この時点が酒母の出来上がりである。

次にもろみ造りの工程である。熟成した酒母のなかへ麹、水を加え、さらに蒸米をかけるが、蒸米は十分冷やしておかなければならない。その後は櫂入れを日に二度、もし実が沈むようであれば櫂入れをして発酵を進める。泡落ち後の様子は、薄く蓋をうつ程度がよい。以上が「御酒」造りの口伝である。

「天野酒」は『御酒之日記』によると、「これも冬之酒に候」と記されているように、「御酒」と同じく寒造りの酒であった。また、仕込み作業の手順は『御酒之日記』における「御酒」とはほとんど変わっていない。

ただ、「天野酒」の場合は、添《ぞえ》（麹と水と米）を二回に分けて、順々に加えていく二段掛け方式である。これは今日の三段掛け方式の前駆となる方式で、この点は「御酒」造りの手法より進歩している。特に留添《とめぞえ》（留仕込）の際は物量が多くなるので、「かめ二つにくみ分け」て、蒸米や麹を「しかけ候」とあるので、仕込み容器の大きさに制約されていたことがわかる。

しかし、そのためにもろみの品温調節を容易にするという利点を見逃すことはできない。そして、仕上がりは「甘味こそ旨味」、非常に甘口であった。これは「天野酒」特有の二段掛け方式によるもので、酸味を取るための木灰を加える必要がなかったのもそのためである。

［1］朱印状　戦国時代から行われた大名などの命令と印が押された公文書。
［2］寒造り　当時の酒造りは秋の彼岸過ぎの「新酒」から、順次「間酒」「寒前酒」「寒酒」と仕込まれる。新酒は古米を使

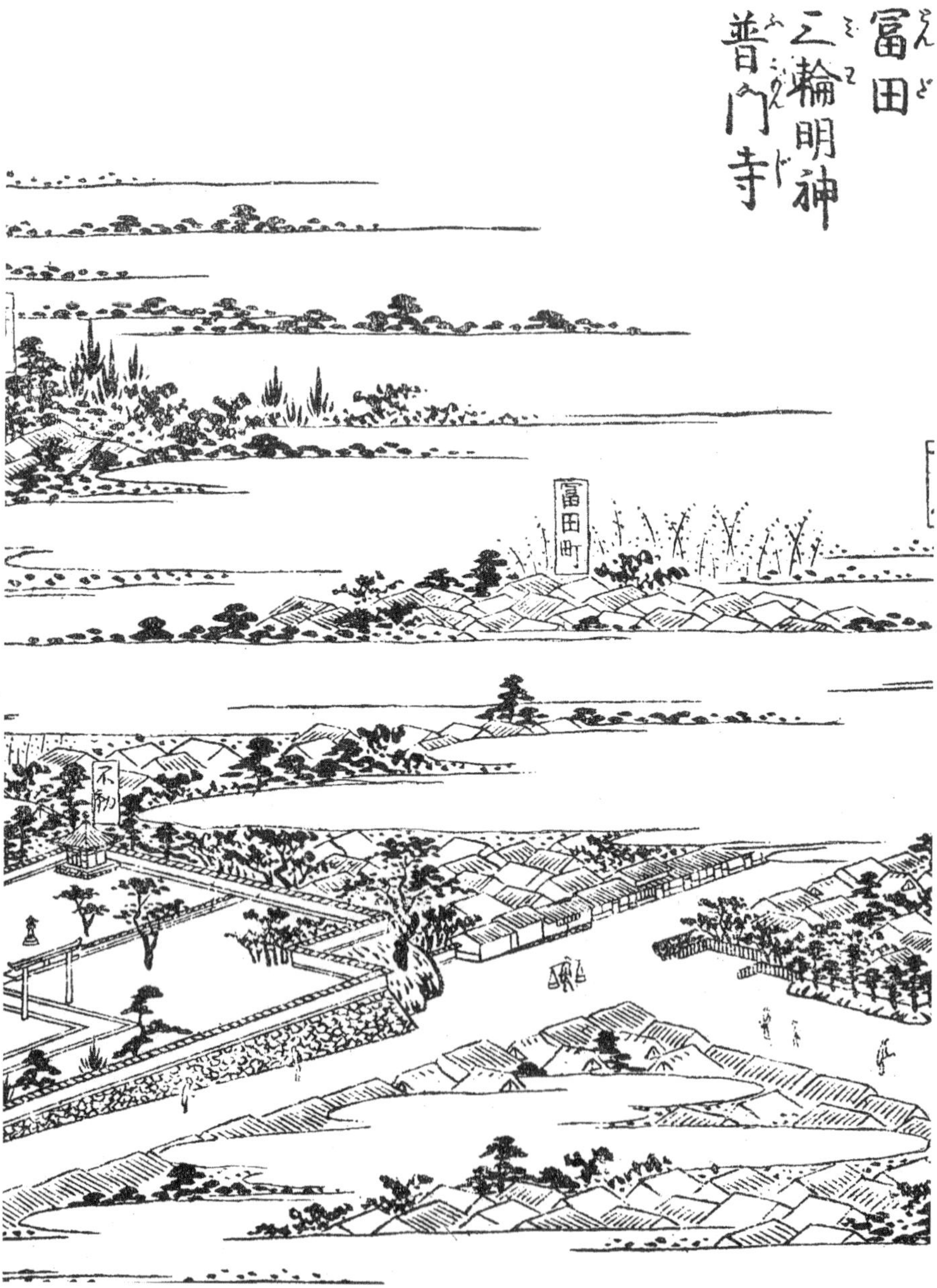

「摂津名所図会」に見る富田町。

い、しかも残暑の厳しい時節なので早くできるが酒質はよくない。寒造りの寒酒は、冬季のため雑菌や腐敗菌が入りにくく純粋培養された一番よい酒となる。

富田酒

大坂三州のひとつ摂津の国、富田郷。上方難波津の北東、とうとうたる淀の流れのほとり。高山右近《たかやまうこん》で知られる高槻の西に富田がある。ここで造られる富田酒は、元禄《げんろく》期（一六八八〜一七〇四）のグルメ本『本朝食鑑[1]』に伊丹、池田と並んで江戸への下り酒の産地として名声をはせ、近郷の酒造好適米「三島雄町《みしまおまち》」と、阿《あ》武《ぶ》山山系の清水で醸され、江戸の酒徒《しゅと》から「純で濁らず、香りの良さとコクが身上」と称えられた。

また、儒学者で『養生訓《ようじょうくん》』の著者貝原益軒《かいばらえきけん》は、『南遊紀行』で「酒家多し。紅家とて大百姓あり」と記しており、『摂陽群談《せつようぐんだん》』には「富田酒。富田村に造之、所々の市居に出せり、香味勝て宣しと香味の勝れたると賞揚す」。『摂津名所図会』には「此地の酒造多し世に富田酒を名産とす」とあり、富田酒は、名産として古来その名高く、西は摂州の灘五郷、伊丹、東は山城の伏見等の地とともに並び称せられた。

では富田町における酒造は、いつごろはじめられたものか。今その起源について、あきらかではない。好田宗信が文明《ぶんめい》三（一四七一）年、富田町にかつてあった永照寺の創建に、檀家として協力したと伝えられている。好田宗信は、今の好田吉右衛門氏の祖にして屋号を奈良屋と称し、当時酒造を業としていたことから、そのころすでに富田の地に酒造家があったといえる。

富田十人衆（富田における有力商人）の随一である、紅粉屋（紅屋）清水氏の元祖を利重と称す。利重は天文《てんぶん》十九（一五五〇）年の生まれで、慶長《けいちょう》十二（一六〇七）年二月九日、五十八歳にて没。天文《てんぶん》十九年は、好田宗信の文明《ぶんめい》三年より約八十年後のこと。

江戸時代に至って富田の酒造業は漸次盛大となって、紅粉屋（紅屋）に次いで菊屋、亀屋、大文字屋、蔵屋等の酒造家の名を見ることができる。こと慶長《けいちょう》より元和《げんな》、寛永《かんえい》のころにわたって富田における酒造業はもっとも繁栄を極めた。富豪になった酒造家も多く富田十人衆などもでき、酒造家のなかから藤田友閑《ゆうかん》、入《いり》江若水《えじゃくすい》等の学者、文人を輩出するに至った。松尾芭蕉十哲の一人、宝井其角《たからいきかく》も富田の地で「けさたんとのめやあやめのとんたさけ」と、上から読んでも下から読んでも同じという回文を詠んでいる。こうして富田酒は最盛期を迎える。

大量の酒造りによってできた酒粕。これを使って高槻の服部地区の白うりをつけ込んだものがいわゆる「富田漬」。

「富田漬」も「富田酒」とともに広くその名が知られ、『摂津名所図会』に「清水家、此家酒造を業とし吉例として毎年粕漬物を江府へ捧げ献る。累年怠る事なし」と見えるように、徳川将軍家に毎年「富田漬」を献上した。

大坂冬の陣のとき、かの徳川家康は、従者大久保彦《おおくぼひこ》左衛門《ざえもん》とともに大坂を出立し、当地を通過する際に空腹に耐えかね、紅粉屋（紅屋）で白うりの粕漬と茶漬を食し、大いに満腹して喜び「富田漬」を賞味したという伝説はじつに有名で、そのことは元禄《げんろく》期（一六八八～一七〇四年）に書かれた『真田三代記』に載っている。

富田酒ゆかりの清水株について述べよう。

この株は寛政《かんせい》五（一七九三）年に摂州島上郡富田村の酒造人「清水市郎右衛門」に特許されたものである。この清水家の祖先が慶長《けいちょう》五（一六〇〇）年関ヶ原の役のとき、徳川家康の命を奉じて糧食の調達に応じ、また同十九（一六一四）年の大坂冬の陣に際しても、ふたたび兵糧《ひょうろう》および竹木を献上し、またその自家製の香物（富田漬）を献納したところ、たまたまその日に大勝を博した。その功により特に許されて、由緒株である清水株の特権を受けたものである。

清水家は、屋号を紅粉屋（紅屋）といい、近世初頭より酒造業を営んでおり、延宝《えんぽう》六（一六七八）年、村内でも飛び抜けて二千石の株高を所持していた。その後家運が衰退し、一時酒造業を廃業していたところ、寛政《かんせい》四（一七九二）年になって、ふたたび酒造業を再開しようと幕府に願い出た。

ところが当時、減醸令[2]が出ていた時期であったため許可されず、ついで翌五（一七九三）年にさらにその由緒を上申して、やっと千八百石に限りその酒造が認められたのである。減醸令に際しても、その適用から除外され、また無冥加の特典（無税）も与えられた。

酒の神様として知られる三輪神社だが、普門寺に隣接して富田丘陵上に鎮座している。『摂津名所図会』には、「三輪神祠、富田郷の生土神なり。例祭九月六日。祭神大和国三諸山の勧請なり。むかしは普門寺の鎮守なり、司の棟札に曰く。『寛永年中龍渓禅師再興』春日祠、三輪社の傍らにあり」と記されている。

奈良・三輪神社は、京都・松尾大社、梅宮大社とともに酒神として知られている。この富田の地に酒匠たちによって三輪神社をお迎えしたことは誠に意義深い。富田の三輪神社境内の清水は清麗で酒の仕込水としてふさわしい。この地に名門にして酒造家清水家寄進の鳥居がある。苔むして判読しにくいが、その子孫四代利長が寛文《かんぶん》期（一六六一～七三）に寄進したものである。『富田史談』に四代利長が「三輪神社に大鳥居を献し、吉水家は倹約を守り財を作ると同時に神社仏門への寄進を怠ることがなかった」と記されている。

いずれにしても、酒神と清水家の信仰とのつながりの深さが窺われて興味深い。酒造場には必ず酒神、三輪大神神社、松尾大社の御霊《ごりょう》をお祀りするが、当地のように三輪神社を勧請《かんじょう》したのは、いかにも北摂酒造地富田郷の貫禄を遺憾なく表現している。

・富田の三輪神社

その他富田の三輪神社には石造物の常夜灯二基があり、次のように書かれている。「願主当村坂田吉右衛門　大坂本天満町野村平助　大坂北浜二丁目柚木四良右衛門　寛永四（一六二七）年」。もう一基には「願主当所跡阪油屋五兵衛　天保九

伊丹の酒造り風景（『摂津名所図会』より）。

（一八三八）年」とある。

［1］『本朝食鑑』　元禄《げんろく》時代の食の百科事典。

［2］減醸令　米の不作時などに幕藩領主により酒造業者へ酒を造る量を制限させるための令（統制）。

堺酒

大坂において、室町時代に天野酒が世に知られ、戦国時代の初期に北陸・福井・富田の酒がかなり普及し、続いて堺酒・平野酒がやや遅れて伸びてきた。すなわち、堺酒が一番早く出てくるのは『蔭涼軒日録《いんりょうけんにちろく》』[1]で、手土産記録としてである。その後の、大永《たいえい》・享禄《きょうろく》年間（一五二一〜三二年）の同目録にも土産や進物として堺から蔭涼軒の主へ直接届いている記録がある。

　また蔭涼軒の主は大徳寺の和尚から堺樽を一個もらっている記録があることから、天正《てんしょう》十九（一五九一）年ごろ、現在のお歳暮やお中元のように、順々に人手に渡っていくこともあったらしく、田舎酒ではあったが、大坂の土産物としてはかなりの地位を占めていたものと想像される。

　池田・伊丹より古い歴史と沿革を持つ堺酒。泉南地区の清酒の醸造は元来、地主が自家の余り米を用いて、家庭的に製造したことからはじまり、江戸時代より次第に専門化したといわれている。

　泉州における酒造りの起こりは、地主が殿様に年貢を納める代わりとして、許可を得て酒を造り酒税を納めたこととされている。すなわち酒造家は古来純農であって、その後、醤油造りをはじめたり、また、聞くところによると邸内の古井戸から清水が湧き出ていて、それが千古《せんこ》涸《か》れたことのない霊泉であり、家の資源を活用して清酒醸造をはじめたということも多い。

　泉州の水は硬水に近く、原料米は大阪府三島米、旧泉北上神谷村、旧熊取村等の府下米を用いるとともに山形、福井、滋賀、兵庫、岡山、鳥取方面の米で醸造され、中粒米と大粒米とを並行させていたといわれる。

[1]『蔭涼軒日録』　室町時代（一三三六～一五七三年）を知る資料とされる、京都の鹿苑寺に残された公用日記。贈答に使われていた当時の食材なども知ることができる資料。

枚方、交野酒

　枚方《ひらかた》、交野《かたの》など、いわゆる北河内には、江戸初期寛《かん》文《ぶん》年間（一六六一～七三年）に小規模な酒造家があったことが市史などに記録されている。

元禄《げんろく》十（一六九七）年の枚方・交野地方の酒造家は四十八軒で、酒造石高《こくだか》は七万七千六百三十八石あり、河内のなかでも代表的な醸造地であった。さらに天保《てんぽう》十一（一八四〇）年の「酒造株譲り請書上帳」には、当時河内一国で酒造家七十四軒、酒造米高は二万五百七十八石あり、酒造業の中心地は、富田林《とんだばやし》村と枚方・交野地方の二カ所であったと記録されている。

　嘉永《かえい》三（一八五〇）年の河内の酒造家は六十五人、酒造石高は一万九千九百二十三石で、うち枚方・交野地方は枚方宿三人、石高百十五石、交野郡二十七人、石高三千九百七十七石であった。

この地の販路は、京都、大坂の大消費地に近いことから伏見や大坂三郷の大規模酒造家への桶売《おけうり》[1]が主な販売先となっていたが、淀川三十石船《よどがわさんじゅっこくぶね》[2]の販売網や枚方宿を中心とした地売も活発に行われた。特に、幕末から明治初期にかけての枚方・交野の酒造業はこれらの需要を受けて大いに繁栄した。

明治二(一八六九)年、河州《かしゅう》[3]酒造家六十六名は、酒の神社、嵐山の松尾大社楼門《ろうもん》[4]前に、大社最大級の高さ三メートルの石灯籠一対を寄進している。これによって、当時の河内酒造業の繁栄と財力を窺い知ることができる。

天野川流域の良質な水、交野《かたの》地方でとれる良質の酒米、精米に必要な水車が生駒《いこま》山麓にあったことなどに加え、京街道の枚方《ひらかた》宿を持ち、淀川三十石船の往来にみる「くらわんか舟」という販売網があったこと、これらが枚方、交野酒造業の繁栄につながったと考えられる。

明治時代(一八六八~一九一二年)の『扶桑文集』に、くらわんか舟の様子が次のように描かれている。

「牛蒡くらえ酒くらえと呼びすて所柄の風流……烏丸光廣卿、ひととせ難波へ御下向の時、雑掌と唯二人して淀船に乗り給ひて夜もすがら酒くらわんかとののしる声に夢も結ばず御船着しけるころ、夜ほのぼの明けたり、雑掌昨夜のくらわんかをうるさく思し召しけんと申しければ、くらわんかくらわんかにはあらねども　喰う蚊にあくる淀のあけぼの」(ゴボウはどうだ、酒はいらんかと声うるさく売りに来るというのも、この所ならではのもの……一夜ナニワへの途中、こうして淀船のなかでうるさくされては、眠ることもままならなかったでしょうと申し上げたところ、くらわんか舟だから、くらわんかは構わないが、こちらは蚊に喰われたながらの一夜だったとのこと)。

[1] 桶売　主に小規模酒造業者が大規模酒造業者へ酒を桶ごと販売すること。購入した業者はその酒を自社のブランドで販売する。

[2]三十石船　江戸時代（一六〇三～一八六七年）、京都（伏見）と大坂を結んでいた旅客船。米三十三石を運べる大きさから三十石船と呼ばれ、定員は三十名ほど。下りは約六時間。上りは人による曳き船で約十二時間かかった。
[3]河州　河内国の別名。
[4]楼門　二階造りで下層に屋根がない門。

池田酒

江戸時代（一六〇三～一八六七年）に入って、池田酒が他を圧して急に伸びてきた。その理由として考えられるのは、室町、戦国のころの酒が非常に甘かったことにある、と『大阪の酒米』（大阪府酒米振興会発行）に書かれている。甘党の人もこの酒なら飲もうというほど、この当時の酒は甘かった。

また甘い酒をつくるには、水も古生層（約五・七五億～二・四七億年前の古生代にできた地層）の岩石の風化による溶存分が多いものが選ばれ、酒造地もしたがって京都・奈良・天野などに限定されていた。

しかし、安土桃山時代以後、天下が次第に治まるにつれて、ちょうど現在でも不景気の折に甘口、好景気になると辛口が出るように、消費者が甘い酒を受け付けないようになってきた。

『本朝食鑑』においても「京都の酒は美味は美味だが、いささか甘きに失する」と評している。これが、風化の十分進まない、浅い谷川の清い渓流辺りの山水に頼る北陸・福井、富田の酒を伸ばした所因であった。

また途中に古生層が混じるとはいえ、その水源一帯が花崗岩《かこうがん》・流紋岩《りゅうもんがん》等で、水中溶存物が割合に少ない池田・伊丹が、頭をあげる要因ともなった。こと江戸への上方《かみがた》酒の江戸積がはじまるとともに、兵庫の港に近いという輸送によい地の理を得た後二者が、断然他を凌ぐようになっていった。

さらに池田は、室町時代に特に流行した湯の山（有馬）入湯に際して、京都からの街道が猪名《いな》川を渡ろうという渡し場で、清和源氏の本拠としてきこえた能勢《のせ》盆地の入口でもあり、かつ京と西宮《にしのみや》を結ぶ西国街道からも遠くない。古いころは猪名川の水運にも恵まれていた。

経済的に豊かなうえに交通の要衝《ようしょう》でもあるので、早くも南北朝の初期に池田氏（後の岡山、鳥取両池田氏の祖）が、ここに城を築いている。交運も栄え、かの三条西実隆《さんじょうにしさねたか》の知遇を得ていた連歌師牡丹花肖柏《ぼたんかしょうはく》もこの地に身を寄せている。

しかしながら、池田、伊丹の酒でもまだ甘すぎるほどに天下が泰平になると、更に溶存物の少ない、花崗岩からの水が直接海にそそぎこむ灘五郷へと嗜好を移していったのである。

江戸への輸送も、蔵のすぐ裏の浜に船を寄せることで、河上輸送の必要はなく、大量の酒を海上輸送できる灘五郷にお株を奪われた。こうして元禄《げんろく》十（一六九七）年には、池田市内だけで三十八蔵を数えた酒蔵が数蔵にまで衰えてしまったのである。

第七章

なにわの伝統《でんとう》野菜《やさい》

加賀屋新田で金時人参《きんときにんじん》の収穫風景
（昭和三〇〈一九五五〜〉年代）

現在、大阪府内で栽培・収穫されている主要な産品(資料提供:大阪府)。なお、美原町は平成十七(二〇〇五)年に堺市美原区へ。

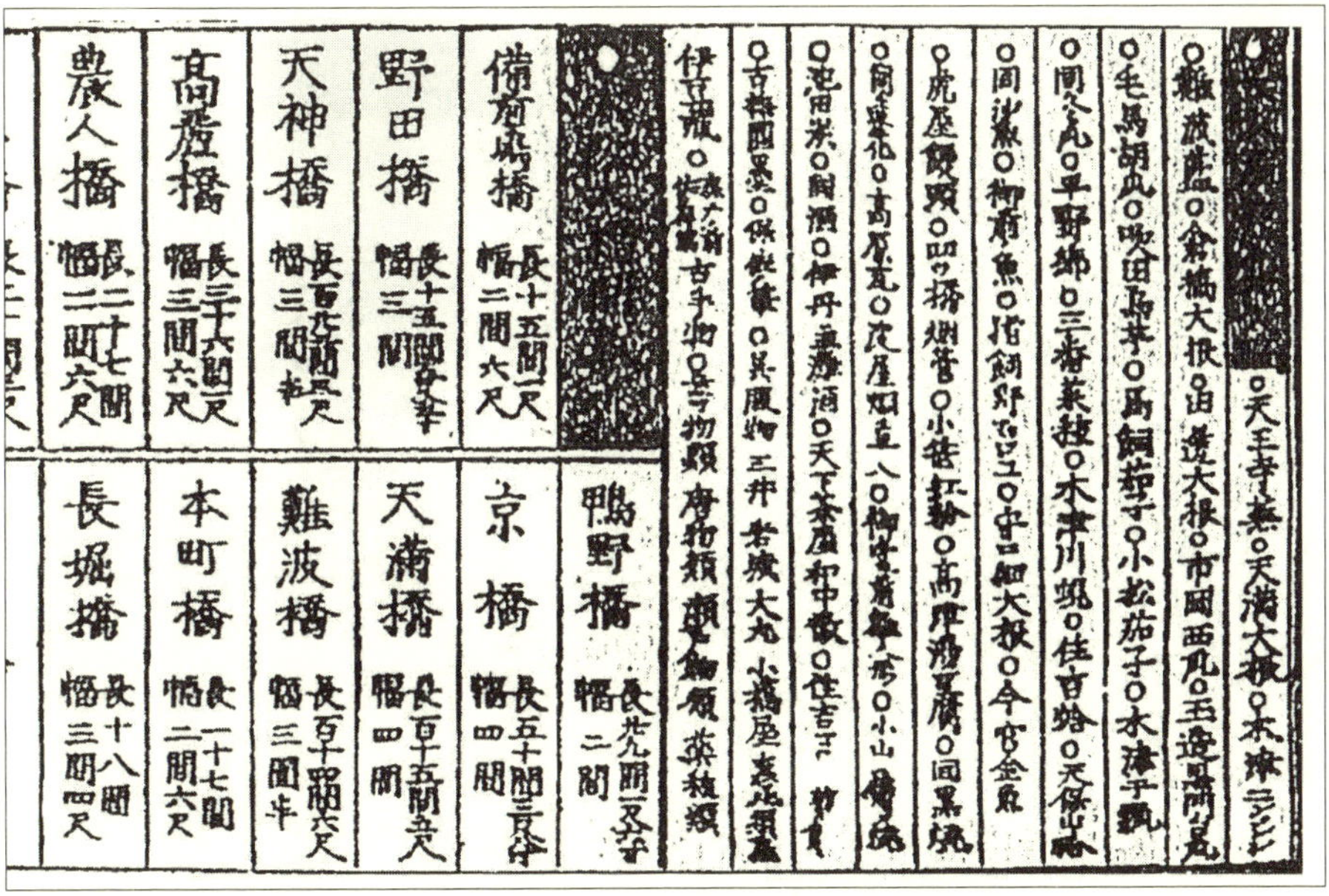

大阪の古地図「大坂産物名産大略」に記された大坂の名産品一覧（文久《ぶんきゅう》三〈一八六三〉年）。

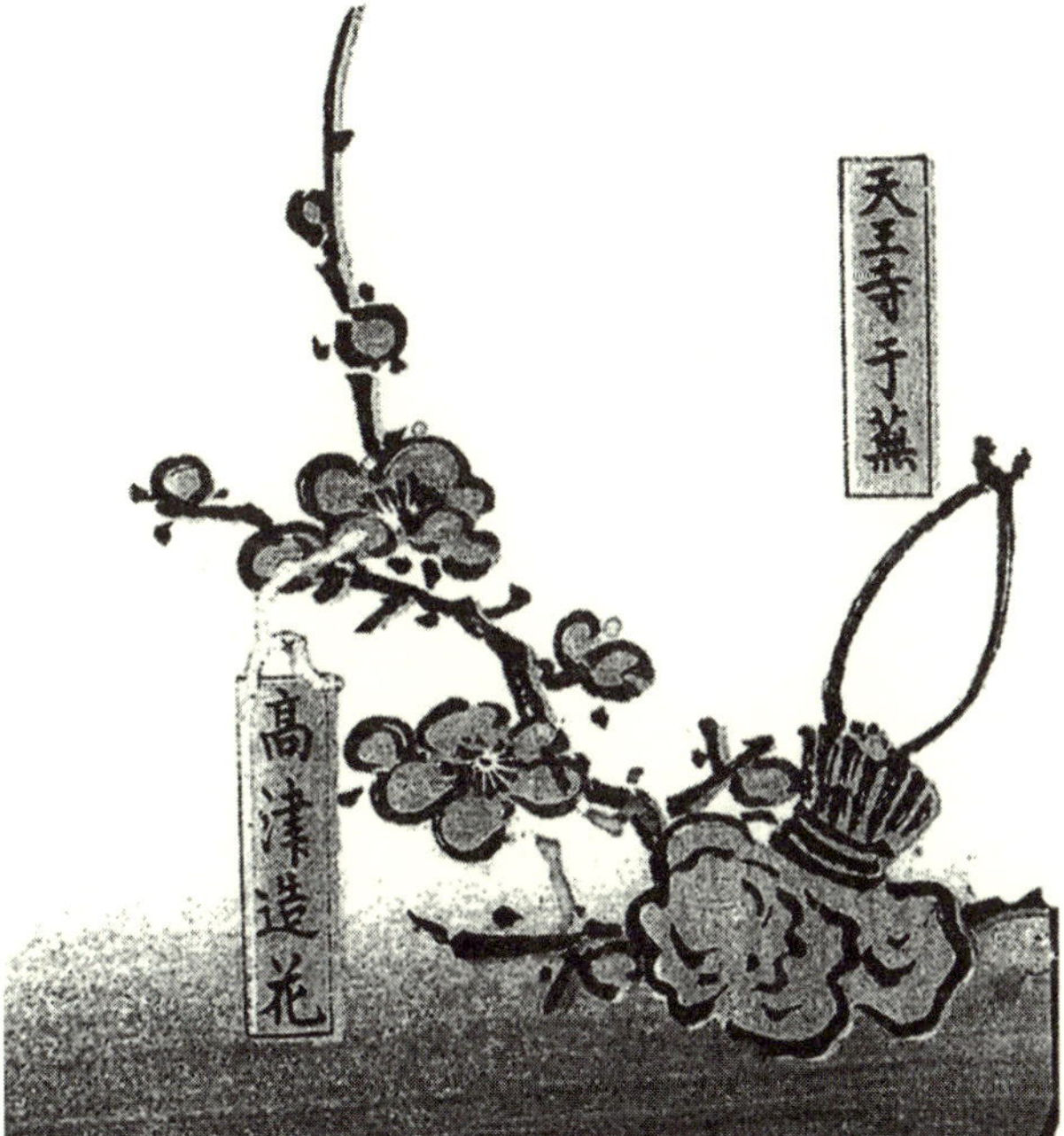

『浪華の賑ひ』（安政《あんせい》二〈一八五五〉年）のなかで描かれている天王寺蕪《てんのうじかぶら》の干し蕪と高津の造花。（二四五ページ参照）

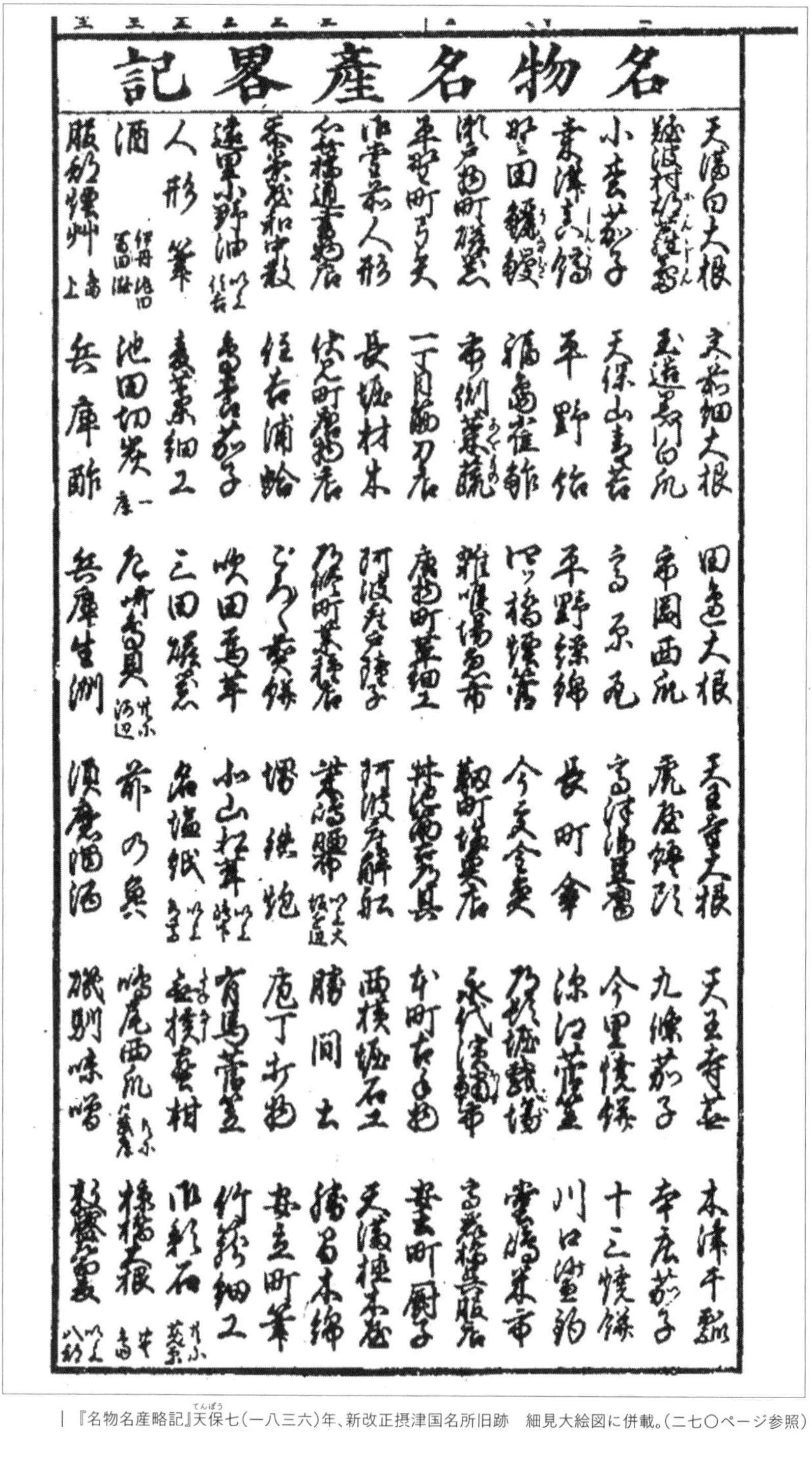

|『名物名産略記』天保《てんぽう》七（一八三六）年、新改正摂津国名所旧跡　細見大絵図に併載。（二七〇ページ参照）

天王寺六萬堂の「浪華漬」の引き札と思われる。日もちのする粕漬は大坂土産としても人気だった。

吹田くわいの鴨形包装

大坂の美味名産品といえば、天王寺蕪《てんのうじかぶら》ともうひとつが吹田慈姑《すいたくわい》。吹田では鴨もまた名物だったようで、鴨形にした藁包《わらづつ》のなかに慈姑を入れて土産としていた。江戸時代のころか。（二四七ページ参照）

勝間村の特産品は、勝間南瓜の他に「勝間凧（いか）」に「勝間木綿」などがあった。写真は「勝間凧」。大阪では凧（たこ）を凧（いか）と呼んでいたようで、その図柄には大阪名物が描かれたものが少なくない。写真は「天王寺大根」を売り歩く物売り。
（資料提供：大阪市西成区役所　『勝間凧のはなし』〈木村薫著〉より）

「負けず、おとらず」三都の自慢を列挙している。天保《てんぽう》年間（一八三〇〜四四年）のころは、江戸と京と大坂の三都の比較が流行していたことがわかる。四行目には川自慢として、すみだ川（江戸）、加茂川（京）、よど川（大坂）が見られる。

山城・大和・河内・和泉・摂津の産物が描かれた「五畿内産物図会」（文化《ぶんか》八〈一八一一〉年）に見る浪速野菜。

二軒茶屋風景。玉造は奈良街道（伊勢参り）の起点であった。この地にあった「つるや」「ますや」という二軒茶屋のことは『浪華の賑ひ』などに描かれている。（『浪花百景』（江戸後期）より）

なにわの伝統野菜とは

現在の大阪湾はかつては魚《な》の庭《にわ》と呼ばれ、肥沃な河内平野もまた菜《な》の庭《にわ》と呼ばれてきた。そんな難波津(大阪湾)は、アジアとの窓口(港)でもあった。

五世紀ごろの大坂といえば、そこには巨大な河内湖が存在し、淡水と海水が入り混じっていた。その後にこの河内湖に淀川や旧大和川の支流が運ぶ土砂が次第に堆積し、野菜の生産に適した河内平野が形成されていった。さらに、江戸時代(一六〇三〜一八六七年)に入ると大坂湾を窓口にした海運が盛んとなり、諸国物産はひとまず大坂へ持ち込まなければ換銀できないことから商都として栄え全国の蔵屋敷が建ち並び、全国各地より名産品や穀物などが集められたことにより、豊かな食文化が発達していった。

このように活気づく浪速《なにわ》の町であったが、増え続ける人口を賄うための日々の食材が必要とされた。それを供給していたのが、市内を取り巻く市街地地域。なかでも南部の難波村、木津《きづ》村、勝間《こつま》村、今宮《いまみや》村、西高《にしこう》津《づ》、中在家・今在家及び吉右衛門《きちえもん》肝煎地《きもいりち》の「畑場八ヵ村」と呼ばれた村々で名産野菜が作られた。こうした村で長年にわたり栽培されてきた、ある種のブランドとなったのが「なにわの伝統野菜」である。もちろんそれだけではなく、大坂の三大市場のひとつである天満の青物市場があればこそ、生まれてきた伝統野菜も少なくない。

さらには諸国の台所として、各国から集められた蔬《そ》菜《さい》(野菜)を吟味し、京へ送るにふさわしい野菜、大坂好みの野菜として河内平野で改良栽培されたものなどもある。味にうるさく実利を好む大坂人に選ばれ残されてきた野菜がなにわの伝統野菜であり、それぞれに残されるにふさわしい価値を持った野菜なのである。

現在、大阪府によって認証されているのは次の十七品目。この他にも約三十の伝統的な野菜や果実などが確認されている。

天王寺蕪《てんのうじかぶら》、田辺大根《たなべだいこん》、毛馬胡瓜《けまきゅうり》、玉造黒門越瓜《たまつくりくろもんしろうり》、高山真菜《たかやままな》、高山牛蒡《たかやまごぼう》、服部越瓜《はっとりしろうり》、守口大根《もりぐちだいこん》、金時人《きんときにん》

参《じん》、芽紫蘇《めじそ》、勝間南瓜《こつまなんきん》、大阪《おおさか》しろ菜《な》、鳥飼茄子《とりがいなす》、三島独活《みしまうど》、吹《すい》田《た》慈姑《くわい》、泉州黄玉葱《せんしゅうきたまねぎ》、碓井《うすい》エンドウ。

❖「なにわの伝統野菜」大阪府認証基準

①概ね百年以上前から大阪府内で栽培されてきた野菜

②苗、種子等の来歴が明らかで、大阪独自の品目、品種であり、栽培に供する苗、種子等の確保が可能な野菜

③府内で生産されている野菜

一、天王寺《てんのうじ》蕪《かぶら》

由来

天王寺蕪は、およそ五百年以上の歴史を持つ日本最古の和種蕪だといわれている。

また江戸時代初期から大正時代まで、約三百年の間、天王寺村の名物として全国にその名を馳せていたとして天王寺村名物「天王寺蕪」のことが『天王寺村史』などに記載されている。

「天王寺、阿倍野を中心として耕作せる蕪の産額のいかに多くして販路また広く、しかもいかにその味の優れたるかを察すべきなり。天王寺蕪は諸国の産に勝りて味甘美、村人は漬物として、また干し蕪として諸国へ出す」。

復活した切葉天王寺蕪《てんのうじかぶら》。毎年収穫は十一月上・中旬〜一月の中旬ごろまで。

実際に、年末から年はじめにかけて竹垣に蕪を並べて、干し蕪を作る光景は、当時の天王寺村の風物詩として有名であった。天王寺蕪が注目されるようになった要因のひとつに野沢菜がある。天王寺蕪の種子を、長野県野沢温泉村の健命寺住職が宝《ほう》暦《れき》六（一七五六）年に持ち帰ったところ、茎葉ばかりが成長したため、これを漬物としたことで野沢菜が生まれたといったことが、健命寺の碑に刻まれ残されている。

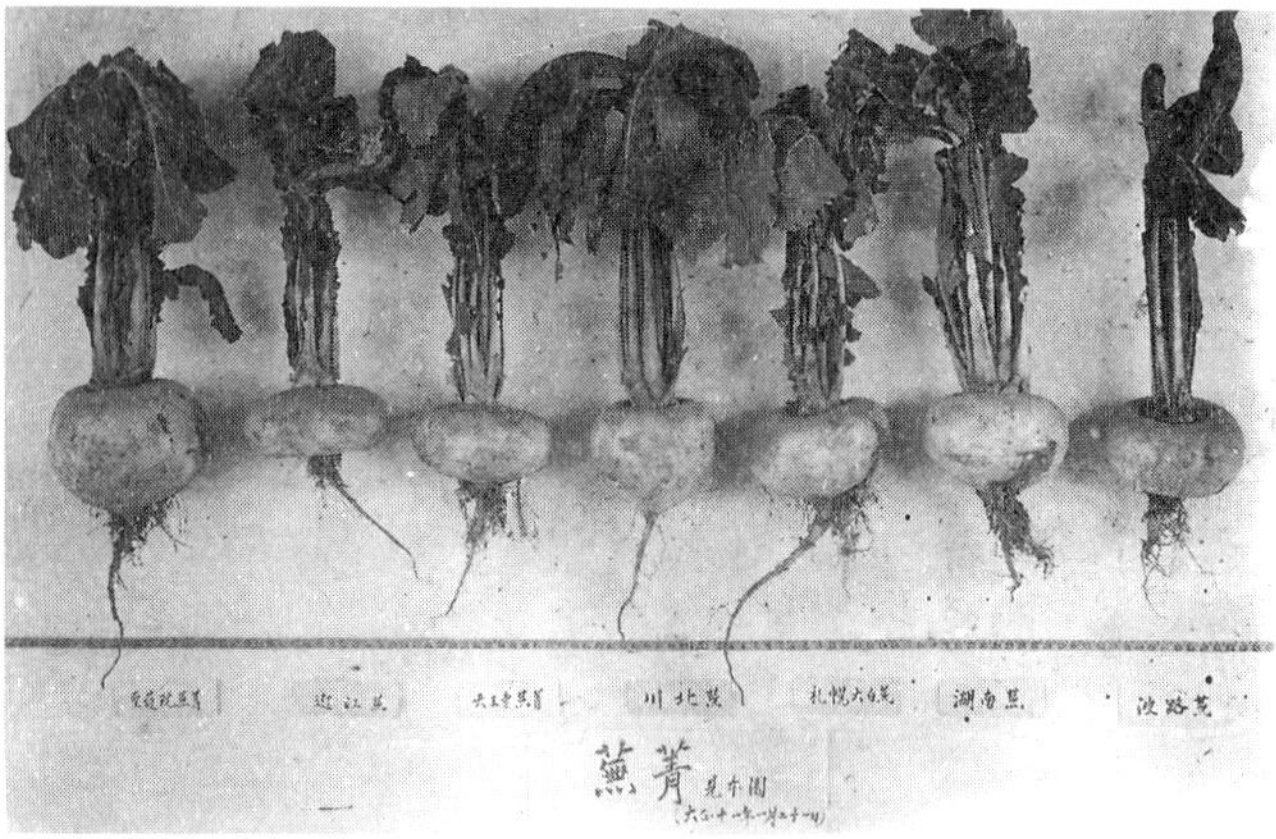

左から三番目が、天王寺蕪《てんのうじかぶら》。大正時代（一九一二〜二六年）に撮影。

野沢村で天王寺蕪が蕪菜《かぶらな》と呼ばれてきたように、天王寺蕪が野沢菜に変わったのではなく、雑ぱくな天王寺蕪の種のなかには蕪だけでなく野沢菜の元となるものがあったのである。天王寺蕪の種子からは、今も栽培される環境により天王寺蕪の他、野沢菜のような蕪菜、尖り蕪などが現れてくる。

栽培

天王寺蕪には切葉《きれば》の天王寺蕪と丸葉《まるば》の天王寺蕪の二系統が存在する。蕪そのものの形は極めて扁平であり、根の部分だけが地中に入り、蕪（根身《こんしん》部分）は地面から浮き上がったようにして成長することから、別名「浮《うき》蕪《かぶら》」とも呼ばれている。

現在の天王寺蕪の主産地は、大阪市、堺市、河内長野市など。天王寺蕪は栽培される地域により形質を変えることも特徴であり、そうした意味において本当の大阪ならではの特産品であるといえる。流通については生食用としての生産の他に、浅漬など漬物用として生産流通がなされている。

食文化

天王寺蕪の味わいの特長は他の蕪にはない甘さと緻密な肉質。特に甘さにおいては量販店で販売されている一般的な中型蕪の約一・五倍の糖度がある。甘みが強くて柿のように緻密な肉質であることから天王寺周辺の寺社では、天王寺蕪を風呂吹きにして食べる習慣があった。

蕪が大きく成長する丸葉天王寺蕪は主に「干し蕪」にされ汁物の具として多く利用されていた。天王寺蕪は粕漬にされ「浪華漬」の名称で大阪土産ともなっていた。

二、吹田慈姑《すいたくわい》

由来

「君がため 山田の澤に ゑぐ採むと雪消《ゆきげ》の水に裳《も》の裾濡れぬ」（万葉集・巻十）（あなたを想い、山田の沢で慈《え》姑《ぐ》を採っていると、雪解け水に衣の裾が濡れてしまいました）。

この歌に出てくる「ゑぐ」が、吹田慈姑だと推測される。かつて吹田慈姑の植物学的研究を行ったのは、日本の植物分類学の権威といわれる牧野富太郎博士[1]。

姫慈姑《ひめくわい》の名があるように、中国産の青くわいよりかなり小ぶり。収穫は十二月～一月ごろまで。

昭和九年、論文のなかで博士は、吹田慈姑とは「オモダカ」[2]が肥沃な土地で何千年もの進化をとげて、こうした塊茎《かいけい》を生ぜしめたものであることを指摘。中国から輸入された慈姑とは別種であることを明確にするため、吹田慈姑の学名を『スイテンシス』(吹田に産するの意味)と命名した。

貝原益軒が宝永《ほうえい》六(一七〇九)年に刊行した『大和本草《やまとほんぞう》』[3]に吹田慈姑に関して次のような記載が残されている。「一種すいたくわいという植物あり、葉も根も慈姑に似て小なり花なし味佳し慈姑より味濃なり摂州吹田の邑より出たり」。

美味なる吹田慈姑は豊臣秀吉にも愛された。天正《てんしょう》十(一五八二)年、秀吉は伏見桃山で吹田慈姑の旨《うま》さを聞き、これを大坂より取り寄せ東寺の荘園でも栽培させた。それが後に東寺慈姑となり現代に至っている。

京で人気となった吹田慈姑。天和《てんな》三(一六八三)年には天皇への献上行列が開始される。毎年、京都の御所や大宮御所などへ菊の御紋のついた献上篭に乗せて運ばれ、それに庄屋や百姓が付き従い、この行列には大名さえも道を譲ったといわれている。

江戸時代の歌人で食通として知られている大田南畝《おおたなんぽ》(蜀山人《しょくさんじん》)も吹田慈姑が好物であったようで、「おもひでる、鱧のほねきり、すりながし、すいたくわひに天王寺かぶ」の句を残し、大坂の名物として賞賛している。

栽培

吹田慈姑は、現在市場で流通しているような大きな中国クワイとは異なる小型のクワイ。そのため別名「まめくわい」「姫くわい」とも呼ばれていた。

栽培についてだが、牧野博士の研究をもとに、昭和四十(一九六五)年、当時、京都大学農学部の阪本博士が吹田慈姑の特異性に注目し栽培実験を行っている。その結果、吹田慈姑は栽培されたのではなく、田んぼに自然に生えていたものを採取していた長い歴史的事実が確認された。野生でもなく、栽培植物でもない中間の半栽培植物であり、世界的にも珍しい植物であることを指摘している。

食文化

吹田慈姑は、えぐ味が少なく味わいは栗のようでほくほくした甘さが特長。大阪の正月料理に欠かせない食材であった。お正月の煮しめ料理として、特に「芽がでる」ということから縁起のよい食材として親しまれてきた。それ以外にも蒸したり、茹《ゆ》でたり、揚げたりと様々な料理に使える魅力を持っている。

[1] 牧野富太郎博士　吹田の仙洞御料庄屋の第十二代当主であった西尾與右衛門氏を、東京帝国大学農学部で当時講師をしていた牧野博士が指導した縁で、関西での研究出張において知った吹田慈姑の研究をはじめたといわれている。
[2] オモダカ（面高）　オモダカ科の多年草で湿地に生える。別名ハナグワイ。
[3]『大和本草』　一三六二種の動物、植物、鉱物の名や形などが記されている。

三、田辺大根《たなべだいこん》

由来

田辺大根は摂津東成《ひがしなり》郡田辺地区（現・大阪市東住吉区）原産である白首大根で、ルーツは白あがり京大根とねずみ大根との交雑したものが田辺地区に土着したのではないかとされている。大正十四（一九二五）年に編纂された『田邊町誌』には田辺大根について次のような記載がある。

「本町にあっては遠き昔より其の風味頗《すこぶ》る美にして、各方面の歓迎を受けたる大根を特産せり。是れ当地の土質が大根の栽培に好適なると、栽培法に熟練せるとによれるものにして、世に之を田邊大根と称し、其の名全国に聞こえたり」。

さらに大正十一（一九二二）年編纂の『東成郡誌』には、「田辺町における大根は遠く三百年前より栽培せられ田辺大根の名は遠近に轟けり。今特記すべき特長を有せずと雖《いへど》も、其の味頗る美にして、中流以上の家

独特な辛味がある田辺大根《たなべだいこん》。煮るなど熱が加わると辛味は甘みへと変わる。収穫は十一月中・下旬～二月ごろまで。

庭及料理店等に歓迎せらる。本地にかくの如き風味ある大根の産する所以は、栽培に好適なると、農夫の栽培法に熟練せるによるものとす」と書かれている。

　こうした文献にみるように、田辺大根は江戸時代初期から栽培されていたようだ。明治時代（一八六八～一九一二年）の田辺大根は短根で、縦横がほぼ同じような形だったが、次第に長型に陶太、改良された。

　田辺大根には長い系統と短い系統がある。それが横《よこ》門《もん》系と田辺系。田辺大根から派生したやや長めの「横門大根」は大正のころ成立していたとみられているが、その名前の由来は東住吉区の法楽寺《ほうらくじ》西側の横門前の畑で栽培されていた大根のことをこう呼んでいたことからきている。

　田辺大根の形質については蔬菜園芸の研究者、小田鬼八氏が著書『蔬菜園芸』（昭和十三〈一九三八〉年）に次のように記している。

「東成郡田辺町の産で、甘漬用として大阪地方において珍重されている。茎葉白く柔らかく直立する。性質軟弱であるから比較的作り難い品種である。根は白色円筒形で末端少しく膨大、丸味をおび長さ一尺、太さ三寸内外である。質緻密・柔軟・甘味に富む。主に煮食用で漬物に用いられるが、甘漬でないと適しない」。

　また、熊沢三郎氏によれば、田辺大根は滋賀の伊吹山大根（別名ねずみ大根）が京都大亀谷に土着して、白上がり京と交雑した後代と推定、一般に白上がり群に包括されるとしている。当時の大阪に流通していた二大品種のひとつである天満大根に比べ草勢や耐病性が強く、栽培も容易であり、肥大はやや遅れるがスいりは遅く、低温にも耐えるとされてきた。

食文化

田辺大根ほど風呂吹きに適した大根はないといわれている。その理由は肉質が緻密であること、煮くずれしないこと、生食で感じられる辛みが炊くことで消え、甘みに変わることなどがあげられる。

昔は、太りはじめる前の小さな田辺大根を大根おろしにし、蕎麦の辛みとして使っていた。蕎麦処で知られた大坂の蕎麦屋では、薬味として田辺大根のおろしが添えられていたのではないか。現在では同大根が京へ伝わり辛味大根となっているようだ。漬物として沢庵漬に。また田辺大根の葉には大根特有の毛がないことから、葉も美味しく食べることができる、合理的な大根として親しまれてきた。

四、大阪《おおさか》しろ菜《な》

由来

大阪しろ菜は山東菜《さんとうな》と体菜《たーさい》、または白菜と体菜との交雑によってできた品種だといわれている。古くから大阪に根ざした葉物野菜で、茎を食べる葉菜類のツケナに分類される。

大阪しろ菜の栽培がはじまったのは江戸時代（一六〇三～一八六七年）から。明治初期のころには天満橋付近で盛んに栽培されていたといわれ、明治の終わりごろにかけては、他の伝統野菜と同じように栽培地が東淀川から城東、住吉方面へと次第に南下するように広がっていった。

大阪しろ菜にはいろんな系統があり、なかでも中生《なかて》系統は「天満菜」として春から夏にかけて栽培されていた。いわば大阪の夏の菜物野菜であった。早生《わせ》や晩生《おくて》などいろんな系統のしろ菜を年中、上手に使い分けることで大阪では常に新鮮な菜物野菜を摂取していた。

栽培

大阪しろ菜には早生、中生、晩生[1]の三系統が確認されている。現在は、早生及び中生系統は夏を中心に収穫されている。葉色は淡緑、葉柄と葉脈は鮮明な白色。中生種には黄葉系と黒葉系があり、葉は倒卵系で葉脈は白色で平軸。また晩生系統は「晩白《ばんしろ》」と呼ばれ、耐寒性に優れ、薹立《とうだち》[2]が遅いことから厳冬時期から出荷される。

大阪の夏の青葉として人気だった大阪しろ菜。シャキシャキとした歯ごたえがよく油との相性がよい。大型の晩生しろ菜は秋～冬に収穫される。

四季を通じてそれぞれの系統の味わいを楽しめる大阪しろ菜。けれども年中出荷できるしろ菜が急激に広まり、栽培する農家が少なくなったことや、関東の小松菜など色の濃い葉物野菜に押され、栽培は減少しつつあるのが実情だといえる。

食文化

大阪における代表的な菜物野菜と呼べるであろう。河内《かわち》地区の郷土料理のひとつに「大阪しろ菜とサツマイモのおつけ」という味噌汁があるが、これなどは冬の寒い時期に身体を温めてくれる芋類と、ビタミン豊富で身体を養ってくれる菜物をうまく合わせた、大阪惣菜の傑作だといえるだろう。この他にも、大阪しろ菜は和え物、煮物にとあらゆる調理法に利用できる野菜。大阪では、浅漬（一夜漬）、胡麻和え、味噌和えなどの料理法が好まれてきた。なかでも大阪ならではの昆布と鰹を使った出汁《だし》で、薄揚げと甘辛く炊き合わせた料理は格別だといえよう。

［1］早生、中生、晩生　同じ作物でも収穫までの期間が異なり、早く収穫できるものから早生《わせ》、中生《なかて》、晩生《おくて》と呼ばれる。
［2］薹立　薹《とう》とは花を咲かせる茎を意味し、これが立（伸）ってくると食味も失われてくる。

五、鳥飼茄子《とりかいなす》

由来

摂津市鳥飼地区で生まれた丸茄子。天保《てんぽう》七（一八三六）年の『新改正摂津国名所奮跡細見大絵図』[1]の名物名産略記に「鳥養茄子」としての記載がなされている。大正から昭和初期にかけて旧鳥飼村全域で栽培が行われていた。

守口や門真《かどま》辺りの市では取り合いになるほどの茄子で、最盛期には大阪市中央卸売市場本場への出荷も行われていた。この茄子は、大阪の夏野菜を代表する茄子のようにいわれているが、本来は夏の鳥飼まくわ瓜の収穫が終わるころに苗を植えて、秋口に収穫されていたことから、秋茄子のひとつとして大変人気があったようである。

摂津を代表する茄子ではあったが、戦争による食料増産のため畑を奪われ、手間がかかるわりには収量が見込めない鳥飼茄子は、次第に栽培する農家がなくな

丸茄子というよりも下部が少しはれているのが特徴。収穫は七月下旬〜八月。

り、戦後しばらくはまったく栽培が途絶えていた。しかし、戦争前に祖父から鳥飼茄子の種子を譲り受けていた辻幸太郎氏が、復員後に栽培を再開したことが復活のきっかけとなった。

栽培

丸茄子のように見えるが、やや下ぶくれで、皮の柔らかさに特長がある。また果肉が極めて緻密であるため、煮てもくずれにくいという性質を持っている。京都に近い摂津では鳥飼茄子の種を淀苗《よどなえ》[2]で育ててもらい、それを購入することが行われていた。京都に、よく似た形質の賀茂茄子があり、福井には吉川茄子があることから、これらの茄子には鯖街道[3]を介してどこかに接点があるものと思われる。

栽培は決して容易ではない。葉が旺盛に茂ることから、果皮に光が当たらなくなり色が悪くなったり、果皮の薄いことが災いして、すぐに果皮が傷ついてしまうなど栽培にとても手がかかる。手間がかかるわりには収穫量も多くはない。鳥飼茄子だけが持つ果皮の柔らかさ、そして色艶のよさなどは、接木《つぎき》ではなく実生《みしょう》(種から育てること)でないとわかりづらいと思われる。

食文化

賀茂茄子と同様、いやそれ以上に肉質が緻密で、独特の甘味があり、箸で触るとぷつりと切れるほどに柔らかで繊細な果皮。鳥飼茄子の料理法として好まれてきたのは、田楽、もしくは揚げ物そして煮物。特に肉質が緻密なこの茄子は油との相性がよい。

こうした味の特長をうまく使った料理としては「みぞれ煮」などがあげられる。現在は鳥飼茄子を使ったワイン煮などの加工品が販売されている。

[1]『新改正摂津国名所舊跡細見大絵図』天保《てんぽう》七年(一八三六)年。「名所古跡略記」等付す。
[2] 淀苗　現在の淀川周辺に苗を作る専門業者がかつて集まっていた。そこで作られた苗をいう。
[3] 鯖街道　若狭の国小浜そして京都を結ぶ街道。塩鯖などの海産物や北前船からの北海物を運んだ。

六、服部越瓜《はっとりしろうり》

由来

服部越（白）瓜は、当初は高槻市の塚脇地区で戦国時代から作られてきたのではないかといわれている。一説によると朝鮮半島からやってきた機織《はたお》り職人たちがこの地に住んだことから、同市北西部が服部という地名となったとされる。塚脇地区を含む近隣の服部五ヵ村で同瓜が栽培されていたところから、服部越瓜の名が付いたものとみられる。

また服部越瓜は古くから、近隣の酒処であった富田酒の酒粕を使った漬物（富田漬）として加工され、その名は全国に知れ渡っている。天保《てんぽう》十四（一八四三）年の「服部村明細帳」にも「富田で造られる粕漬に専ら使用される」と書かれている。史実もこれを伝えており、大坂の陣のとき、かの徳川家康が従者大久保彦左衛門とともに大坂を出立し、この地を通過する際に空腹に耐えかね茶漬を所望。服部越瓜を使った富田漬の美味しさに感激したことが『真田三代記』にも記されている。

栽培

明治二十一（一八八八）年の『農事調査』によると越瓜の府下生産数量は約百十万貫（四一二五トン）であったことが載っている。この数字を見ても大阪で越瓜がいかにたくさん食べられていたかがわかる。服部越瓜

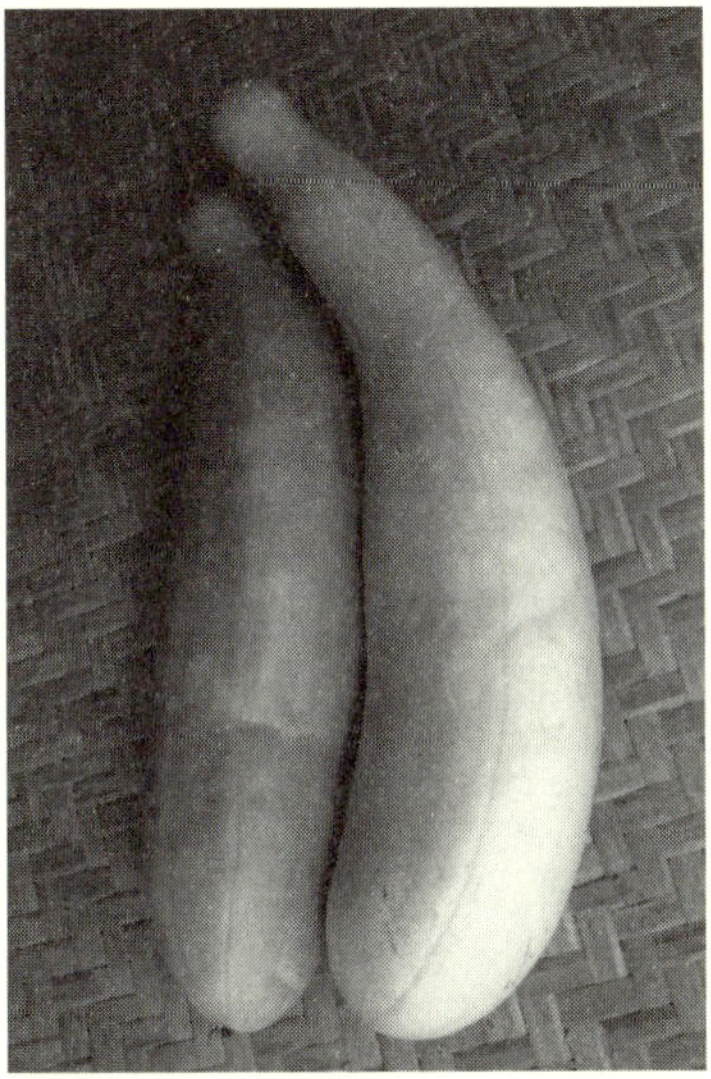

富田漬には欠かせない服部越瓜《はっとりしろうり》。
収穫は七月〜八月上旬ごろ。

は果実が淡緑白色で淡い白縞がある。果長《かちょう》は、大きなもので約三十センチにまで成長する。

五か村を中心に栽培が行われていたようだが、やはり高槻市を流れる芥川《あくた》が運んだ砂が堆積した肥沃な塚脇地区周辺のものが、肉厚で一級品であったといわれている。

栽培方法も同地区では独特なスタイルがあったようで、四月に苗を育て畝《うね》に植え付ける。畝には直径三十センチ程度の饅頭状の土塊《どかい》を並べ、一山に出る五株ほどから一株を選び、ツル四～五本を摘葉《つみは》しながら伸ばしていくそうである。

この瓜は病虫害に弱く、生産量が一定しないことから、現在では漬物用として契約栽培が行われている。

食文化

大阪の越瓜にはこの服部越瓜ともうひとつ玉造黒《たまつくりくろ》門《もん》越瓜がある。玉造黒門越瓜が肉厚であるのに比べ、服部越瓜は肉が薄いこともあり、漬ける場合には十分な塩が必要となる。けれどもこの瓜独特の爽やかな歯ごたえと旨さが名物富田漬を生んだのである。

富田酒の上質な酒粕と味醂と相まって白い肌は黄金色へと変わっていく。服部越瓜を酒粕で漬けた富田漬を徳川家康が賞賛し、幕府献上品となったのもうなずける。

生食されることはあまりなかったようだが、流通が進んだ現代では十分に生食に耐えうる食材でもある。夏時期、この瓜をぬか床で一夜漬にするのも美味で、その何ともいえないパリッとした食感とさっぱりした味わいが大阪では好まれてきた。

七、高山《たかやま》真菜《まな》

由来

隠れキリシタンの里であり、高山右近の生誕の地としても有名な大阪府豊能郡豊能町高山。ここでは、昔ながらの真菜が今も栽培されている。

真菜はアブラナ科の野菜で、菜種菜《なたねな》の一種。全国各地に真菜と呼ばれている菜はあるが、高山真菜のような純粋なものは他にないだろう。その栽培歴は、おそらく三百年から四百年前に遡《さかのぼ》るのではないかともされている。この地がキリシタンの隠れ里であったことも幸いして、近郊で栽培される他の菜と交雑することはほとんどなく、昔のままの種子が、今も受け継がれているのは驚くばかりである。

かたそうな茎の部分も少し熱を加えると柔らかくなる高山真菜《たかやままな》。収穫は十二月〜四月ごろまで。

栽培

高山真菜はアブラナ科で、葉の形状により四系統に分けられるとされているが、古くから真菜を栽培している農家の話によると、近年になって交雑種が見られるようになり、それまでは葉の形状がすべて同じであったとのこと。全長が約二十〜三十センチで非常にしっかりとした茎を持っているが、少し熱を加えるだけで柔らかくなる。京都には真菜と似た花菜《はなな》（京野菜のひとつ）がある。

同じアブラナ科の菜であってもこちらは花の蕾《つぼみ》を食すが、高山真菜は蕾を持つ前の若芽の茎葉を食す。葉の部分にわずかばかりの苦味もあるが、茎の部分の甘味がまさっているため気にはならない。

同地では、高山牛蒡《ごぼう》が栽培されているが、この真菜を摘み残したものをそのまま高い畝にすきこみ肥料化させ、そこに牛蒡の種をまくといった循環型の農業が、今も行われている。

食文化

関西では、菜種菜は花の部分をおひたしにして食べられているが、高山では真菜は一月ごろに柔らかな若菜の部分を、また三月ごろには花の咲く前の蕾の部分を収穫し塩漬にして食べている。

豊能町では毎年春に「真菜祭り」が行われている。祭りに参加した人たちが自分の手で真菜を摘み、初春の一日を土に親しんで過ごすこのお祭りに参加する人は、年々増えている。

八、高山牛蒡《たかやまごぼう》

由来

豊能郡豊能町の高山で牛蒡が栽培されはじめたのは江戸初期からだとされている。換金作物として作付けされたようで、よく太ったものは市場価値も高くブランド力があり、そのためか今も高山の牛蒡は年末年始の贈答用として使われることが多い。

高山牛蒡の本格的な栽培のはじまりは約二百五十年ほど前に遡る。この牛蒡は京都の堀川牛蒡と同種とされているが、三島地区の農学者であった小西篤好によって高山ならではの栽培方法が確立された。耕土を一メートル以上も掘り起こし、小山のように積み上げ、幾筋も波板のように高低差のある畑を作り、その小山の頂点に牛蒡の種を植え付ける。そうすることで京都の堀川牛蒡のように植え替えることなく直根で太った

収穫は十一月～十二月下旬ごろ。
高山牛蒡《たかやまごぼう》特有の強い土の香りが特長。

牛蒡を育てることができ、収穫も小山を崩すだけの作業で掘り取ることができるのだ。

また堆肥には、高山真菜の収穫し残したものをすきこむことで、真菜が牛蒡の肥料となり、この牛蒡が土中深く成長することで畑を深く耕してくれる。高山では、昔からそのような循環型のスタイルができあがっていた。

栽培

高山牛蒡は品種としては滝野川の赤茎と推定されている。種を春まきし十二月に収穫。肥えた耕土であることから、土中深くにまで入り太る。ただし牛蒡栽培は雑草との戦いでもあるようで、高山の農家は次々と生えてくる雑草を一番草、二番草と数えながら草引きに追われる。そして八月の暑いさなかに追肥を行い、十二月の収穫期を迎える。けれど最近では収穫が早まっているそうで十一月には掘りはじめるようだ。

高山牛蒡は真菜を堆肥としている。まだ霜が降りるような二月ごろに急激に成長した真菜の先端部分だけを採って、後は地中にすきこむ。これが高山牛蒡にとってまたとない肥料となる。そのように肥えた土であることから高山の牛蒡は色が黒く、他の牛蒡にはない強い香りと深い味わいを持っている。

食文化

気品ある香りに爽快な歯触り、何ともいえない牛蒡らしい風味。高山牛蒡はどのような料理法にも向いているが、やはり素材がよいだけにシンプルな「たたき牛蒡」が好まれているようだ。吹田慈姑と同様に大阪のおせち料理の一品に欠かせないものであった。大阪では「高山牛蒡なしでは正月が来ない」とまでいわれたほど。また牛蒡は精進料理にも欠かせない食材で、冬の大阪の惣菜ではなくてはならない主役であり名脇役でもあった。

京都の堀川牛蒡と同種とされるが植え替えはしない。京都堀川牛蒡は成長途中で土中に真っ直ぐに伸びている状態で一端掘りあげ、これを横に寝かせて植え直す。こうすることで急激に牛蒡が太り、芯にスが入り空洞ができる。京都ではよくこの部分に詰め物をし、料理されることがあるが、高山牛蒡ではそうした料理法は適さない。牛蒡にも京都と大阪では栽培法、そして食の好みに違いが感じられる。

九、勝《こつ》間《ま》南《なん》瓜《きん》

由来

勝間南瓜は摂津西成郡勝間村（現・大阪市西成区玉出）で江戸時代（一六〇三～一八六七年）の終わりごろから栽培されていたとされる小型の南瓜。そのころすでに勝間南瓜は勝間木綿や勝間凧《いか》とともに、勝間村の名物となっていたようで、村人が勝間村の東部を通る紀州（住吉）街道筋で道行く人にこうした特産品を販売している様子などが古い記録に見られる。

小型ながら味わいの優れていたことからひとつのブランドともなった勝間南瓜。その何ともいえない味わいと愛らしさから、小柄な大阪の女性は勝間南瓜に例えられ、小説家今東光氏が同名の小説を残している。また武者小路実篤が好んで描いたのもこの南瓜のようだ。

日持ちのする南瓜は、長期の航海には欠かせない食材であった。大阪湾へ寄港する船も、出向する船にも様々な南瓜が積まれていたことだろう。大阪湾にほど近い勝間村と南瓜の関係にはこうしたことが大きく関係していると見られる。勝間南瓜は昭和一〇年代（一九三五～四四年）までは大阪市南部地域で栽培が続けられていたが、都市化の影響や食の嗜好の変化でいつしか姿を消してしまった。

栽培

勝間南瓜は約九百グラム弱の果実で、外観に縦溝とこぶのある小型の南瓜。昭和十（一九三五）年ごろまでは大阪市南部地域で栽培が行われていたが、都市化の影響で産地が東へ南へと移動するとともに、品種面では食の洋風化により西洋カボチャ人気に押され次第に姿を消していった。

「南瓜は荒れ地に作れ」といわれるように、どちらかといえばあまり肥沃な土壌では形ばかりが大きくなるようで、同じ種であっても栽培される土地によって大きく形質を変えるのも、この南瓜の特徴といってよい。

かなりの早生品種であり保存性も高く、七月にいったん収穫したものの種を再度まいて霜が降りる前にもう一度収穫することも行われていた。そんなことから、長く冬至に行われる大阪市西成区の生根《いくね》神社の催事(勝間南瓜神事)に使われてきた。

食文化

昭和一〇年代(一九三五~四四年)に途絶えてしまった勝間南瓜だが、平成十二(二〇〇〇)年に種子が発見されて復活。同年の冬至には勝間南瓜に縁の深い大阪市西成区の生根神社において、毎年行われている南瓜を参拝者に振る舞う催事に、約六十年ぶりに昔のように勝間南瓜が使われ、話題となった。

勝間南瓜は和南瓜のなかでも比較的小ぶりだが、肉質がしまっているのが特長。西洋南瓜のようなホクホクした感じこそないが、反対に甘味の少ない分、大阪人好みの味付けがしやすい南瓜だったといえる。そのため大阪では主に煮物に使われることが多く、またほどよい甘味を利用して、最近では羊羹《ようかん》やプリンなどのお菓子の原料としても使われはじめている。

一〇、三島独活《みしまうど》

由来

大阪府三島地域(茨木・高槻・摂津・吹田・三島郡島本町)で独活の促成軟化栽培がはじまったのは天保《てんぽう》年間(一八三〇~四四年)とされている。しかし、寛政《かんせい》のころ(一八世紀後半)にはすでに天満市場に持ち込まれていることから、促成栽培としての三島独活の誕生は

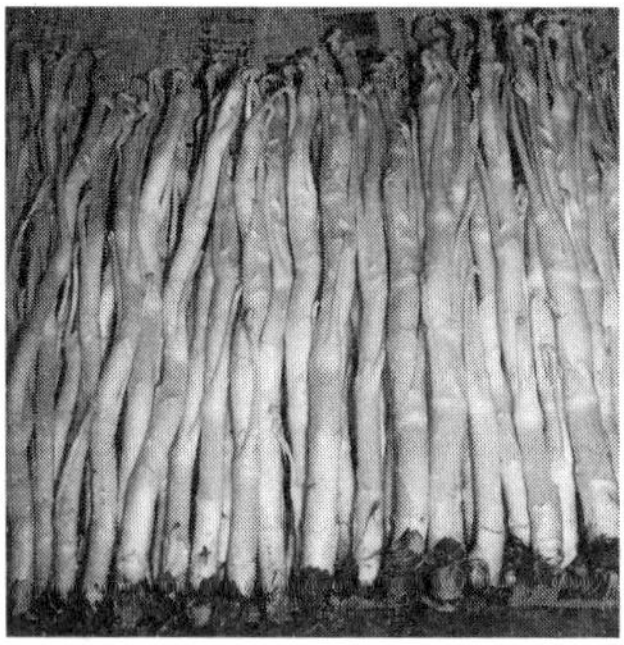

三島独活《みしまうど》の収穫は一月下旬ごろから二月末ごろまで。

相当時代を遡るのではないかとみられる。

　もっとも多く栽培されていた地区は、北は箕面《みのお》に近い千提寺から南は太田地区までに及ぶ周辺で、最盛期には約二百軒以上の農家が独活の栽培を行っていたそうである。日本原産の独活だが、何故に三島産の独活がこれほどにブランド化したのかといえば、独特な促成軟化栽培の技術と極めて高い品質があったからとされている。

　素晴らしい香りに加えて、純白で太く大きく、しかも柔らかな食感を持つ独活。そのため三島独活は、天満市場はもちろんのこと遠くは朝鮮半島にまで運ばれていた。稲刈り後の藁で作った独活小屋で、昔ながらの発酵熱を利用した栽培法。土中に植えた独活の株の上に何層もの藁をかぶせ、水を打ち自然発酵熱で土中に熱を送る。微妙な熱加減を手と指の感覚だけを頼りに行う。まさに熟練のなせる技といえる。

栽培

　三島独活は、元来は同地区にあった野生の独活を利用したもの。いったん肥料を入れた畑で手をかけて育てた独活を晩秋ごろに株ごと掘り起こし、藁でこしらえた独活小屋のなかにあるムシロで作った室《むろ》の地中に伏せこむ。そうして独活の株の上にいく層にも干し草を重ね、打ち水をして自然発酵させる。発酵熱で室が約五十度ほどになったときに、発酵をいったん止めて新芽の成長を待つ。独活の株は室のなかで急激に成長をはじめる。収穫が終わった後には、発酵熱で焼けたようになった、もやしのような干し草がたくさん出ることから、昔から「もやし独活」とも呼ばれていた。

　三島周辺ではこうした作業を厳寒期に行うことか

ら、かなり過酷な作業であるだけでなく、熟練した技も求められ受け継がれてきた。現在は人工的なハウスなどの普及により安価な独活が多量に市場に出るようになり品質の優れた三島独活といえども市場競争力が著しく低下しつつある。こうした影響を受けて農家も次第に減少しはじめ、現在ではわずか数軒を残すだけになってしまった。

食文化

「独活の大木」の例えは、短期間に急成長した独活の木のなかが空洞であることからいわれはじめたことのようだが、独活そのものは若芽も茎も食すことのできる利用価値の高い野菜。ひと足早く大阪に春の訪れを知らせてくれる。三島地区で促成軟化栽培された独活は何よりもその香りが素晴らしい。

また食べると淡白でほのかな甘味があり、しかもシャキッとした歯触りも楽しめる。三島の独活が他産のものと違って、気高く純白であるのは、厳寒期に自然を利用した栽培方法を貫いているからに他ならない。大阪では仕出屋などがハレの食事として使っていたことから、高級食材のひとつと考えられる。

一一、泉州《せんしゅう》黄玉葱《きたまねぎ》

由来

明治十八（一八八五）年、玉葱の種子を今井佐次平氏が土生郷村郡の勧業委員であった阪（坂）口平三郎氏に依頼し、当時西洋蔬菜の種子を扱っていたと思われる横浜より購入し今井伊太郎氏によって栽培されたのがはじまり。栽培当初は黄色玉葱以外に赤色や白色や紫色の玉葱が混ざっていたようだが、伊太郎氏の努力により、味覚はもちろんのこと、形質に優れもっとも商品価値の高い玉葱栽培を繰り返すなかで、選別採種されたのが「大阪黄《き》玉葱」であった。

しかし、府下で栽培される玉葱のほとんどが泉南地方であったため、いつしか「泉州黄玉葱」とも呼ばれるようになったようである。そしてこの大阪黄玉葱をさらに改良することで「今井早生《いまいわせ》」や「貝塚極早生《かいづかごくわせ》」が生まれることになった。

一時は北海道を凌ぎ、日本を代表する玉葱の一大産地であった泉南地方。当時は収穫された玉葱は船で全国各地へも運ばれた。今ではブランド化している淡路など多くの玉葱も、そのルーツが泉州にあることは意外と知られていない。

現在日本に流通している主流の玉葱の祖ともいえる泉州黄《せんしゅうき》玉葱《たまねぎ》。写真は同種の早生種として改良された「今井早生玉《いまいわせたま》葱《ねぎ》」（提供：畑中加代子氏）。収穫は品種によるが五月〜六月。

玉葱王国泉州だったが、農家の高齢化と兼業農家の増加、さらには他の野菜に比べ栽培期間が長くかかることなども関係し、栽培農家と玉葱畑そのものが減少。現在ではわずかであるが、田畑のなかに残された玉葱小屋が、玉葱の特産地であった名残を今に伝えている。

栽培

畑中加代子著、今井伊太良監修による『玉葱王——今井伊太郎とその父佐次平』によれば、泉州黄玉葱の生みの親である今井伊太郎氏は母球《ぼきゅう》を精選する際に次の事柄に留意したとされている。

・病虫害に侵されていないもの。
・一球の重量が八十匁（約三百グラム）内外であること。
・球は頸部が細くしまったものであること。
・形は中腰高《ちゅうこうだか》であること。
・色は黄色を呈するものであること。

つまりこれらがそのまま泉州黄玉葱の形質と見ていい。ただ創作された泉州黄玉葱は形の上では二種類あったようで、ひとつは扁平でやや中腰、そしてもうひとつが球形であった。伊太郎氏はこれにさらに改良を加えて、形状などを分類して大正初年から中期にかけて、早生・中生・晩生の三種の玉葱を創作。これらの玉葱の形状は最終的に、早生は扁平、中生は扁平でやや中腰（球に近い形）、晩生は球形となったようである。

食文化

現在、泉州黄玉葱の種子は大阪の数軒の種苗店により守られている。しかし、泉州黄玉葱の栽培は極めて少なく味わうことがかなり難しいのが現状。泉州黄玉葱から生まれた今井早生と貝塚極早生は、今もわずかながら泉州の数軒の、研究熱心な篤《とく》農家によって栽培が続けられている。最近では数十年ぶりに吉見町で泉州黄玉葱の早生の種が偶然発見され話題となった。大正十三（一九二四）年ごろから育成されたといわれる貝塚極早生は、別名「刺身玉葱」とも呼ばれるほどに独特な甘味を持つ玉葱。サラダで食べるという現在の食生活に非常にマッチしている。

また今井早生も非常に味わい深い玉葱で、昔の玉葱の味わいに慣れた熟年層に今後求められそうな魅力を持っている。大阪の町に泉州玉葱が出回るころは、ちょうど大阪湾とその近海では鱧漁が盛期を迎えはじめる。大阪では、鱧と玉葱は出合いものとされ、この二つを合わせた様々な料理が考案され、郷土料理となっている。

一二、金時人参《きんときにんじん》

由来

わが国に人参が渡来したのは一六世紀ごろ。こうした人参がどこの地で栽培され金時人参のようになったのかは定かでないが、全十七巻からなる摂津全域のもっとも早い地誌として知られる『摂陽群談《せつようぐんだん》』に「長町ニンジン、同所東西の田園に作り市店に運送る、茎葉青にして根大に生て色濃赤く、味甘く香りかんばし」

土壌の違いか京の金時人参とは少し形質が異なり、ゴツゴツとしているのが特徴。収穫は十一月〜一月ごろ

とあることから大阪が人参の一大産地であったことがわかる。

さらにその後の『和漢三才図会』[1]には「赤黄の二色あり、摂州生玉《いくたま》辺にも亦赤色のものを出す」とあり、『摂津名所図会大成』にも「名産胡《せり》ニンジン、木津村より出るもの色うるわしく美味なり」と記されていることなどから、今の金時人参の発祥地が難波や木津や今宮を中心としたエリアであったことが推測できる。

またこれを裏付けるべく明治の『農事調査』には大阪府下約百三十ヘクタールで金時人参が生産されていたことが記されていて、昭和三十五（一九六〇）年の『大阪市農業誌』では、本市のもっとも誇るべき特産のひとつに金時人参があることが明記されている。

栽培

金時人参は、大阪人参とも木津人参とも呼ばれていた。根身は長さ約三十センチで、色はその名の通り深紅色を呈し濃厚で、葉は緑色。肉質は柔らかく甘味と香気が強いのが特長。昭和三十六（一九六一）年ごろには、大阪市西部の加賀屋新田一帯（現・住之江地区）が代表的な産地であった。系統的には早生金時、中生、晩生の三系統がある。

金時人参の品質は土によって大きく変わる。昔から金時人参には砂質土壌が適しているとされている。砂質土壌は通気・排水性がよく、地温も上がりやすいので根の生育がよくなることから皮目が小さく深紅色の冴えたよい人参となるのだ。大阪人参が色濃く大ぶりでゴツゴツとしているのに比較し、京都へと渡った京人参はどちらかといえば色が浅くすらりとしているのも土壌の違いからくるものだろう。

食文化

他の人参にはない甘味と香気。見た目にも美しい深紅色の肌。そんな金時人参は大阪のおせち料理になくてはならないもの。特に冬の煮しめ料理ではスターのような存在であるといっても過言ではない。文化年間にできたとされる『大坂繁花風土記全』[2]には名産として「難波にんじん」が記されており「京都をはじめ他所でも（人参は）作られているが、味わい色合いともに（難波にんじんに比べ）大いに劣っている」という内容のことが書かれている。

大阪市内から西成新田へと次第に栽培地の南下を続けた金時人参。しかし西洋人参に押され需要が激減。こうした和人参を作る農家も極めて少なくなってきている。

[1]『和漢三才図会』　正徳《しょうとく》二（一七一二）年ごろ出版された百科事典。

[2]『大坂繁花風土記全』　年中行事などが書かれた書。文化《ぶんか》十一（一八一四）年刊。

一三、毛馬胡瓜《けまきゅうり》

由来

毛馬胡瓜は摂津東成郡毛馬村（現・大阪市都島《みやこじま》区）が起源とされる半白系の黒イボのキュウリである。毛馬胡瓜の名は文久《ぶんきゅう》三（一八六三）年の『大坂産物名物大略』にその記載を見つけることができる。毛馬町の地名が、このキュウリの前に付けられていることから、本品種はこの地区に起源または発祥したものと推定される。また毛馬は俳人与謝蕪村の生誕の地としても知られ、有名な「春風馬堤曲《しゅんぷうばていのきょく》」[1]には昔の毛馬村の様子が描かれている。

さて千三百年前の地図上では、この辺りは淀、大和、河内の諸川が合流する所に点在した砂州であって、そ

毛馬《けま》には細く長いものと太く短いものの二種類が確認されている。長いものは六十センチ近くにまで成長する。収穫は五月下旬～七月上旬ごろまで。

のひとつに毛志島《けしじま》があった。その後に陸地化し、平安時代以降に民家が現れはじめ、村を設け、時期は不明であるが毛馬村と名付けられたものであろうとされている。

河川の氾濫で何度も洪水に見舞われていた当地区は、寛永《かんえい》三（一六二六）年に治水工事が行われ、新田となり田園として開拓され、毛馬村を含む淀川筋のこれら地域は、河川の運ぶ土砂が堆積した砂質土壌となり、野菜の生産に適した立地条件を形成していった。

大阪のキュウリといえば毛馬胡瓜であったが昭和一〇年代（一九三五～四四年）には原種栽培はほとんどなくなり、いつしか姿を消してしまった。しかし、国の試験研究機関に分譲していた同種子が、平成十（一九九八）年に里帰りし、六十五年ぶりに復活した。

栽培

果長がおよそ四十センチ。太さ約三センチの黒イボのキュウリ。戦後は高井田周辺で栽培が盛んであったようで五十センチのものも普通であったといわれている。成《な》り口[2]に近い果梗《かきょう》部は淡緑色だが、果頂部よりの三分の二は淡緑白色となり収穫過期には多少黄色気味となる。

ただし第二次世界大戦後は原種である大仙毛馬ではなく、原種を花粉親とした一代雑種の大仙節成《だいせんふしなり》二号×大仙毛馬一号（二号毛馬）や大仙節成四号×大仙毛馬一号（四号毛馬）が育成され、大仙毛馬にとって代わった。

果肉は柔らかで独特の風味があり、果皮はかたく、パリッとした歯切れのよさが大きな特長。果頂部に幾分苦みがあるのも毛馬胡瓜ならではの特長で、この苦み成分が夏時期にカラダを冷やしてくれる効果があると認められている。

生食用としても利用されるが、奈良漬にも多く用いられたことから、長身ながら真っ直ぐな形が求められた。そこで花をつける部分に石の重しを付けるなど、農家はそれぞれに工夫を重ねて形質を維持してきた。

食文化

毛馬胡瓜が持つ味わいの最大の特長は、清々しい食感と果肉のほのかな甘味。成り口《なぐち》により近い濃緑部には独特な苦味があるが、これが昔ながらの胡瓜らしさ。また夏に身体を冷やしてくれる大切な成分でもある。

昭和のはじめごろまでは、大阪の胡瓜といえば毛馬胡瓜をさしていた。そのころから大阪の夏の様々な惣菜料理に取り入れられてきた。なかでも大阪惣菜の傑作とされるのが「鱧皮と毛馬胡瓜のざくざく料理」。夏にかまぼこ店に並ぶ鱧皮と、毛馬胡瓜を合わせ三杯酢で和えたものだが、口のなかで、ざくざく鳴る食感と爽やかな酢の味わいは格別なもの。こうした料理も毛馬胡瓜があってこその料理だといえる。

毛馬胡瓜は大阪の夏の食材との相性もよく、タコはもちろん鱧やトビアラ（エビ）にもマッチする他、鶏のささみとも相性がいいとされている。昔よくされたように古漬《ふるづけ》にしても真価を発揮する。なかでも粕漬にした毛馬胡瓜は大阪の名物ともなっていた。

［1］春風馬堤曲　与謝蕪村の俳詩。安永《あんえい》六（一七七七）年刊の『夜半楽《やはんらく》』所収。
［2］成り口　実が茎などについていた部分（切り口）を指す。

一四、玉造黒門越瓜《たまつくりくろもんしろうり》

由来

玉造黒門越（白）瓜は、江戸時代に大坂城の玉造門

江戸時代に旧大坂城の三の丸玉造口にあった黒門は、その後一心寺（現・天王寺区逢阪）に移築された。図からも武家屋敷風の大門であったことがわかる。長く大阪の名物門でになっていたが、大阪大空襲により焼失してしまった。図手前、二人の男が天秤棒のようなもので運んでいるのは天王寺蕪だろうか。

玉造《たまつくり》黒門越瓜《くろもんしろうり》は服部越瓜《はっとりしろうり》に比べ肉厚なのが特徴。
収穫は七月中旬～八月上旬。

が黒塗りであったことから黒門と呼ばれ、その付近で栽培され商《あき》内《ない》されていたことから名産となっていった。玉造の黒門があった場所は、現在の大阪市中央区玉造一丁目にあたる。

この瓜であるが、天保《てんぽう》七（一八三六）年に刊行された『名物名産略記』に、大坂の名産として名を連ねていて、当時は相当に有名な瓜であったことがうかがえる。豊臣・徳川時代の玉造は、大坂城天守閣からみて城南にあたり、そこには前田利家や細川忠興らなどの多くの武家屋敷があった。こうした武家と玉造黒門越瓜を結びつけたのが玉造平野口町の有力町人であった高津屋吉右衛門だとされている。吉右衛門は代々玉造に住み、天正《てんしょう》十（一五八二）年には秀吉から市場の許可を与えられていて、多くの肝煎地（武家屋敷を一部畑化した土地）を所有し、玉造の地で越瓜市場も開いていたようである。

玉造で越瓜の栽培が拡大した原因のひとつに、この地に奈良と難波を結ぶ古道「暗峠《くらがりとうげ》越奈良街道」が通っていたことがあげられる。おそらくこの街道を利用して、大量の越瓜が奈良漬用として奈良へ運ばれていたと考えていいだろう。

また最近になって、玉造小学校から酒造用竈《かまど》が発見されている。このことから玉造の地でも粕漬が生産されていたことが判明。おそらくは、伊勢へと旅立つ人を見送る場所として賑わった「二軒茶屋」でも、土産として玉造黒門越瓜の粕漬が売られていたことだろう。

栽培

玉造黒門越瓜は、果実の長さはおよそ三十センチ超と大きく、太さが約十センチの長円筒型。色は濃緑色で、八～九条の白色の縦縞が鮮明に出ている。果肉は厚く締まりがよいことから粕漬にすると大変美味しいということで名産になったようだ。

玉造黒門越瓜には太種と、これより昭和初期に早出しできるようにと、太種から分系された細種の二系統がある。果長は太種とあまり差はないが、果径が六～七センチと細く、首のところがやや細くなっている。形がコンパクトであることから、細種は主に煮炊物用などの瓜として、料理に用いられてきたと思われる。

さらに太種より改良された早生千成は果長二十五センチ、果径が約七センチで首がやや細っていて、太種よりも小型だが多収量が見込めることもあって、東住吉区・松原市・堺市などで、早熟栽培用の瓜として利用されていたようである。

食文化

大阪が生んだ狂歌師である鯛屋貞柳（享保《きょうほう》十九〈一七三四〉年没）が、次の一首をとどめている。「黒門といえども色はあおによし奈良漬にして味をしろうり」。

粕漬にした玉造黒門越瓜がいかに美味であったかを詠ったものである。このように名産と賞賛された越瓜だが、当時の食べ方は粕漬、醤油漬、乾《ほ》し瓜などが主流であったようだ。

ちなみに古い料理関連の資料によると、乾し瓜とは、「新瓜を縦八つに切りさき、なかご取り去り塩をまぶし、暑熱の石の上に晒し乾かす。六、七日してよく乾いたものを磁器に収納する。用いるときは塩すなを洗い去り切片を酒に浸して食す」とある。冷蔵庫もない昔の夏の暑い時期ではいかに早く加工するかが越瓜の調理法の基本であったことがうかがえるが、現在では意外と生食用の食材として利用されはじめている。

一五、芽紫蘇《めじそ》

由来

『本草和名』には「蘇《そ》」とあり、平安時代初期には大陸から渡来しており種子は薬用としていた。また、室町時代（一三三六～一五七三年）には、葉を食用にしたことが『親民鑑月』に記述されている。しそには芽じそ、穂じそ、葉じそ、抜き穂とその利用する部位により、それぞれの呼び名がある。『農業全書』にはしそを野菜としてとらえ、その栽培法、品種、採種法、乾燥貯蔵法などが、また、『本朝食鑑』には魚肉の生臭み消しの効用が記述されている。

さて、大阪では芽物のことを「源八もの」という。どういうことかといえば、北区源八辺り（現・北区の天満駅付近）は、促成栽培が盛んであったことから、木の芽・はじかみ・しょうが・つまものとしての紅たで・芽じそ（青芽、赤芽）・大葉・穂じそ・カイワレダイコンなどが生産出荷されていて、市場ではいつしかこう

芽紫蘇《めじそ》

したものを「源八もの」と呼ぶようになった。

古老の言い伝えによれば、明治の初期に北区源八の先進農家が「むしろ」をかぶせて野菜を作りはじめたのが「源八《げんぱち》もの」の起こりのようで、明治十七（一八八四）年ごろの記録では、十ヘクタール余りの栽培で専業型の生産形態であったようである。

当時は淀川には橋がなく、「源八渡し」が人や物流の重要な交通手段であった。源八付近を起源とするこれら促成作物は、明治四十（一九〇七）年ごろまでは特産として栄えたが、明治四十二（一九〇九）年、北区の大火事のあと急激に市街化し、鴫野《しぎの》地区や新淀川の対岸の東淀川区に「源八もの」の産地が移っていったといわれている。

源八渡しの風景（大正時代〈一九一二～二六年〉ごろ）

栽培

大阪の中部地域において、明治維新以後の農業の動きは、稲作よりは換金作物としての綿作と鶏卵鶏肉需要の増大から養鶏が盛んとなった。明治二十二（一八八九）年ごろには府下の養鶏数は十九万羽に達しその中心は大阪東郊と中河内方面に集中していた。
綿作も、一時は中河内郡で千五百ヘクタール（八十三％）もあり、重要な作目であったが、明治二〇年代後半からの外国綿の輸入急増と明治二十九（一八九六）年の輸入関税の撤廃により、綿作が衰退していった。そして、養鶏については、新興産地の勃興と技術的な停滞、都市化の膨張に伴う飼育環境の問題などから、農家は野菜作を導入するように変わっていった。

綿作に適していた旧大和川河床の畑作地帯は大阪市、布施市（現・東大阪市）、八尾市の都市化の膨張に伴い、有力な消費地と変化しそこで生まれたのが、高度輪栽野菜の栽培であった。天満の青物市場からの距離に応じて、一里未満の新喜多、嶋田町では芽物・苗物が、また二里未満の天王寺田（現・天王寺区）、布施市（現・東大阪市）森河内・稲田地区・七軒屋・荒本・吉本では葉物、小物[1]と、市場では消費地との距離に応じた鮮度が高く求められた。

また、淀川と旧大和川の沖積《ちゅうせき》砂《さ》質《しっ》地《ち》が、野菜の栽培に適していることから、発展していったのである。

食文化

芽物を主に必要としてきたのは料理屋。そんな料理文化の発信地であったのが大阪である。年中求められる芽物。これに応えるべく一戸あたり十アールにも満たない農地に年間に五〜六毛作と高度に集約された野菜生産を形成していった市内芽物農家。

夏作ではカイワレダイコンなどの種子が、三十石（約五千四百リットル）もまかれるほど芽物の生産地帯を形成し、一時は、全国の必要芽物の大部分を占めるほどとなり、それを小さな農地で生産していることから、栽培視察が全国からやってくるほどのときもあったそうである。

一方、淀川下流域においても同様の生産形態が生まれた。東淀川区の崇禅寺・南方《みなみかた》・宮原地区で軟弱野菜[2]の栽培が生まれ、大阪しろ菜、ホウレンソウ、三つ葉、一部の芽物あるいはトウガン、シロウリの花丸《はなまる》[3]や洋菜のレタス、パセリが出荷され有名であった。また、ミツバでは堺の石津《いしづ》湊《みなと》の砂栽培が有名。

都市化の進展により、大正末期以降には鴫野地区の産地がなくなり国次町（現・東淀川区淡路地区）方面に移動し、また放出町《はなてん》（現・放出地区）の産地も、昭和の戦後復興以降に産地がなくなり、八尾市、枚方市、寝屋川市へと分散移動していった。

昔は大阪近郊で生産される芽物は、全国の消費量をまかなうほどであったが、生産農家が次第に少なくなった。大阪市には、現在でも芽物を栽培している農家が北区樋之口町（大川の源八橋北西）にあり、厳然として源八ものとして「青ジソ」を出荷している。

［1］葉物、小物　紫蘇のような野菜を葉物といい、カイワレダイコンなどは小物野菜という。ちなみに、かぼちゃや大根などは重量野菜といわれる。
［2］軟弱野菜　菊菜や小松菜など日持ちのしない野菜。
［3］花丸　花についた実をいう。

一六、守口大根《もりぐちだいこん》

由来

細長い守口大根のルーツは摂津天満宮前《みやまえ》大根（細大根ともいう）とされる。明治時代（一八六八～一九一二年）に同系の「美濃大根」が天満青物市場へと送られたが、漬物にするため守口（大阪府守口市）へと転送されたのがはじまり。守口漬に用いられる大根ということで、守口大根と総称するようになったと考えられる。

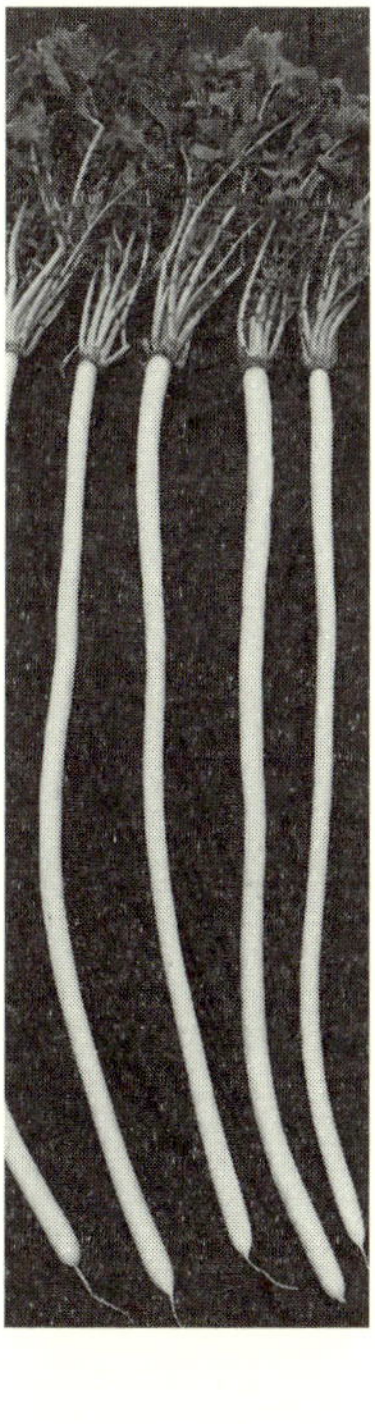

高い畝を造り、その頂点に種をまき、収穫時には畝を崩して手前に引き取るようにして採る。晩生種で収穫時期は十二月下旬～一月下旬。

特徴は細長い根身、直径が約一・五センチ大で、長さは七十〜八十センチ、その後改良され一メートル以上になった。明治ごろまでは守口でも栽培されていた。

大阪では細大根と呼ばれていた守口大根だが、これが岐阜の牛蒡農家が栽培をはじめたのをきっかけにより細長くなり、現在は愛知県扶桑町及び岐阜市島地区などで、粕漬用として栽培されている。

栽培

細長い守口大根を栽培するには肥沃な砂状土が必要とされる。また高く積み上げられた畝の先端に種を植え付け、収穫時には山を掘り崩し引き抜くようにして収穫しなければならない。

栽培環境が限定され非常に手間がかかることから、大阪府下で守口大根を生産する農家は極めて少ない。現在は守口市で数軒と門真市などでわずかに試験的に栽培されているのが現状である。

食文化

細長い守口大根といえば粕漬が一般的だが、大阪では乾物としても利用されてきた。一般的な大根は切り干し状態でなければ乾物にはできないが、守口大根はそのまま巻き込んだ状態で乾物にされ、売られていたようである。

とても食感がよい大根であることから、大阪では粕漬以外にも様々な漬物の材料として使われてきたようだ。

一七、碓井《うすい》エンドウ

由来

大阪に米国から剥身《むき》のエンドウ（ブラック・アイド・マロウファット種）が持ち込まれたのが明治中期だとされている。

エンドウ栽培は府下全域に広がり約四百ヘクタールの栽培面積となったそうである。海外からの様々なエンドウ品種が各所で試作されたに違いない。なかでも河内国古市郡碓井村（現・羽曳野《はびきの》市碓井）で試作されたものに、碓井エンドウの名が付けられたのは、他のエンドウより優れた味わいと品質があったからだろう。

碓井エンドウには二系統が確認されている。ひとつは豆の目の部分が黒い「クロメ」、そしてもうひとつが目の部分が白い「シロメ」（白龍《ほくりゅう》）。そもそもブラック・アイド・マロウファット種とは、黒色の目を持つ青エンドウという意味と考えられるので、クロメがもともとの碓井エンドウだと思われるが、長年の交雑によりシロメのなかにもクロメに変わるものが現れている。

収穫は四月上旬ごろ。豆の入数は少ないが、皮の柔らかさと甘みに特長がある。

碓井エンドウの莢《さや》は決して長大ではなく、豆数も少ない。四～六粒程度しか入っていないが、一粒が大きいのが特長であり、皮が柔らかくしかも甘い。現在多く流通している、和歌山産の紀州碓井との違いはここにある。

栽培

碓井エンドウは大阪府羽曳野市の碓井地区の風土に適したエンドウ。収穫時期を迎えた碓井エンドウの莢《さや》は、緑色から茶色がかった白色へと変色し、それを教えてくれる。見栄えは悪いがなかの豆の色合いは素晴らしい。

晩秋に種を蒔き、五月に収穫。残されたエンドウの木は燃やされ灰となり田んぼの肥料となる。現在も碓井地区や近隣の誉田地区などで栽培が続けられている。

食文化

エンドウといえば莢エンドウに実《み》エンドウなど様々なものがある。そのなかの実エンドウの元となったとされるのが碓井エンドウである。現在では実エンドウは全国で栽培されているが、碓井エンドウの「うすい」の名はブランドとして残っており、その名を付けた実エンドウは今でも各地で見ることができる。

甘味類がまだ少なかった戦後、大阪では甘さの強い碓井エンドウを子どもがおやつ代わりに食べたり、出《だ》汁《し》で含め煮にするなどして食べられてきた。なかでも碓井エンドウを使った春の豆御飯は、大阪の家庭でもよく作られている料理のひとつである。

一八、河内《かわち》蓮根《れんこん》

由来

門真市近辺は低地であったため水害にあいやすく稲作には適さなかった。そこで農家は、自生していた地《じ》蓮《ばす》（野生蓮）を水田に植え、栽培をはじめたのが河内蓮根のはじまりとされている。

江戸時代（一六〇三～一八六七年）には河内蓮根を奈良へと運び販路を拡大。しかし、夜中にいくつもの峠を越さなければならない道中で、門真の農家は頻繁に盗賊に襲われた。そこで門真の蓮根農家が集まり、春日大社に石灯籠を奉納。これにより御用提灯を授かることができ、以後は盗賊の難を逃れることができたと史実は伝えている。

栽培

明治時代（一八六八～一九一二年）に入り、天満青物市場には加賀蓮根や岡山の備中蓮根などが入荷しはじめた。こうした蓮根に比べると河内地蓮《じばす》の商品価値は決して高いものとはいえなかった。そこで市場の助言を受けて、これら蓮根の名産地より蓮根を導入し栽培を開始。今も河内蓮根のなかに肌が微妙に白い加賀系と、ピンクの備中系のものがあるのは、そうした理由によるものである。

また河内蓮根は掘りあげるのに労力とコツを要した。そこで「池師《いけし》」なる職業ができ、寒中に池のなかに入り足先で探りながら次々と蓮根を掘り取った。これら池師は和歌山や奈良などにも求めに応じて出稼ぎをしていた。数多くいた池師だが、昭和後半には姿を消してしまった。

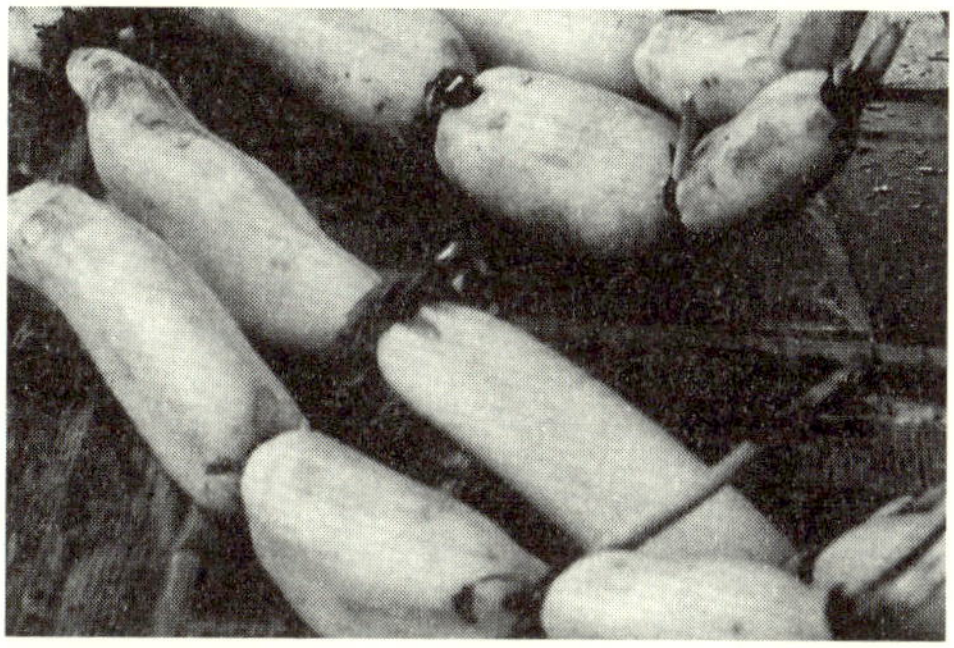

モチモチした食感が特長の河内蓮根。収穫は十月ごろ〜三月ごろまで。

食文化

掘りあげたばかりの新鮮な蓮根の切り口からは乳と呼ばれる白い液体がほとばしり出る。河内蓮根の特長は柔らかくもちもちとした食感にある。こうした河内蓮根の特長を生かした郷土料理のひとつに「蓮根《はすね》餅《もち》」がある。蓮根の穴に餅米を詰めて蒸しあげて輪切りにし、きな粉や餡をつけて食べる。いわばお菓子感覚の野菜饅頭といったもの。

この他に、胡麻と合わせた蓮根の白和えなども郷土料理として今も親しまれている。大阪には昭和の中ごろまで蓮料理専門店もあった。なかでも「冨竹《とみたけ》」（福島区）は有名で、蓮づくしの料理屋や蓮の実を使った炊き込みご飯は人気が高かった。

一九、河内《かわち》一寸《いっすん》蚕豆《そらまめ》

由来

空豆には様々な品種が存在している。大きな空豆品種も数ある。そのなかにあって特に大阪の河内一寸蚕豆が全国に名を馳せたには理由がある。

たとえば、昭和三十一（一九五六）年に、第三回日本種苗研究会が大阪で開催されるにあたり、大阪のサガラ採種場、藤田種子（株）、桝野種苗（株）が編集し、大阪の特産品を紹介した冊子が残っており、そのなかには以下の様な記載がある。河内一寸蚕豆は「大阪の南河内で古く土着した大型晩生蚕豆の代表的品種で全国の大生産地へは種子の供給は全て大阪から為される」。

豆の数よりも一粒の大きさと質にこだわった河内一寸豆《かわちいっすんまめ》。収穫は四月下旬～五月上旬。

この河内一寸によく似た空豆が存在するが、河内一寸蚕豆が他の空豆と一番大きく違うところは、他の空豆も連作すると多少は退化現象を表すが、河内一寸は他の土地で種とりした種子を使うと、Ｆ１[1]（交配種）と同じような現象を表し、大阪以外の土地で栽培すると二年目以降は甚だしい退化を表し、粒径が小さくなることである。河内一寸の形はそれ程変わらないが、稜西《りょうさい》一寸（一寸蚕豆の一種）は細長くなる。

また関東地方では、稲の裏作として河内一寸は栽培されていたため毎年種子が必要とされた。しかし、種子の自家採穫ができなかったことから長年にわたり関西から大量に供給されていた。

江戸時代（一六〇三～一八六七年）、大阪における空豆の生産量は産地としては上位に記録されている。

明治時代（一八六八～一九一二年）には野菜のなかで三番目の数量とある。当時大阪だけで六万トンが生産されており、日本の大量栽培品種は河内一寸で占められ市場性を持った品種として宮城、埼玉、千葉、神奈川で生産される河内一寸豆の種子を大阪から供給していた。

江戸後期から河内地方のなかでも中河内（八尾市）南

河内（松原市、羽曳野市、富田林市）のほとんどの地域に栽培記録がある。その他堺市、和泉方面でも大量に栽培されていた。

明治以降に八尾方面で栽培されていた空豆は業者間では芭蕉（紫花《むらさきばな》）とよばれ、松原地方の茶目（赤花《あかばな》）と呼ばれる一寸、羽曳野、富田林方面では茶目と黒目（白花）の両方が混ざっていた。これらすべてを集荷して河内一寸として出荷されていた。当初、河内一寸には色々の系統が混ざりあっており、総合して河内一寸と呼ばれていたようである。

栽培

明治二十一（一八八八）年の『農事調査』によれば、空豆は大阪で一万六千石（二百八十万リットル）の生産があり、約千四百ヘクタールの面積があったと推定される。府下全域で栽培が行われていたが、なかでも日《ひ》根《ね》郡、南郡および志紀郡での生産が多く、第二次世界大戦までは大阪府、兵庫県が本場であった。

南河内郡喜志村大深の尻谷喜三郎氏によると、明治時代（一八六八～一九一二年）、この地方は米と麦のみの収益で、他に副収入もなく生計は豊かでなかった。大阪の一寸蚕豆の当時の品種は赤花と白花が混じっていたが、白花を選抜し栽培したところ、種子は偏平、しりが薄く、縦皺が少なく、艶が増し、より大きな系統を育成することにつながった。さらに、喜志村の内本辰次郎氏は選抜を繰り返し、ふるいや手選抜により厳選した種子を販売することとなり、全国的な種場としての名声を博することとなった。

明治末、大阪での野菜の生産量では、空豆の栽培は里芋に次いで多く、野菜では第三位で四万ヘクタールに達していた。大正の中ごろには、府全体で約二千八百ヘクタールともっとも栽培が盛んであったが、その後減少していった。

昭和初期、南河内では七百ヘクタール、中河内では三百五十ヘクタールの面積があり、その販売種子量は約十八万リットルであった。

大阪府立農業試験場（当時）の伊藤庄次郎は昭和十二（一九三七）年に喜志村の在来「河内一寸」から、大きさ二・四センチ以上が九十九％獲《と》れる種を育成、また、昭和十五（一九四〇）年には「改良一寸」を育成した。さらに、その後白花で、種子が大粒の「大阪一寸」が育成され、全国にその種子は販売されていった。

　河内一寸のうち、へその黒味の薄いものを「茶豆一寸」、また、松原市付近で以前から栽培されていた在来系統はやや中粒であるが、やや長さやで、その形状と着果状況がバナナに似ていたことから「ばしょう成り」[2]と呼称されている。

食文化

　大阪で好まれた大粒の空豆。ではどうして豆を大きくしなければならなかったのか。その理由は大きく分けて二つ考えられる。ひとつは全国の雑穀流通を掌握していた大阪に、豆は大きいほど高価であるという考え方が定着していたこと。

　もうひとつは大阪が考える箸文化。西洋のようにスプーンで豆を食べるのなら大きさなんて気にならない。けれどもお箸で豆をつまんで食する際には、一つひとつの大きさが重要になってくる。ひとつの豆にも味と豪華さを求める。それが大阪だったのだろう。

　大阪では雑穀問屋が農家などの生産者に直接栽培を依頼し、作り方、種の保存や採獲まで指導して流通させていた。これは、乾燥させた豆類などの雑穀には「市場」というものがなかったからである。ちなみに丹波《たんば》大納言《だいなごん》など一部のブランドとなっている雑穀を除いては、豆類は高価なものとはいえなかった。そこで空豆の原種を守るために何かとコストがかかる国内で採種していては商売としては成立しない。このようなことから交雑しにくく育種に適した海外の地で行われるようになった。

　一寸という大きな豆は、浪速の旬の野菜として食され、また結婚、お祝いごと、福を呼ぶ豆として親しまれてきた。そして何より大阪では、乾燥豆を使った各家庭で味付けされる煮豆の文化があった。しかし、時代とともに家庭で煮豆を作る習慣もなくなりつつある。

そのため、河内に古くから伝えられてきた独特な味わいのある美味しい空豆であるにもかかわらず、栽培が難しいという理由で生産者も次第に少なくなり、忘れ去られようとしているのである。

[1] F1（エフワン）品種　Fとは子供といったことを意味するもので、一代交配の種などと呼ばれている、品種改良された「種」のこと。無菌状態の場所でバイオテクノロジーを駆使し作られた交配種。この種の特徴としては、その種（一代目）は親の優秀な部分のみ受け継ぎ求める品質の野菜が収穫できるが、その野菜からさらに自分で採った種（二代目）となると同じ品質の野菜とはならない、もしくは種が採れない。つまりF1品種とは一代限りの種のことである。
[2] ばしょう成り　昔、大阪ではバナナのことを「ばしょう」と呼んでいたため、こう名づけられた。

二〇、木積《こつみ》　筍《たけのこ》

木積は貝塚市東部、和歌山県境にほど近い奥水間にある。地名からもわかるように水に恵まれたこの地の赤土は筍を育てるのに最適な粘質と養分を持っている。昭和のはじめごろまでは朝掘りされた筍が黒門などの市場に出荷され、主に料亭用として珍重されてきた。

何故に当時の大阪人は木積産をもって一級品としたのかは、木積ならではの竹林管理に知ることができる。「筍は採るのではなく作られるもの」といわれるほどに竹林管理は難しい。

木積では早くから独自の親竹管理法等を徹底させることで、市場の期待に応えられる白子の筍[1]を産してきたのだ。しかし、敷藁《しきわら》・敷草など作業が重労働なことから後継者が激減。当時貝塚市内に百軒近くあった筍農家も、二十軒ほどになってしまっている。

[1] 白子の筍　黒子と白子があるが、一般に食されるのは黒子。白子は筍のなかでも高級品で美味。皮は緑色をしており、筍の刺身などに使われる。

二一、板持《いたもち》海老芋《えびいも》

海老芋といえば京野菜のように考えられるが、大阪の富田林《とんだばやし》市板持《いたもち》地区の特産品であり、浪速伝統野菜のひとつに入れるべき野菜である。

板持地区は大阪府南部にあって、和歌山との県境から流れる石川に沿って広がっている。特に大和川と合流する付近は肥沃で、古代の集落跡が発見されている。様々な芋が九州を経て大阪湾から川を遡り、この地に運ばれたことは想像に難くない。

京都産のものより一回り大きな板持海老芋《いたもちえびいも》。
収穫は十一月～十二月。

海老芋のルーツは定かでないが、江戸時代初期に平野権太夫が仕える青蓮院宮《しょうれんいんのみや》の九州土産（唐芋）を栽培してできたといわれている。

しかし、海老のような曲がりは農家の土入れの技によって作られるもの。ただ育てるだけではできないことから、明治初期に板持地区で技術が培われ、収穫された海老芋が京へ送られることになったのだろう。種芋の定植から収穫まで半年以上。保水力と養分に富んだ土、頻繁の土寄せの努力が、京都にはない大きな海老芋を作りあげたのである。

二二、八尾葉牛蒡《やおはごぼう》

大阪では八尾の葉牛蒡、矢牛蒡、若牛蒡などの名で親しまれてきた春野菜。この牛蒡のルーツは福井県の越前白茎《しろくき》牛蒡と考えられている。越前の牛蒡には、白茎と赤茎の二種類があり、おそらくそのうちの白茎が明治時代（一八六八～一九一二年）に大阪に持ち込まれたのではないかとされている。

八尾市周辺は江戸時代から明治時代にかけ綿作が盛んな地域であった。これは大和川の付替え後の川床を新田としたことから、何か砂地に適した作物がないかと探し選ばれたことによっている。

同様の理由から、葉牛蒡があったものと考えていいだろう。本来、葉牛蒡とも呼ばれるこの野菜は、霜にあたり地上部が枯れ、再度芽吹いた茎葉を根とともに三月ごろに収穫していた。しかし、ハウス栽培が主流となった現代では、茎葉は人の手で刈り取られ一月から出荷されている。

厳冬を乗り越えた八尾葉牛蒡には早春の生命力がある。柔らかな根茎、香りよい若葉。すべて無駄なく使い切る。大阪人の「始末の心」が生きている。

二三、石川《いしかわ》早生《わせ》芋《いも》

大阪ではお月見の時期に間に合う月見芋として栽培され続けてきた。里芋が出回るよりも一足早く収穫される極早生芋。しかも団子の代わりになるほどに球形であるうえ、肉質が細かく、里芋特有のぬめりが少ないのが特長。そんな石川早生の特徴は、葉柄《ようへい》の下部に現れる黒い部分。着物の黒襟のようにも見えることから、「襟かけ」とも呼ばれている。石川早生の本当の価値は掘り取り後の鮮度のなかにある。一般的な里芋では決して味わうことのできない風味と旨みは、この芋ならではのものだろう。

月見芋の別名がある石川早生芋。
収穫は九月～十月ごろ。

大阪における現在の主産地である泉州で栽培がはじまったのは大正時代（一九一二～二六年）。今では石川早生からさらに丸形を選別した「泉南中野早生《せんなんなかのわせ》」と合わせて二十ヘクタール以上もの栽培面積がある。

二四、大阪菊菜《おおさかきくな》

大阪は菊菜の大消費地。しかも全国最上位の生産地でもある。その理由は大きく二つある。ひとつは菊菜は鮮度の劣化が激しく傷みやすいことから、他産地からの市場への参入が難しいこと。そしてもうひとつには、何より大阪の人が菊菜を好んで食べてきたという大阪の食文化が関係している。一八世紀の百科事典である『和漢三才図会』に「春に花咲き菊に似る」と紹介されていることから春菊、関西ではその茎葉を食べることから菊菜と呼んでいる。

小葉から大葉まで種々あるが、大阪では株の部分が横に大きく成長する株張《かぶはり》のよい中葉種が中心。根付きのままで少しでも新鮮な菊菜を売るために、大阪菊菜として定着したのだろう。おそらく、菊菜を根付きのままで売るのは大阪だけではなかろうか。冬の鍋料理には好んで菊菜を入れる大阪。味はもちろん、葉から根まで品定めする客の目が、大阪菊菜の品質を高めてきたといえよう。

二五、泉州水茄子《せんしゅうみずなす》

全国ブランドとなった泉州水茄子。この茄子は貝塚市が発祥と考えられている。というのも同市の海側では水茄子の原種に近いとされる「澤《さわ》茄子」が、山側では「馬場茄子」が今も作られており、ともに水茄子の特徴を有している。

みずみずしくて甘味が強い。古くは「水果《すいか》」とも書かれたことから、おそらく夏の果実《くだもの》として位置づけられていたと思われる。室町時代の『庭訓往来』には「ミツナス」と記されているが、これは「水」とも「蜜」とも考えることができる。実際に馬場茄子の果肉には黒い蜜状のものが付着する。

収穫後の鮮度の劣化が激しいが、すぐに浅漬やぬか

水茄子の露地ものの収穫は七月～八月。

漬にすると最高の食味となる。泉南地方の郷土料理に「じゃこごうこ」がある。これは古漬《ふるづけ》した水茄子の塩分を抜き、泉南で獲れる小えび（じゃこ）とともに甘辛く煮たものである。

二六、泉州《せんしゅう》水蕗《みずぶき》

大阪の代表的な春野菜。促成栽培が盛んな大阪では、江戸時代（一六〇三～一八六七年）から山ブキ以外にも栽培されたフキが食べられており、市内をはじめ広く三島郡などで作られていた。貝塚市では大正時代（一九一二～二六年）にフキの栽培が開始されている。

当初は河内ブキであったが、昭和に入って愛知県を訪ねた貝塚の農家が、尾張《おわり》ブキ（愛知早生）を知り導入。これが泉佐野、熊取、岸和田など泉南の地に適合し、一大産地となった。

山菜のひとつである野生のフキのアクを残しながら、そこに柔らかさと繊細な香りを持たせた泉州水蕗。この野菜が高級蔬菜として扱われたのは、栽培の難しさだけでなく、みずみずしさを保つための農家の努力があったからに他ならない。

二七、難波葱《なんばねぎ》

大阪はかつて一大ネギ産地であった。難波葱の名があるのは、難波村が主たる栽培地であったからということではなく、ネギの品種が幾つかあったなかで、好まれたネギの名として付けられたものだろう。おそらくは渡来したネギは、最初に難波村周辺で栽培されたものと考えられる。明治三十六（一九〇三）年の「大阪府農業地理案内」（二九〇ページ）においても、「難波葱は市内の南区、木津、今宮、難波と西成郡今宮、津守の両村に跨り栽培せられ」と記されている。大阪でネギをナンバとも呼んでいるのは、こうしたところからだと思われる。数種類あったと思われるネギのなかで、京都に近い栽培地のネギがおそらく九条へと移ったのではないかと推測される。

九条葱《くじょうねぎ》の元となったとされる難波《なんば》葱《ねぎ》。難波葱には一本（太）葱を含め、数種あったと推測できる。

二八、銀寄栗《ぎんよせぐり》

名栗「銀寄」は能勢で開発された品種であり、単に大粒というだけでなく特有の味わいと甘味を兼ね備えている。一般に「能勢《のせ》ぐり」とは、大阪府北部の北摂地域で穫《と》れる栗を総称していう。そのなかで特に大粒の「銀寄」は、約六割を占めている。

その昔、この地で天明《てんめい》・寛政《かんせい》年間（一八世紀後半）に大飢饉がおこり、年貢に代わる作物がなにもなく、代わりに大きな実を付ける栗を納めたところ、多くの銀札（貨幣）を得る（寄せる）ことができたことに由来している。数百年を経た銀寄栗の樹が、昭和後期まであったそうである。

二九、羽曳野《はびきの》無花果《いちじく》

無花果は温暖な気候でなければ育たない。無花果の産地が愛知、大阪、岡山など名古屋以西に集中しているのはそのためである。しかし美味な無花果を栽培するには、単に温暖であるだけではだめで、砂質ながらも高い保水力を持った土壌が必要だとされている。

大阪府内で今も六十ヘクタールもの無花果栽培面積がある羽曳野市は、石川《いし》によって運ばれた土砂と金剛山系の豊富な地下水を有している。この地の無花果は特に味がよいことから、河内のデラウエアなどとともに、大阪名産果実のひとつとなっている。実際に他産地ものに比べ糖度も高い。

無花果は極めて傷つきやすい。それも完熟となればなおさら。まさに地産地消の最たる果実といえよう。完熟無花果を冷やして食べる。無花果は大阪の夏を代表する果実のひとつである。

三〇、八尾枝豆《やおえだまめ》

八尾市は最大の枝豆の産地として知られてきた。それは、恩地[1]とも呼ばれるほどに肥沃な土壌があったことが、大きく関係していると思われる。豆の粒が大きく、甘くてしまっている。他地域の枝豆にはそれぞれに味わいの特徴というべきクセのようなものがあるが、八尾枝豆にはそうしたものはあまりなく、誰が食べても美味しいと感じる魅力を持っている。

成熟前の若い大豆を茹でて食べる習慣は、かなり早くからはじまっていたようで、江戸時代(一六〇三〜一八六七年)には月見豆として大阪の町中を売り歩いていたようである。石川早生芋とともに、大阪の月見時期のご馳走のひとつであった。

[1] 恩地　何を植えても育つような恵まれた土地

三一、止々呂美柚子《とどろみゆず》

箕面市は大阪府北端に位置している。その箕面の北部にあるのが止々呂美地区だ。標高約五百メートル、谷間を流れる余野川。その山裾に百戸余りの集落があり、昔は村民ほとんどが林産物の栽培や林業で生計を立てていた。

箕面市史によると、止々呂美で柚子が栽培されるようになったのは、第二次世界大戦のころ。開墾の際に苗木からではなく種子から育てたため、収穫までに十五年の歳月を要した。しかし、これにより止々呂美ならではの高香な柚子ができたのだといえよう。

柚子は寒さに強く暑さに弱い。止々呂美の地は格好の栽培場所となった。良質な止々呂美柚子とその栽培技術は次第に京都の水尾、さらには四国などへと移っていったという。

明治時代の大阪の農作物

現在、大阪は菊菜などの軟弱野菜の生産において、全国で上位に位置づけられている。これは鮮度を優先するということから今も市場価値を持っていることに加え、鍋料理に菊菜を欠かせないとする、大阪ならではの食文化がその背景にある。

では時代を遡って明治時代(一八六八～一九一二年)、大阪の市場が必要としていたものはどのようなものだったのか、当時の大阪府下の大阪産《もん》の状況を見てみることにしたい。

明治三十六年、大阪府農業地理案内(現代語訳)

大阪府は畿内の西部にあって東は奈良県、北東は京都府、北は兵庫県、南は和歌山県に接しています。また西は大阪湾に、摂津のうち一市四郡及び河内、和泉の全部を合わせ大阪・堺の二市、西成、東成、三島、豊能、泉北、和泉南、南河内、中河内、北河内の九郡を管轄し地形は東西に狭く、南北に長くなっています。

大阪市を中心として道路が開け鉄道の便もよく河海の船と流通網が整っていることから、穀物、野菜、果実、香味料、苗木、花等の農産物が栽培されています。その主なものとしては、米、麦、菜種、綿、蜜柑、葡萄、桃、栗、甘藷《かんしょ》、蕪、玉葱、胡瓜、葱、葉たばこ、花など。また牛乳、鶏卵等の畜産物も少なくありません。

これより府下における農産物の主要産地などについて旅行感覚で紹介していきましょう。

大阪市ではまず搾乳《さくにゅう》業者として北には天満の大阪牧牛会社、西には西島の足立搾乳場、養鶏は天王寺付近に西国分の重枝養禽園《ようきんえん》があります。

天満付近の蔬菜の促成、天王寺付近の花栽培、有名なところでは木津の人参、難波ねぎは市内南区木津、今宮、難波と西成郡今宮、津守の両村にまたがって栽培され、この付近一帯がいわゆる大阪市への野菜供給地となっています。

さて、関西鉄道[1]天王寺駅もしくは南海鉄道難波駅より電車に乗り込み、南海鉄道駅の住吉《すみよし》駅付近で下車します。ここで住吉大社に詣でまして東へと歩いていきますと、東成郡長居村大字寺岡に到着します。ここでは古くから花の栽培が行われています。大阪市の生花仏花のほとんどがこの地から供給されています。

その南に目を向けますと、依羅《よさみ》及び住之江《すみのえ》の両村には灌漑用施設があり、大和川から水をあげて水田灌漑用として使っています。また北に目を向けると天王寺や田辺村があります。この辺り一帯は田辺大根や天王寺蕪の産地となっています。

元に戻りまして住吉駅付近では粉浜《こはま》村があります。ここでは昔から様々な野菜が作られてきました。この村で作られる唐辛子(蕃椒《ばんしょう》)は名産品にもなっているほどです。

次に電車に乗って大和川を渡り、大和川駅に到着します。この駅は堺市の北側にあって、その西方の海岸の砂地は泉北郡三宝村で促成の甘藷《かんしょ》の栽培で有名なところです。

それでは堺駅に参りましょう。博覧会付属水族館がこの駅からちょうど西南の大浜公園にあります。水族館を見学した後は、利休で知られる南宗禅寺、豊太閤手植えの祥雲寺の松、旧話に名高い妙国寺の蘇鉄《そてつ》などを見物します。

堺市の東に接している泉北郡向井村にある灌漑用施設と同村の苗床栽培は、大阪の農業を知るには欠かせないものですね。苗床の栽培はこの他に住吉付近にもありますが、この地での産出がもっとも多くて、堺のこの地のナスやキュウリの苗は、遠く中国地方や九州にまで輸送され、大変好評を得ています。

この向井村には堺市農会農事試験場があります。これより東に三キロほどのところ南河内郡北八下村大字野遠《のと》に野遠生産組合があり、ここでは外国産の純粋牛の繁殖を行っていて搾乳業者にそうした牛を供給しています。

また堺市より北八下村へ向かう途中には農耕の神様ともいえる仁徳天皇陵の御陵がありますので参拝しましょう。

さて再び堺駅より南海鉄道に乗って湊駅をすぎて浜寺駅に着くと白い砂浜に風光明媚な大鳥大社があります。これより南に向かえば泉北郡農業会事務所と農事試験場があり、南に八キロほどのところには泉北郡南池田村があり泉陽肥料共同購入組合があって柑橘類を栽培するための肥料の共同購入をしています。

そもそもこの村は泉州ミカン産地の北端にあたり、これより南同郡東横山、西横山、南横山、南松尾、山瀧の諸村及び泉南郡山直上、東葛城、西葛城、有真香、木島、上之郷、北信達、東信達の諸村にかけて泉州ミカンの一大産地です。

さてさらに南に行くと岸和田駅。この付近において、泉南郡岸和田村の桃やミカンなどの果樹は駅の南方のところで栽培され、線路を東に越えると泉南郡農会農事試験場、これより少し行けば八木、山直下《やまだしも》、南掃守の村々で輸出用のトウガラシの栽培が行われています。山直下には僧行基が造成したという久米田池があります。

貝塚駅を過ぎて佐野駅付近の南近義、北近義、北中通の村々では薑《しょうが》が栽培されていて、なかでも南近義の澤薑は有名です。佐野、田尻、麻生郷の村では玉葱の栽培が盛んで、そのなかでも田尻村がもっとも多いです。

樽井駅より東南の方向には東信達村金熊寺《きんゆうじ》があり、その谷間には梅が栽培されていてシーズンには訪れる人も多いようです。

これより南海電車で再び堺に引き返し、今度は堺東駅から高野線に乗り西村駅へ。駅の周辺の畑地では新田葉煙草が栽培されています。有名な狭山池は南河内郡狭山村にあり、灌漑用として築造されたものです。この周辺では桃、巴旦杏《すもも》が栽培されています。

狭山駅から少し行ったところに瀧谷駅があり、これを過ぎれば長野駅に到着します。天野、東條村などでは柑橘類の栽培が行われています。また四十八滝といった名所もあります。東南に目を向けると観心寺があり、ここには楠木正成公の首塚などがあります。

これよりさらに東南に行けば千早赤阪村に着きます。千早から富田林へ。富田林は南河内郡役所の所在地。河南鉄道で北に向かえば喜志駅、古市駅から東へ三キロのところには駒ヶ谷村があって、桃が栽培されています。

次の道明寺駅には土師《はじ》神社があって、ここには菅原道真が祀られています。道明寺村では桃、ミカンが栽培されています。また柏原から山腹そして麓へと葡萄が多く栽培されています。

大阪市に戻ってまいりますと、関西鉄道の城東線で玉造駅、桜宮駅では加茂行きに乗り換えますと放出駅を過ぎて北河内郡にさしかかります。この周辺の二島村では蓮根、門真村の越瓜畑に到着します。

さて枚方村から渡舟で淀川を渡れば三島郡。ここは米の本場で灘・伊丹地方の銘酒の酒米として名高いです。大冠村大字野田、芥川、如是、三島、春日、福井、豊川、清渓の各村には米改良組合、米共同販売組合が設けられ、作られた米はほとんどが酒米として使われています。

箕面より池田まで三キロ、箕面公園は豊能郡箕面村にあります。池田町、細河村では観賞植物苗、山林苗、果樹苗などの苗木が作られ、これらは池田苗木の名で全国的に有名です。

［1］関西鉄道　明治二十二（一八八九）年～四十（一九〇七）年に運行された鉄道。大阪、三重、奈良、和歌山辺りを走っていた。

大阪食文化資料雑記

浪華
もらつて嬉しく
喰べておいしい
御贈答の
最適品
永く風味の
本店
誇り
古い歴史をもつ
浪花漬

大阪の食客と法善寺横丁《ほうぜんじよこちょう》

（大阪料理研究家・上野修三氏『浮瀬』第3号より）

かつては色街通いに立ち寄る横丁であり芸能のスポットであった法善寺横丁。戦後、大阪らしい風情と物語を生んできた法善寺横丁の昭和の思い出を、元㐂《き》川店主の上野修三氏の案内で紹介する。

大阪のミナミ、宗右ヱ門町や島之内では旦那衆が、商談や付き合いで料亭・お茶屋あそび。南の道頓堀筋（櫓町）の五座には、得意先の接待や娯楽に個人客も交えての賑わい。法善寺横丁の東西は、通称「芝居裏」という細い通りで男性の遊興場、つまり色街であった。

千日前はその昔、この南側（今の高速道路下辺り）が江戸末期まで罪人の処刑場であった。法善寺は今もこの南どなりにある竹林寺、その筋向かい（現在二ツ井戸へ移転）にあった自安寺とともに、処刑人たちの弔

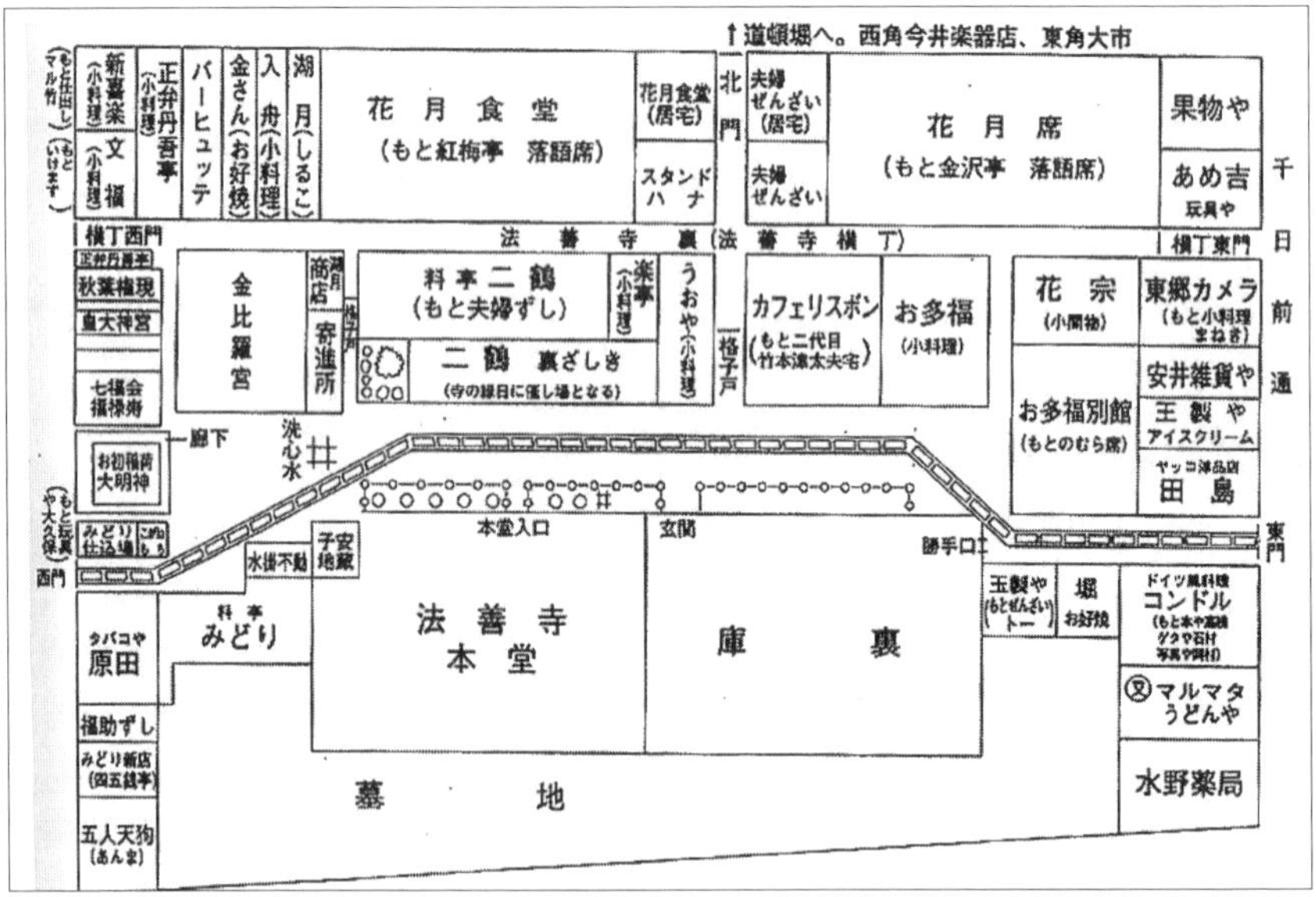

昭和十（一九三五）年ごろの法善寺境内（図版提供：「大阪春秋」）。

い寺であったようで、明治十五（一八八二）年に復刻したという『大阪名所獨案内』には、法善寺は「天竜山と号し、浄土宗の寺院なり、昼夜ともに参詣者多く、百度詣の絶ゆることなく、鈴の音の止むことなく……献上の御膳は山の如く蝋燭は萬燈に等し……茶店・飲食舗の数多く堂前に軒をつらね、軍談・講釋・笑語・軽口・女浄瑠璃・新内・祭文・射的場などありて賑わしく……」などとあるように、老若男女のいずれを問わず、飲食に遊楽はミナミにあった。

法善寺は、四六時中読経の声が絶えることはない。これを千日回向《せんにちえこう》という。「千日回向の寺」が「千日寺」、千日寺の前の通りを「千日前」と略し、これは「法善寺前」を意味している。

「さて、法善寺横丁は本堂側から見て、「法善寺裏」又は「極楽通り」ともいわれ、この通りで安くて旨《うま》いもんを食べて寄席に入り、小屋がはねると又一杯飲んで、西へ抜けても東を出てもそこは遊びの里、つまり遊郭でこの両里は表の道頓堀通りから見て芝居裏。

現在、浪速《なにわ》割烹の「㐂川」のあるところは、現・横丁へ東（千日前）から入った二軒目北側。戦前までは寄席の「花月」、つまり吉本であったが、戦後は「お多福」という宴会場で、さすがに花月席跡だけあって三味線、太鼓の賑々しい店。

続いて寄席の「紅梅亭」に「花月食堂」。「甘党の湖月」には初代桂春団治も通ったそうだが、今では「日本料理の湖月」として大変な人気店となっています。

〝行き暮れて　ここが思案の　善哉かな〟作之助、〝上燗屋　ヘイヘイヘイと　逆らわず〟当白の川柳の碑を建てて正弁丹吾亭は余りにも有名。昔はあの向かい側、今の海老家辺りにあった。おでん燗酒、その当時の名残なのか現在も甘いお味噌を被《つ》けたおでんがおますが、大阪のおでんの源流と思われますなあ。

二度目の火災で建てなおしてる、ここ数年の内にワインと串かつで名をあげた「Ｗａｓａｂｉ」と、かつ丼の店「喝鈍」さんの辺りに「料亭二鶴」がおました。このお店は料理の旨い人気店で有名人のお客さんも多かったと聞いてますし、その隣りにも「小料理・楽亭」その上、現在「軍鶏料理の美加佐」はん、「ふぐのほてい」、「土佐料理のにしむら」はんの辺りに、戦前は「小料理・お多福」と、現代よりも各々のお店は大きかったようですし、みんな繁盛してたそうでっせ。

お不動さんのお隣りの、今は「すし半」と「夫婦善哉」の場所には「小料理・みどり」があり、その北側の「浅草」はんの所がみどりの仕込み場になってたそうでっさかい、その人気と繁盛振りがわかりますな。「みどり」の折詰や幕之内弁当をさげて五座の芝居に行くのはちょっと鼻が高かったと聞いてまっせ。

大阪でも、山村・農村・漁村に都会の商人といろんな人たちがいてはって、それぞれの食生活をしてはる。各地の食文化は独特なもんがあっても、他所の味を試みることは少のうおます。地元で食べる品種をよそで買うて食べることまでしませんさかいね。

その点での盛り場では、各地からの食材も調理法も多種多様でっさかい、何の場合でも発達してたミナミが大好きやった。なかでも法善寺は、新興地のなかの食中心の境内を持って罪人を弔うお寺であったことなど、遠い昔に忘れられてますなあ。

織田作之助の世界では、高いもんは旨いんが当り前。安うて旨いのが大阪の食いもんやというてますけど、安いのんからあげると、半助豆腐。そう、蒲焼の頭と焼豆腐焚いたんですな。

鱧ざく、つい近年までかまぼこ屋に売ってた鱧の皮と毛馬胡瓜の酢ノ物、毛馬胡瓜はザクザクと歯切れが良ろしさかい、食べた時の語音が胡瓜を示して料理名にもなった。鮒やにしんのこん巻き、鮒は秋の稲苅りあとに溜池の水を抜いた時の副産物。おこぶも安い昆布巻には旨い。めえ(荒布)と大豆の焚いたん、おばけ(晒し鯨)と分葱のぬた。鯖の生ずしに鰯のからまぶしに酢焚き鱠。鱶《ふか》ちりに沖ものならボラの洗いも、芥子酢味噌で一寸いけまっせ。泉州へ行くと、今特に値ぶちを上げたガッチョの空揚、うしべた(ウシノシタ)の煮つけと数えてきりがおまへん。

大阪のお客さんはせっかちでいらちが多い。席に着くと同時にビール、酒が出て来ないと気に入られまへん。そこで突出しはあらかじめ作り置いて岡持ちに入れて座敷のテーブルを廻って好みのものを取らせるって寸法でんな。

今ではどこの店も突出しはおしきせですけど、戦前までは「こんなん注文してへん」とつき返すお人も多かったとか。お金を無駄に使うのん嫌ですねんなあ。板前はんも安うて旨いもん作ろうと努力する。こんな考えから生まれたんが鱧の骨切り法やとも聞いてますねん。

そやのに高価な鯛が大好物でっしゃろ。ご丁寧に「お鯛さん」と呼んでありがたがる。「折角お鯛さん食べるんやから良えのんにしときなはれや、お鯛さんは高いけど放るとこおまへんやろ、骨のずいまで美味おまんがな」。そやから、高価でも鯛は結果的にお安うつくってことだすな。あくせく働いて貯めたお金も、こと食べもんに対しては惜しまずに使うのも大阪人やろか？

何せ色々な人の思いを満たしてくれるのもミナミ、なかでも食のそれは法善寺、けど今では一寸だけ贅沢に……グレードアップしてる法善寺。これも時代の流れやろか？　でも、昔も今も変わらず食の発信地の法善寺であって欲しいもんですな」。

大阪・堺包丁と料理

南蛮貿易など海外との交易拠点として栄えた大坂・堺。「物のはじまり、みな堺」といわれるほどに、この地から生まれたものは多いとされる。なかでも大阪食文化と密接に繋がっていたものに包丁がある。

堺では日本最大の前方後円墳として知られる仁徳陵など、数多くの築造工事が行われてきた。そのために全国から鍛冶職人が集められたことが、堺包丁の濫《らん》觴《しょう》となっていると考えていいだろう。戦国時代には刀や鉄砲なども作られてきた。

「堺包丁」(『日本山海名産図会』より)。

一六〇〇年代の初頭の事情について、大正時代の文献にこのように記されている。

「堺の特産品包丁は、その切れ味に於いて他では真似られぬ優秀品として広く世に知られている。慶長《けいちょう》時代(一五九六〜一六一五)には刀鍛冶としてその名を謳われた名工『加賀四郎』が二代引き継いでこの地から出ている。ことに加賀四郎の鍛《きた》えた刀剣は、抜けば血を見ずには鞘におさまらぬとまで囃《はや》し立てられた銘刀であった」。

刀剣で名を成した、優れた堺鍛冶技術。また、堺刃物を全国的に有名にしたもうひとつのものに「タバコ包丁」がある。一六世紀ごろ、タバコが伝来し、全国に広まり栽培が行われたが、大きなタバコ葉を刻むための専用刃物だけは輸入に頼っていた。しかし、堺で作られたタバコ葉包丁が非常に優れていたことから、幕府はこれに「堺極《さかいきわめ》」という極印《きわめいん》を入れ専売品とした。これが全国で使われたことが堺包丁の名をブランド化することに一役買ったわけである。

　そしていよいよ堺包丁だが、明治九（一八七六）年に廃刀令が出されたことで、これまで培ってきた堺鍛冶技術が、和包丁の分野で生かされることになったわけである。

　堺包丁に対する料理人達の評判については、京繁《きょうしげ》[1]協友会名誉会長であった久保鉄男氏の自叙伝のなかに次のような話が書かれている。「堺の包丁は、やわらかい地金と硬い刃金をうまく接合してあるのが特徴で、折れず、曲がらず、よく切れるとその道の人には評判です」。これは包丁屋の番頭の言となっているが堺包丁をよくとらえているといえよう。

　また大正時代の資料によると、「魚肉を料理する（堺）包丁は一段優れ、わけても清助《せいすけ》という男の鍛冶職人が鍛えた包丁がもっともよかったが、この男は極めて醜い容貌の持ち主であって、無遠慮にグッと出た歯が人目をひくため、（彼を本名の）清助と呼ぶものはなく、『出歯さん、出歯さん』と呼ばれるようになり、ついには彼の鍛えた包丁（さらにはよく切れる堺包丁）を出刃（歯）包丁と呼ぶに至ったのである」と記されている。

　じつはこうした名前の由来には、「出刃包丁」だけでなく「御方《おかた》包丁」にもあったとされ、これは堺の包丁鍛冶の名人であった者が、包丁を鍛える際に、常に相《あい》槌《づち》を女房に鍛《う》たせたことから付けられた名だといわれている。

［1］京繁　料亭や料理屋などへ料理人を斡旋する組織。正式名は「日本料理師紹介所京繁社」（初代：清水長五郎）だが、通称は「部屋」とも呼ばれていた。料理人に対し職場の紹介だけでなく、親睦、相談事、料理研究、会報発行など様々な支援を通じて大阪のみならず、日本料理界全体の発展に多大な貢献を行った。

大阪名物総覧

大阪の菓子

「今の大阪には名物がない」といわれる。ではこれまでの大阪はどうであったのか。大阪の名物について、大正時代（一九一二〜二四年）に発刊された『名物及特産』を総覧することにしよう。

「昔から、『大阪の食い倒れ』といわれるが、これはまったくその通りだと思われるし、食べることには贅《ぜい》の限りを尽くしてきたのが大阪だろう。また味覚に関しても何処よりも進んでいると思われる（大阪に三代暮らした人は、舌の味を感じる味蕾《みらい》数が他地域に暮らす人よりも多いとする調査もあるようだ）。

しかしながら、それでいて大阪それ自身が持っている名物といわれるものは極めて少ない。大阪湾があっても『チヌ鯛』位が幅を利かし、河内平野があっても河内米は他産地を凌ぐほどのブランド米ではない。とするなら、大阪の何をもって名物と誇るべきなのだろう。

大阪の名物は他所の原料を持ってきて、それらを巧みに加工する技巧そのものであると思われる。この点に関していえば、日本三都（東京・京都・大阪）のなかでも大阪のみ突出しているといえるだろう。

日本でもっとも古いお菓子といわれている『おこし』。本来は、穀類を蒸して乾燥させたものだが、これをヒントに、全国から米や砂糖などが集まる大阪では、米などを干した後に水飴などとともに、型に入れ乾燥させた干《ひ》菓子が生まれた。『身をおこす、家をおこす』など縁起のよい菓子として名物となったのが、『岩おこし』『粟おこし』、津《つ》の清《せい》、大黒《だいこく》の製品で全国的に有名。

また、昆布を菓子のように食べるものを『浪花昆布』と名付けて売っているけれど、これらの原料は北国から運ばれてきたものだ。

大阪船場の『鶴屋八幡』といえば、通は茶人から無粋は役人に至るまで誰もが認めるもの。昔は虎屋が名高い饅頭屋であったが、すでに絶えている。虎屋は元《げん》禄《ろく》時代に、虎屋伊織が開業した店。おそらくは京都の老舗である虎屋に習ってはじめたものと思われる。実際にこの時代に虎屋という屋号を持つ店が各地に誕生している。大阪の虎屋は生菓子であるにもかかわらず、カビにくく、その品質の高さで名を馳せた。大阪・虎屋のブランドの高さを示すものとして『東海道中膝栗毛』や『摂津名所図会』などにも紹介されている。

鶴屋八幡はこの虎屋に奉公していた今中伊八が、文《ぶん》久《きゅう》三（一八六三）年に原料仕入先であった八幡屋の支援等で開業した店で、鶴屋八幡の八幡はこれにちなんで付けられたものとされている。

松屋町《まっちゃまち》には玉蘭堂の（木型押し菓子の一種）『仙錦糖《はくきんこう》』。

明治時代の広告。

高津や高山堂の『餡巻《あんまき》』。鉄眼寺の『どら焼』。高麗橋《こうらいばし》『吉備饅頭』、広井堂の『一口饅頭』『五色煎餅』。喜多林堂の『菊の露』などの飴菓子には、雁治郎・延若などと俳優の名を冠して甘党の人に気に入られようとしているのは、いかにも大阪的。

筋違橋の『牡丹餅』、坐摩《ざま》神社の前の『幸栄餅』『錦城おはぎ』は、餡ころの名で有名。芸者が朝帰りに必ず買って帰ったのが、今橋に移った『真寸加賀美《ますかがみ》』。こ

明治時代の広告。

全國うまい物番附

本山荻舟氏編

東

横綱	東京	鰻蒲焼
大關	同	鮪さしみ
關脇	同	天ぷら
小結	沼津	鰹さしみ
前頭	鎌倉	海老さしみ
同	秋田	しよッつる鍋
同	千葉	蛤酒むし
同	石狩	石狩川新巻鮭
同	陸中	南部凍鮭
同	函館	烏賊さしみ
同	秋田	はた／＼鮨漬
同	羽前	米澤牛肉
同	東京	青柳鍋
同	青森	帆立貝柱附焼
前頭	福島	なめこ味噌汁
同	房州	鰹松葉焼
同	陸中	宮古焼がぜ
同	山形	最上川新巻鮭
同	南部	鮭紅葉漬
同	羽前	いりなめこ
同	常陸	助川海老鎧焼
同	北海道	三平汁
同	陸奥	鮫港鱈うしほ
同	北海道	厚岸牡蠣
同	羽後	横手壽司漬鮭
同	北海道	赤蕪千枚漬
同	同	大沼鮒雀焼
同	同	石川狩燻製焼
前頭	越後	柏崎鯛子鹽辛
同	南部	猿ヶ石川鮎
同	相模	山北鮎すし
同	茨城	霞浦焼公魚
同	信州	佐久鯉こく
同	相馬	北寄貝鹽焼
同	信州	松川蕎麥
同	石狩	定山渓鰍附焼
同	越後	村上鮭川煮
同	陸前	石巻牡蠣飴
同	秩父	やまめ石焼
同	佐渡	鮎石焼
同	陸前	松島鰻蒲焼
同	青森	阿房宮菊漬
年寄	興津	甘鯛味噌漬
同	小田原	烏賊麹鹽辛
同	同	藁巻鰤
同	房州	燻製秋刀魚
同	北海道	馬鈴薯
同	武洲	川越甘薯
同	千葉	印旛沼蓴菜
同	遠江	氣賀蒲鉾
同	同	濱名納豆
同	三州	岡崎味噌

行司・取締・勧進元

行司	小田原	蒸蒲鉾
	相州	鎌倉ハム
	京都	洛北酢ぐき
	大阪	焼蒲鉾
取締	東京	握ずし
	大阪	箱ずし
勧進元	東京	そば
	東京	淺草海苔
	大阪	細工昆布
	大阪	うどん

西

横綱	京都	松茸料理
大關	播州	明石鯛刺身
關脇	大阪	かき船
小結	備前	鰆さしみ
前頭	備中	櫻鯛濱むし
同	關門	河豚料理
同	安藝	廣島牡蠣
同	備後	尾ノ道鹽鯖
同	肥前	からすみ
同	播州	明石蛸櫻煮
同	備前	岡山ばらずし
同	攝津	神戸牛肉
同	肥前	鯨肉鍋
同	若狹	鰈鹽むし
前頭	金澤	ごり味噌
同	土佐	鰹たゝき
同	關門	どろ雲丹
同	伊豫	竹輪蒲鉾
同	富山	烏賊黒作り
同	備前	漬あみ
同	駿河	櫻海老磯焼
同	讃岐	いかなご鹽汁
同	金澤	日の出汁
同	肥前	住の江牡蠣
同	金澤	鯛卯の花蒸
同	京都	白蕪千枚漬
同	紀州	小鯛雀ずし
同	佐賀	蟹みそ
前頭	越前	雲丹鹽から
同	岐阜	長良川鮎
同	近江	大津鮒すし
同	同	ひがひ附焼
同	松江	鯉生づくり
同	越前	霰がこ甘露煮
同	尾張	きしめん
同	肥前	むつごろ蒲焼
同	美濃	養老鯉こく
同	播州	明石牡蠣
同	伊勢	桑名焼蛤
同	肥前	松浦漬
同	山城	宇治鰻蒲焼
同	肥後	水前寺海苔
年寄	若狹	ぐち淡鹽
同	岡山	魚かすてら
同	松江	めのは
同	鳥取	松葉蟹味噌
同	備前	海月明礬漬
同	河波	鳴戸昆布
同	大和	三輪素麺
同	紀州	高野豆腐
同	尾張	守口大根
同	薩摩	鰹せんじ

「全国うまいもの番附」(日本趣味「味覚号」)。食随筆家の本山荻舟《もとやまてきしゅう》編となっている。

美味い名物大相撲番附（其の一）

東の方（餅の部）

横綱	阿部川餅	静岡阿部川	石部屋
大關	姥ケ餅	滋賀草津	養老亭
關脇	櫻餅	東京向島	山本屋
小結	辨慶力餅	大津市	長等軒
前頭	大佛餅	奈良東大寺	吉川商店
同	蕨餅	静岡日坂	石屋
同	大佛餅	京都大佛前	隅田屋
同	梅ケ枝餅	太宰府	江崎茶子
同	羽二重餅	福井市	紅谷商店
同	櫻餅	大和吉野山	米月庵
前頭	行當り餅	福岡市	兒島商店
同	けし餅	堺少林寺	小島屋
同	源平餅	高松市	吉岡商店
同	牡丹餅	大阪横堀	富貴堂
同	太々餅	東京芝神明	太々餅本店
同	小袖餅	熊本宇土町	米花堂
同	今宮あぶり餅	京都大宮村	太田商店
同	智恵の餅	京都府	織田商店
同	三角餅	山口縣	藤阪商店
同	みどり餅	福岡市	東雲堂
同	大寺餅	堺市大寺	河合堂
前頭	長餅	三重縣	笹井屋
同	大石餅	廣島市	大石商店
同	山葵餅	静岡縣	杉山商店
同	粟餅	東京市	三好野本店
同	長五郎餅	京都市	桐山商店
同	伊賀餅	三重縣	龜屋
同	牡丹餅	長崎市	三好野
同	豆大福餅	東京市	草野商店
同	家寶餅	山形縣	佐藤商店
同	夫婦餅	茨城縣	神田商店
同	翁餅	福島縣	酒井商店
同	黍餅	福井本町	山海堂

蒙御免

行司	萩の餅	東京新橋	大阪屋
	餡ころ餅	石川縣松任	圓八
	唐饅頭	東京神田橋	大黑屋
	ばんぢう	東京銀座	毛利
檢査役	葛餅	東京龜戸	船橋屋
	氷餅	長野市	中村店
	ほん饅頭	東京有樂	鹽瀬
	輕羹饅頭	鹿兒島市	蟹屋
取締	燒餅	長崎市大德寺	平山
	肉饅頭	東京市神田	中華第一樓

西の方（饅頭の部）

横綱	栗饅頭	東京神田	風月堂
大關	蕎麥饅頭	木曾福島町	風月堂
關脇	虎子饅頭	大磯町	かめや
小結	堀川饅頭	大分市	桐野本店
前頭	小饅頭	静岡縣	清水屋
同	栗饅頭	京城市本町	江川商店
同	虎屋饅頭	京都市烏丸	黑川商店
同	カステラ饅頭	大牟田築町	菊水堂
同	よね饅頭	神奈川鶴見	かめや
同	へそ饅頭	大阪市戎橋	橘屋
前頭	こゆるぎ饅頭	小田原町	松尾屋
同	一口饅頭	大阪新町	廣井堂
同	金鍔饅頭	京城本町	龜屋
同	池鯉鮒饅頭	愛知縣	都築屋
同	栗饅頭	兵庫本町	駒屋
同	温泉饅頭	別府流川	松月
同	虎屋饅頭	東京傳馬町	虎屋
同	栗饅頭	小倉京町	湖月
同	納屋橋饅頭	名古屋市	納屋橋本店
同	お福饅頭	宮崎市	村岡商店
同	甘酒饅頭	大牟田市	下川商店
前頭	玉饅頭	愛媛道後	有家一泉堂
同	破れ饅頭	宮崎延岡	佐々木商店
同	だんまり饅頭	山口縣	だんまり饅頭
同	吉備饅頭	大阪高麗橋	今井商店
同	石川屋饅頭	金澤片町	石川屋
同	栗饅頭	高松市	富谷商店
同	唐饅頭	宇和島市	清水商店
同	引舟饅頭	福岡縣	立花屋
同	にわか饅頭	福岡市	東雲堂
同	めかり饅頭	門司市	德重商店
同	薯蕷饅頭	大阪櫻橋	京富
同	虎屋饅頭	大阪高麗橋	虎屋

『饅頭と餅の全国名物番附』（大正時代〈一九一二～二六年〉ごろ）。

れはこってりした大阪式の名物。櫓町の橘屋は段々と形を小さくするので名高い『へそ』饅頭。甘泉堂の大阪支店の『塩蒸羊羹』、心斎橋の『松の雪』は名高いものだったが廃れてしまった。『さざれ石』という一種のおこしも『おこし焼』も専門店自体はなくなったが、何処の店でも並べている。

十三《じゅうそう》の焼餅『あん焼』は摘草に出かける時分には今でも盛ん。湖月と夫婦善哉、坐摩《ざま》社内の善哉《ぜんざい》といえばいわゆる善哉屋で名を売った。『亀山』(汁のない田舎ぜんざい。小豆の粒を潰さずそのまま残し炊きあげたもの)という濃厚なものは大阪らしい善哉のひとつである。

次に市内をはずれると、まずは堺になるだろう。堺は大坂より古くひらけた町、海外通商の自由な町であった。室町時代には独り、堺のみが文化の中心地であった。

『大寺餅』は名高く、小島屋の『芥子《けし》餅』『餡ぴん』。長崎屋自慢の最中『古寶』、茶人が喜ぶ『あけほの』、『肉桂餅』などがある。堺から次には枚方の『くらわんか餅』。

住吉さんでは『ごろごろ煎餅』『蒸し芋』『薩摩焼』『住之江味噌』が有名である。住吉といえば、昔は三文字屋、今は『丸太格子』が鰊《にしん》や棒鱈《ぼうだら》で一杯飲ませていた。岸和田・貝塚の『村雨』。石切の『石菓子』。箕面の『紅葉もみじ天麩羅』『温泉煎餅』というちょっと旨いものもある。

河内の『道明寺干し飯』と三島の『独活《うど》』『新田西瓜《しんでんすいか》』はどこにもない名物。吹田の『みじん慈姑《くわい》』『紅葉豆腐』は真似のできないもの。他には観心寺『寒晒《かんさらい》』、『天王寺蕪』、『守口大根』は野菜のなかでもよいもの。

和泉岡田の『干《ほ》し鰈《がれい》』は、打って(手で骨をくだいて)焼くと茶漬によく合う。漬物では、『六萬堂』と『四つ橋』(三谷商店)。今井町の清水、高津の『岡田』や江戸堀の『生駒商店』などといった漬物屋が名高い奈良漬屋である。小さい茄子辛子漬、東の郡部で漬ける縮緬漬は、あっさりした味でよいものである」。

「たこ焼」と「ちょぼ焼」「ラジオ焼」

たこ焼は、昭和三〇年代（一九五五～一九六四年）ごろから大阪の街々に増えはじめた。屋台店を中心としたいわばファストフード。当時は下魚とされ大阪湾でも大量にわくほどに獲れていたタコを無駄なく使った大阪らしい食べ物でもある。

たこ焼の創始者は誰であるか。いろんな説があるようだが、「ラジオ焼」に改良を加えて「たこ焼」を発案したのが会津屋の遠藤留吉氏だといわれている。大正から昭和にかけて、「ちょぼ焼」や「ラジオ焼」というものが流行していた。

「ちょぼ焼」とは、ハガキ大の鉄板に、横に三つ、縦に四つ穴の開いた道具にメリケン粉の溶いたものを流し、穴のなかにはコンニャクや干しえびを入れ、醤油を入れて焼くものであった。

「ラジオ焼」とは、この「ちょぼ焼」のなかにハイカラなスジ肉などを入れて焼いたもの。当時はハイカラの代表といえばラジオであったことや、焼くための道具がラジオのマイクに似ていたことなどから、そう呼ばれるようになったという説もある。

さて、遠藤氏がこの「ちょぼ焼」や「ラジオ焼」から「たこ焼」を考案したのが昭和十（一九三五）年ごろ。子供のお菓子的なものであった食べ物を、大人も手軽に食べられるものへと変えた。具にはタコを使い、小麦粉を出汁《だし》で溶いた。ただ現在のようなソースにマヨネーズ、青海苔などをかけて食べるスタイルは戦後のことで、お好み焼の影響を受けたものだとされている。

泉《せん》州《しゅう》水《みず》茄子《なす》漬《づけ》

泉州の水茄子は、室町時代に書かれたとされる『庭訓往来』に澤《さわ》茄子と記載されていることから、貝塚市の澤地区が発祥と考えられる。

泉南地区に限定され生産消費されていた在来の茄子で、「田んぼの一画に植え、夏場の農作業の喉をうるおした」といわれるほどジューシーで、浅漬にすると極めて美味。かつて水茄子は、大和川から岬町までの泉州地域（堺・和泉・泉佐野・貝塚など）でしか取れない地場野菜であった。大和川を越えると土質が変わるので水茄子は育たず「水茄子、大和川を越えず」といわれていたほどである。

「江戸時代の参勤交代で初代土佐藩主の山内一豊は、土佐に帰る途中、岸和田城に立ち寄り、茶がゆと一緒にだされた水茄子漬が殊の外美味しく、忘れられず土佐に帰り水茄子の栽培をはじめたが、育たなかった」といったエピソードも残されている。また昔から地元では、「豊臣秀吉や千利休、曹呂利新左衛門《そろりしんざえもん》にも愛された」と伝えられている。

泉州水茄子は、平成七（一九九五）年に泉州で採れた水茄子を漬物にした「水茄子漬」が、大阪府の地域農産物品認証食品である「Ｅマーク食品」第一号に認証されている。

「Ｅマーク食品」とは、必ず大阪府下で栽培された原材料を使い、府内で加工製造した商品であること、添加物基準を満たしていることを条件に、大阪府名産として大阪府が推奨しているものである。以後、「水茄子漬」の生産は右肩上がりの堅調な伸びを示してきている。

しかしながら、現在のブームともいえる状況のなか、泉州産の水茄子の収穫量には限界があり、生産の総量がそれほど多くないため、ピーク時の入手は漬物メーカーにとって頭の痛い問題。そういったなかで、肥料や土壌改良も進み、泉州以外の地域や、外国でも試験栽培がはじめられているが、これらは、今のところ本来の水茄子とは比べるべくもないのが現状である。それまでは、地域でしか食べられていなかった水茄子がブームにより、現在では全国に出荷され、とりわけ漬物の本場である京都の漬物店の店頭でさえ見られるようになっている。

最近の水茄子は、以前のものと比べ品種改良の名のもとに少し違ってきているのも事実。過去において各生産農家は、「水茄子の扱いは桃を扱うが如くに」といわれるほど、細心の注意を払って生産を行ってきたが、最近ではこういった水茄子に出合うことは少なくなっているのが現状である。

その原因は、品種なのか肥培管理方法なのか、昨今の異常気象なのか、はたまた千両茄子などとの交配が進んでいるからなのか、茄子そのものの質よりも肥培管理の容易さ・易輸送性、易保管性を主体とした育種が行われているからなのか、様々な憶測がなされてもいる。いずれが真実であるかはともかくとして、水茄子の本来の商品特徴が失われては、これは水茄子とは呼べないであろう。

❖水茄子ぬか漬の作り方❖

1.ぬか床を作る。
ぬかの香りを残すには新しい米ぬかを用意し、湯冷ました水で耳たぶ程度のかたさに練る。

2.水茄子は鮮度が命。
ヘタの部分にあるトゲが指に刺さるほど新鮮なものを選ぶ。水茄子は収穫後、すぐに鮮度が低下する。

3.水茄子のなり口を包丁で斜めに切る。

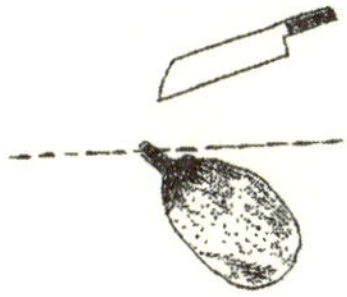

4.適当な大きさの容器に水茄子を入れ、上から水を振りかける。次に、塩を多い目に振りかけ、容器ごと

ゴロゴロと回すことで塩をなじませる。

5.塩がなじんだら、茄子の色落ちを防ぐために硫酸第一鉄かミョウバンを少しだけ振りかける。色落ちを気にしないなら必要なし。

6.容器の下に先ほど練った米ぬかを敷く。そして塩がなじんだ水茄子の切り口を斜めに下にして並べる。

7.並べ終われば、その上に残った米ぬかをたっぷりと敷く。そのまま一晩置くだけで食べることができる。食べ残した分はぬかをつけたまま冷蔵庫なら二～三日は保管できる。

泉州水茄子の漬け方（資料提供：石橋明吉氏）

大阪漬物業界と浪華漬

大阪漬物業界を製造と卸売に大別するなら、製造に関しては酒の粕を使った「奈良漬」が古くから確立されていた。また卸売については、昭和六（一九三一）年に大阪市中央卸売市場本場が開場されるまで、天満《てんま》・靫《うつぼ》・雑喉場《ざこば》・木津《きづ》といった市中の市場のなかにあった。

残された資料によると、天満青物市場内で大正十（一九二一）年に「天満漬物組合」が創立されており、おそらくこれが大阪の漬物の団体では最古のものではないかとされている。

この資料によれば大正十二（一九二三）年の時点で、天満青物市場蔬菜果物業者が一七九名、天満旧市場組合菜果業者が一四〇名、天満魚市場組合員が一五三名、天満海産物組合員が一一四名、その他天満市場地区営業業者のなかに、漬物商が十四名、菓子商が七名、煮豆商が四名と記録されている。

大阪では昆布を使った「大阪漬」や、酢と合わせた「アチャラ漬」など、家庭で手軽に作られる漬物法が今も残っている。

では、大阪における漬物店の発祥ということになると、先述の通り、これはやはり青物が集まる天満市場などの市場ということになる。天満青物市場ができたのが一七世紀の中ごろであることを考えれば、一八世紀にはすでに漬物店、もしくは漬物を食べさせる茶屋のようなものがあったと推測される。

浪華漬を扱う店は数軒あり、それぞれに漬込む食材が少し異なっていたようだ。図は四ツ橋にあった三谷商店の広告（大正時代〈一九一二～二六年〉）。

これよりも以前の市場となると、奈良時代（七一〇～八四年）の「難波市」、住吉大社の「宝の市」、近世に入っての石山本願寺の「門前市」となる。『正倉院文書』（七二〇年）や延喜式（九二七年）にすでに漬物の記録があることから、おそらくは専門業者ではなく自家製加工品として商内《あきない》されていたかもしれないが、それがどのような漬物であったかはわからない。

いずれにしても漬物専門店なるものができるまでは、漬物製造は八百屋や青果仲買が、売れ残った生鮮野菜などの加工目的で行っていたことは間違いない。

一方、生姜《しょうが》や梅干など日持ちのするものは、産地の業者から購入して店で売っていたとされている。そんななか、専門の漬物店が誕生したのは、家庭では作りにくい漬物が登場したからかもしれない。そのひとつが酒の粕を使った粕漬。一八世紀の中ごろには、本格的な粕漬の製造販売を行う「六萬堂」が、すでに四天王寺で営業をはじめている。特にこの地に縁深い天王

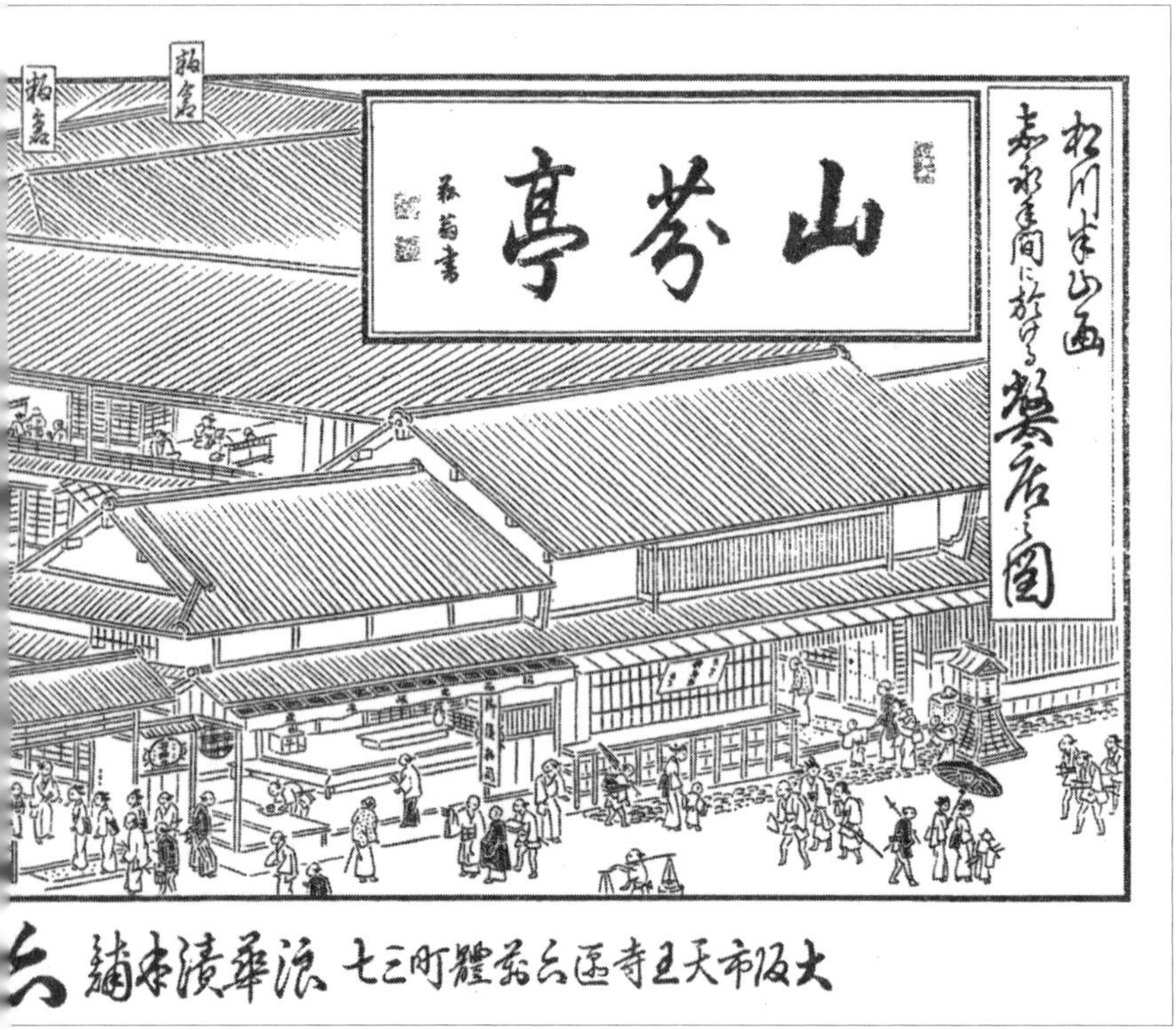

寺蕪を使った粕漬は、「浪華漬」の名で親しまれていた。

大坂冬の陣で、家康に鼈甲《べっこう》色した天王寺蕪の粕漬を取り出し、香の物に供したということが『本多忠勝従軍誌』に記されている。

また江戸時代（一六〇三〜一八六七年）の資料によれば、「仏法最初の地、天王寺の北門六万体に酒を商う六萬堂が蔵元より進上の蕪をカメに貯えて野菜を漬け商内《あきない》し評判よろしく今日の浪華漬の市販最初なり」と書かれている。

江戸堀「生駒」など、大阪における奈良漬の伝統を受け継ぐ元木津市場「石橋商店」の石橋明吉氏の証言によれば、奈良漬の浪華漬は、吟醸粕に六度も漬け直しを行い、三年の年月をかけて漬けあげたものだとされている。深い味わいと甘みがあり、土産物としても日持ちがして人気の大阪名物のひとつでもあった。

ちなみに最近目にしたものに、江戸時代の漬

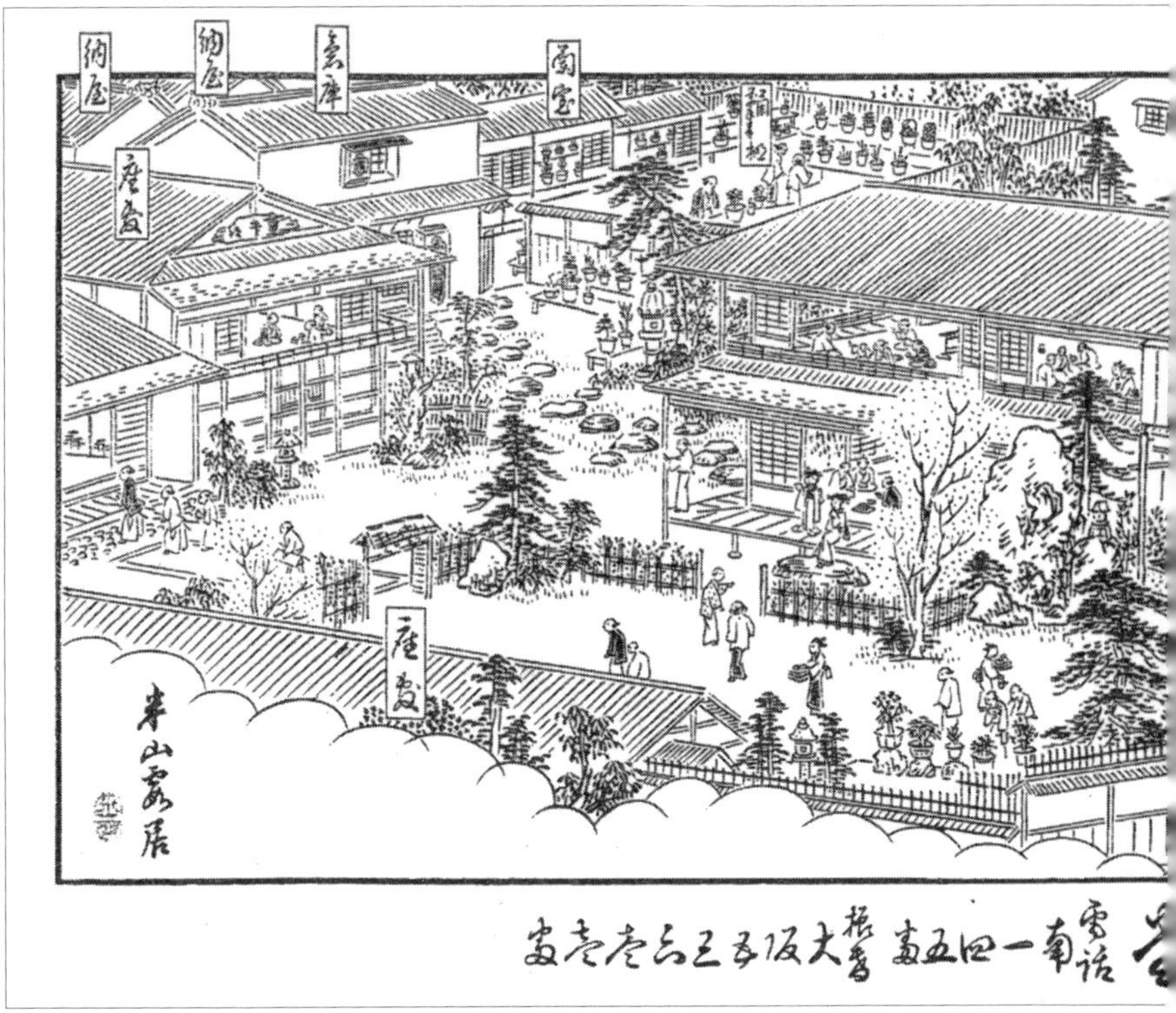

六萬堂屋敷の図。浪華漬を食べさせる茶漬屋（料理屋）としても繁盛した。

物の作り方を記した書物『四季漬物塩嘉言』（天《てん》保《ぽう》七〈一八三六〉年）がある。そのなかに天王寺蕪の漬物に関する興味深い記述があったので紹介しておく。

「蕪の茎を一寸ばかり付けて、甘塩でつよく圧（押）しながら漬け置、天気のよき日に一日かわかし、味噌に漬け、さらに粕にも漬かへるなり」。

これが浪華漬の漬け方であったかどうかはわからないが、一度味噌に漬けるところが変わっている粕漬法だといえるだろう。

さて、一九世紀に入り、酒商の関係からか江戸堀などに粕漬の専門店が誕生している。なかでも、大坂江戸堀の「生駒商店」、大坂四つ橋の「三谷」商店、新町の「逸見」、天満の「清水」などが有名であった。

これらのなかには当初は飲食業のようなものを営んでいたものもあった。「生駒」は大坂の酒積問屋から伊丹酒などを江戸に送る樽廻船のための舟宿であり、酒粕はそうしたルートを通じて容易に入手できたのだろう。おそらくは、次第に土産物として漬物も扱うようになり、漬物製造へと進出したと想像される。奈良漬風をうたいながらも、大坂好みの味わい深い粕漬を製造。奈良の奈良漬とは異なり味醂粕を使った深い甘味を持っているのが大阪の粕漬の特長といえるだろう。

各店には得意とする野菜の粕漬があったようで、白うり、茄子、守口大根や小さな西瓜を漬けた「げんごべえ」などがあった。高級漬物として全国に名を馳せた浪華漬だったが、昭和九（一九三四）年、戦争による統制や、昭和十七（一九四二）年ごろの砂糖入手難などの事情により粕漬ができなくなり廃業する店が続出。ちなみに酒粕は漬ける材料としてではなく、もっぱら味噌汁の代わりに食べられるようになり、粕汁料理が広まることとなったようである。

大阪の果物

大阪では春から夏にかけて羽曳野《はびきの》市の無花果《いちじく》。そして、夏から秋、冬にかけての河内の葡萄《ぶどう》や和泉市の蜜柑《みかん》が、食後のデザートとして欠かせないものとして食されてきた。

温暖な気候を好む無花果の栽培が羽曳野市で始まったのは、五十年以上前。この地で盛んに栽培されるようになったのは、石川によって運ばれた土砂によってできた保水力の高い土壌と、金剛山系の豊富な地下水、そして篤《とく》農家の努力があったからとされている。こうして羽曳野市の無花果は、特別な甘さと旨さで大阪のブランド果実となったのである。

大阪の葡萄栽培の歴史は三百年以上前からといわれている。小粒ながら甘さの強いデラウエアを大阪人は好んできたようで、現在でもデラウエアの生産量は全国第三位を維持している。

収穫した「横山みかん」の出荷作業に追われる和泉の農家(写真は昭和初期頃)。

大阪で最も古くから葡萄の栽培が行われているとされているのが柏原市。この地では葡萄を加工したワイン生産でも知られている。デラウエアをはじめ、府下最大の葡萄の生産地とされる羽曳野市。府内最大の「巨峰」の生産地である太子町《たいし》。そして「大野ぶどう」のブランドで知られているのが大阪狭山市《さやま》。この丘陵地では、大正時代(一九一二〜二六年)から葡萄栽培がはじまったとされ、贈答用の高品質な葡萄が作られている。

またマニキュアフィンガーなどの新品種をはじめ、品種改良も盛んに行われてきた。この地において昭和五十一(一九七六)年に中村弘道氏が品種交配に成功してできたものは、全国でその栽培が広がりつつある。なかでもマスカットの香りと高い糖度を持つ「キングデラ」は、大阪葡萄の品質の高さを全国に知らしめたものといえるだろう。

一説によると、有名な品種となっている甲州葡萄は、明治頃に大阪府の柏原市にあたる堅下村《かたしも》で最初に栽培されたものが普及したともいわれている。

最後に、蜜柑といえば和歌山が有名だが、戦前までは大阪は和歌山につぐ全国二位の蜜柑の生産量を誇っていた。特に和泉市においては三百年以上も前から蜜柑の栽培がはじまっており「横山みかん」など、ブランドとなったものもあり、隆盛期には「黄色いダイヤモンド」として全国にとどまらず、遠くは海外にまで輸出されていた。

いかなご

二月下旬から三月にかけて、船曳網漁がはじまる。船曳網とは、水底以外の中層や表層を引寄網二艘で曳くもの。船曳網漁はいかなごの新子をこの時期に、四月以降はしらす(主にカタクチ鰯の新子、どろめ)を狙う。網を曳く形が股引き(男性用のパッチ)に似ているのでパッチ網、濁ってバッチ網とも呼ぶ。

いかなごは漢字で書くと「玉筋魚」。「しんこ」「ふるせ」「かなぎ」など地域により呼び名がちがう。体長は大きいものだと二十センチ近く。水温上昇する夏には砂中に住み、冬期になると浅瀬のきれいな底砂に産卵する。大阪では淡路島の「鹿の瀬」「沖の瀬」で生まれたものが西風に乗って大阪湾へと運ばれてくる。いかなご漁が解禁となるのが二月後半。五センチ前後のいかなごの新子が、くぎ煮や釜揚げの原料にされる。

大阪に海から春を告げる風物詩でもある。東京でよく食べられている、かなぎちりめんに大阪湾の品物が多いということはあまり知られていない。

いかなごとは妙な名前ではあるが、その名の由来は定かではなく、「いかなるものか」、「いかなる魚の子か」ということから「いかなご」となったのではないかというような説もある。

さて、いかなごといえば釘煮《くぎに》だが、この料理法は客の依頼から生まれたと伝えられている。神戸市垂水《たるみ》区塩屋町の「魚友」が元祖で、昭和一〇年代(一九三五~四四年)ごろ、たまたま客から「いかなごで佃煮がで

ジャコ干し場。泉州各地で見られた光景（写真提供：小藤政子氏）。

きないか」と相談され作り上げられたもの。他の客からの評判もよく、店頭でも置くようになったそうである。

それまでは、いかなごの料理法といえば、天日干しされたかなぎちりめんか、釜揚げ位であったが、姿形が古釘のように見えるところから「釘煮」というユニークな名が付けられたこの料理法は、すぐに一般家庭にも広まるようになった。

煎酒《いりざけ》

日本ではじめて「醤油」の文字が文献に現れたのは室町時代といわれている。醤油が誕生するまで京阪で調味料として使われていたのが「煎酒」。主に膾《なます》や酢の物に用いられてきたようだが、現在の醤油の代わりとして、造り身を食べるときなどに利用されていたものである。醤油よりも、より魚の味がよくわかるこの調味料は、じつに大阪的な調味料のひとつだといえるだろう。

作り方はそれぞれだが、一般的なものとしては酒一升を鍋に入れ煮立ったら下ろしてそのまま冷ます。これを数回繰り返し、一升の酒を半分以下にまで煮詰める。次に、この酒のなかに梅干を好みで数個入れ煎上《いりあ》げて塩で塩梅《あんばい》する。

『飲食事典』（本山荻舟著）では、「最初に鰹節の芯ばかり五つ位入れるとことによく、甘みを好むなら氷砂糖を加える」「精進煎酒は古酒一升甘口なものを選び、上質の昆布二本を細かく刻み、また干瓢と勝栗をおのおの昆布の半分量、これに梅干二十、水一升をくわえ、よくかき混ぜもとの一升になったときに塩を少々加える」「早煎酒は、古酒四杯、醤油一杯、酢半杯、の割で合わせ、炭火にかけて煮立ったら下ろし、人肌にさめると再度煮立て、これを三度繰り返す」とある。

懐石料理と会席料理

会席料理についてその濫觴を辿るなら京料理について触れておく必要があるだろう。何をもって京料理とするか議論はさておき、平安時代には京の貴族らが食べていた「大饗（饗宴）料理[1]」というものがあった。

その後、南北朝から室町時代にかけて幕府に仕える武家の力が拡大するとともに、料理も朝廷に仕える公家らのスタイルに代わって、武家儀礼のなかで式三献[2]からはじまる「本膳料理[3]」が整った。宮廷料理儀式であった包丁式[4]も、この時期に公家の四条流、武家の大草流という構図ができあがることになる。

また京では、こうした儀礼としての料理とは別に、寺院の食礼として、京という地域性を生かした「精進料理」が確立。茶の湯からは「懐石料理」が生まれた。さらに茶道が京で独自な発展を遂げると、懐石料理はより洗練され、大饗料理や本膳料理の伝統と精進料理の調理法なども組み入れられた。こうした流れを汲み、京では一般の宴会料理である会席料理が様々に形を変えながら普及することになる。

会席とは、もとは俳席からスタートしたもの。寛永《かんえい》六（一六二九）年に松永貞徳の門人である山本西武なるものが、京の二条寺町妙満寺で百韻興行（百の句を読み連ねる連歌形式のイベント）を催したのが最初だとされている。

当初は会の終わりに酒を酌み交わす程度であったが、元禄《げんろく》を迎えるころには、次第に句会中に酒を飲み、食事をするようになっていた。ころよく、料理茶屋や料亭ができはじめていたことから、結果としてこれらが利用されるようになった。

余談になるかもしれないが、大坂の浮瀬亭《うかむせてい》などでは、京から俳人らを招いての連歌または俳諧の席が頻繁に催されている。京と大坂は短時間に行き来できるものではなかったが、当時から京と大坂の文化人交流はかなり進んでいたことがわかる。となれば、料亭も京阪でそれぞれに楽しみ方あったに違いないだろう。ただ京都と大坂とでは同じ料亭であっても、会席料理のスタイルが違っていたことは推測できる。京では、川魚の生洲《いけす》料理はあったものの、大坂のような魚料理は京の料理のジャンルではなかった。鮮度を楽しむ料理というよりも、入手・保存可能な食材をいかに料理し、美しく見せるか。そういった意味でいえば、京料理とは「工夫の料理」であったといえるだろう。

［1］大饗（饗宴）料理　平安時代を盛期に行われた饗宴の大きなもの。伝来の器などを用いて行事的に行われた宴で、川魚と穀類を使った比較的簡素な料理内容であったとされる。

［2］式三献　饗膳における盃《さかずき》の礼式。一献とは酒盃を一巡させ肴を食すことを意味していたが、室町以後は婚礼式をはじめ祝賀儀式などにも発展し多くの流儀が生まれた。

［3］本膳料理　日本式の配膳法に則ったもの。各自に配膳し、一の膳、二の膳、三の膳からなる。一の膳に飯をつける。

［4］包丁式　料理が供される宴でよく披露されたイベント的な儀式。包丁の扱い方には、様々な流派があった。中でも有名な「四条流」は家庭料理の源流とされている。

牡蠣舟《かきぶね》

カキの養殖ではもっとも古いといわれている広島。一七世紀にはじまった養殖カキを使った料理を食べさせる店として、広島では古くから牡蠣舟があった。こ

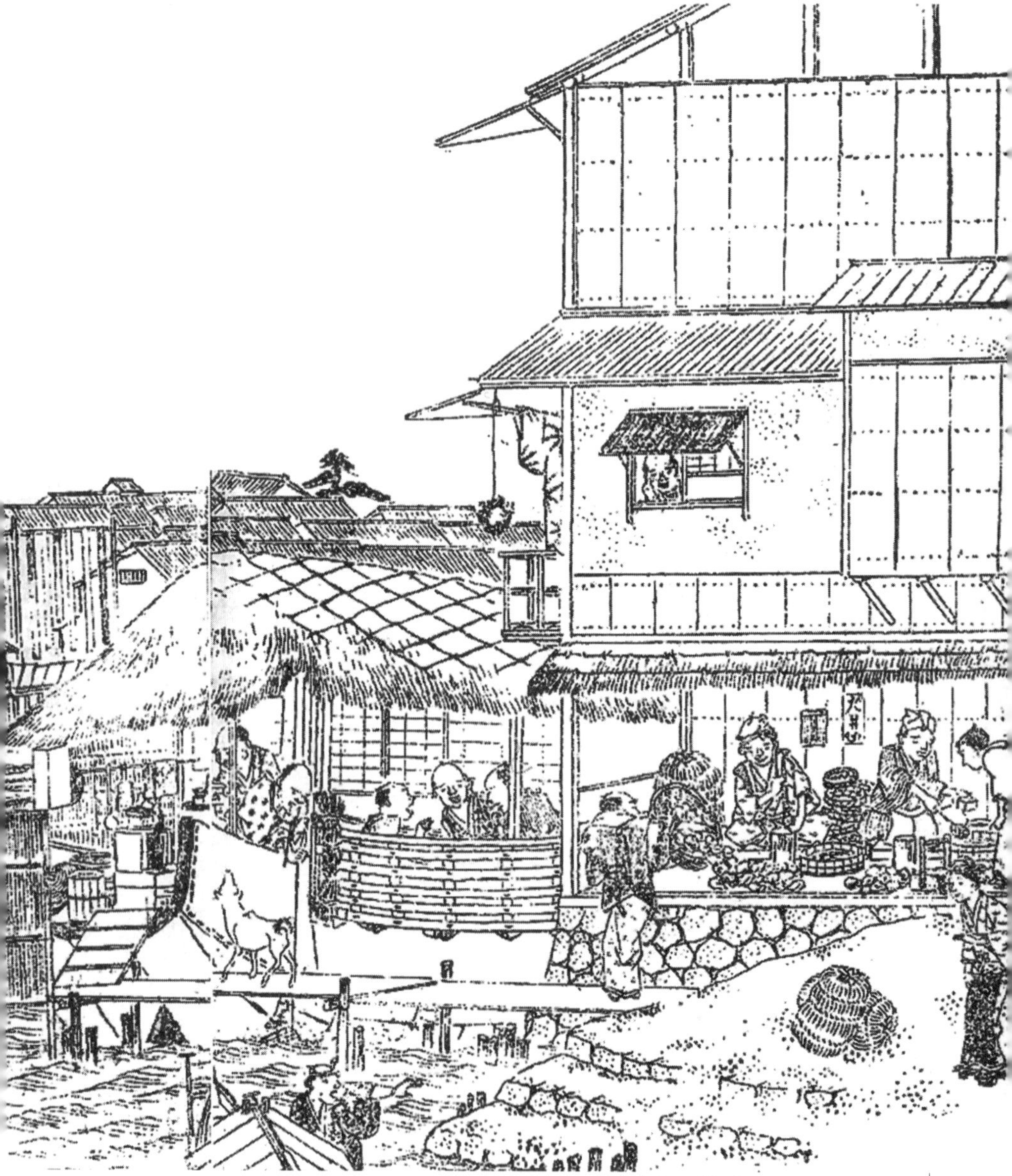

「牡蠣舟之図」(『摂津名所図会大成』より)

の川の町として知られる広島の牡蠣舟が、同じ川の町である大坂へやってきたのは一七世紀後半。元禄《げんろく》年間（一六八八〜一七〇四年）に起こった大坂火災のとき、高麗橋詰に建てられた制札（立て札）が焼けるのを近くにいた牡蠣舟が舟中に移動させて守った。この功により牡蠣舟は、大坂中の橋下での営業が許された。

牡蠣舟の営業期間は、秋から春までの牡蠣の旬の時期だけ。広島から大坂へやってきて淀屋橋や本町橋など川筋に屋根舟を停泊させて営業を続けるようになった。

当初は夏場には広島に引き上げていたが、明治以降は舟中に座敷などをしつらえ、夏場は舟の生洲に鰻などを生かし川魚料理なども供するようになった。

余談だが、関東の鰻丼は、飯の上に鰻が乗っているが、大阪では、鰻を飯の中に入れてタレをかけるので、鰻の「まぶしかけ」ともいえるだろう。

大阪では鰻丼《うなどん》を「まむし」という。一説によると、鰻を飯に「まぶして」（混ぜて）食べるところから、「ま

淀川を往く「三十石船」と、その横を沿う「くらわんか舟」（明治初期ごろと思われる）。

ぶし」「まむし」となった言葉とされる。

くらわんか舟

明治初年ごろまで、淀川で見かけた茶（物売）舟。大阪天満から京の伏見までを行き来する三十石船（約三十人乗）は、天満の八軒家浜を出て伏見豊後橋までの四十キロ強を昼夜往来していた。下り半日、上り一日。航路途中の船着場には岡場所（非公認歓楽街）が多くあったが、なかでも枚方は最大の盛り場であった。

その枚方で停船しようとする三十石船に近づき、餅や酒、寿司、牛蒡《ごぼう》汁、煮しめなどの飲食物を販売していた小舟が「くらわんか舟」。当時の様子が、『淀川両岸一覧』に次のように記されている。

「貸食船《にうり》は当所の名物にして夜となく昼となくささやかなる船に飯・酒・汁・餅などを貯へ上り下りの通船を目がけて鎰《かぎ》やうの物を其船に打かけ、荒らかに苫《とま》引《ひき》あけ、眠りがちになる船客を起して声かまびすしく酒食を商ふ。俗にこれを『喰らわんか舟』と号す」。

田楽《でんがく》とおでん

田楽焼の由来は、ひとつに大坂四天王寺の伶人《れい》（楽人）が、豆腐に木ノ芽の味噌を付けて焼いたものを供され、この旨さに感嘆し、かねてより所望されていた楽笛を伝え許したことから伝（田）楽となった、というものである。

また他説には、豆腐に一本串を打った形が、田楽法師の芸に似ているところからきたともいわれている。田楽法師は田植えの音曲や舞踏を芸としていたことから、その仕草と装束が似ているとされる。

元来は、豆腐に味噌を付けて焼いたものであったが、コンニャクや茄子など他にも味噌を付けて焼くようになる。さらには、魚類のすり身「魚田《ぎょでん》」などを使ったものを煮込みにした、煮込み田楽（おでん）が起こったとされている。

喰《く》い味《あじ》

関西の料理界では、昔から「京の持ち味、浪速の喰い味」という表現が使われてきた。この文言に出てくる「喰い味」の発端となるものが、いつごろ生まれたのかについて、大阪料理研究家の上野修三氏は、平安時代頃ではないかとしている。

そのひとつの根拠として、平安時代における魚介をあらわす名称、「美物（ウマシモノ）」に着目している。確かにこの表現は、持ち味の濃さを表現したものだと見ていいだろう。しかし、素材そのものの持ち味だけで、すべての人がウマシモノとして食せるものではない。そこには、ほぼ誰もが旨いと感じられる塩梅《あんばい》（調味）が必要となってくる。

塩梅とは「淡くして薄きにあらず、味濃《こ》まやかにして辛味ならず」とされるが、日本全国から商内《あきない》（ビジネス）で多くの人が集まる大阪では、これをまったりとした味、つまり「喰い味」として仕上げた。

「始末」の精神で素材を使い切り、素材各部位の持ち味を隠すことなく、さらに昆布出汁《だし》などを用いることで、味に深味を施し、素材の長所を生かし足らずを補ったのである。

「京の持ち味、浪速の喰い味」という表現こそしていないが、宮本又次は味ということについては、どちらかといえば関東は男性的味覚であるとし、これに比べて関西は繊細な女性的な美味を追求する傾向にあるのではないか、だから関西料理は自然の風味を伝えるものとなっている。その関西のなかでも特に大阪では自然のものを最高の状態で提供しようとし、京都では材料の中から自然を再生しようとしているのだと指摘している。これもまた大阪の「喰い味」の説明のひとつだといえよう。

喰《く》い切《き》り

関西割烹でよくいわれる言葉に「喰い切り」がある。「喰い切り」には様々な意味合いがあるとされている。なかでも礼法を重んじて食べるよりも、むしろ「見る」ことを主な目的として作られ、食べられないほどの献立で構成された本膳料理に対し、食べ(喰い)切れるだけの料理を大事にした大阪の実質精神が生んだ言葉とする説が有力だろう。

元来はそうであったであろう「喰い切り」だが、時代を経て少し変化してきた。大阪の老舗割烹である「八三郎」の唐士良太郎氏によれば、「喰い切り」とは、割烹の料理人が客の腹加減を敏感につかみ、食べ終え店を出るまでそれぞれの料理に満足を残すような料理の出し方、つまりすべてを美味しく食べ切れる料理の出し方をすることだとする。

日本には様々なその土地ならではの食文化があり、地域によっては今も料理をふんだんに盛り付け、食べ切れないほどの料理を出すことがサービスとしているところもある。大阪では量よりも旨さの満足をまず優先させた証が、この「喰い切り」なのだろう。

大阪の「喰い切り」を生んだ背景には、実利の精神があることはもちろんだが、茶事の精神も大きく関係していると思われる。上方料理の根底には茶事があるとされている。茶事では、食べられないものまでは出さない。茶事における主人の細やかなもてなしの心が、「喰い切り」のなかにも生きているといえるだろう。

白味噌文化と淡口醤油

「関東の赤味噌、関西の白味噌」といわれる。大阪の料理関係の古い文献を見るとわかるが、味噌とあればそれは白味噌のことであり、そうでない場合にのみ赤味噌と記されている。

正月の「おぞうに」も関西ではもちろん白味噌仕立てである。白味噌文化圏の関西に赤味噌が入ってきたのは、戦時中に白味噌の配給がなかったことから、赤味噌が関西でも普及するようになったからだといわれている。

京阪と江戸における味噌汁の違いについて述べておくと、まず白味噌の関西では、赤味噌の味噌汁については、とくに「赤出し」としている。もちろん、ダシに塩と淡口で味付けした『すまし汁』も関西の特色だが味噌汁ではない。ただ、関西では『（お）つゆ』という総称でもって、「味噌汁」や『すまし』を合わせてそう呼んでいる。

一方、関東では『すまし』のみを『つゆ』と呼び、味噌汁を『おみおつけ』という。関西では味噌汁を『おつけ』ともいうが、これは飯に添（つけ）て食べる汁というところからそう呼んでいる。

さて、大阪では今も日本橋に「大源」、江戸堀に「米忠」という老舗の味噌屋があるがいずれも白味噌を中心としている。じつはこの両店が創業したのが文政年《ぶんせい》間（一八一八～三〇年）。

また同じころに兵庫県龍野の醤油醸造家が関西に淡口醤油（京都他国醤油売問屋取扱量の約三十五％）を大量に供給していたことがわかっている。

風味を決定づける味噌や醤油がこの時期に関西で多く使われはじめたことから考えると、文化文政期《ぶんかぶんせい》（一八〇四～三〇年）にいわゆる、現在の関西風味というものが誕生したのではないかと思われる。

味噌といえば大阪の住吉に、明治初期に販売をはじめた「住之江味噌」がある。

住吉大社の東参道、ちょうど住吉街道と熊野街道が交差する場所にあるが、住吉にあって住之江とはいかにと思われるが、古くは住吉の吉を「ゑ」と読んでいたことから「住吉（すみゑ）」が「住之江（すみのゑ）」となったもの。

「住之江味噌」の製造販売を行っている池田屋本舗の歴史は古く元禄《げんろく》期の創業。現主人の話によれば、先祖は堺方面から住吉の地に来たそうだが、大和川の付替（一七〇四年）までは、住吉と堺の区別は今のようなものではなく、「住吉堺」というひとつの地域として考えられていたようである。

幾つもの蔵を有した立派な池田屋のたたずまいは、その姿を『住吉名所図会』に見ることができる。

先述した通りに、酒屋だった池田屋が「住之江味噌」の製造販売を開始したのが明治初期。「住之江味噌」はおかず味噌として親しまれているが、いわゆる金山寺味噌のような生味噌ではない。味噌に黄胡麻などを入れ調味し、時間をかけて加熱し炊きあげられたもの。明治から天皇に代々献上されてきたことで有名になったそうだが、そこには住吉大社の存在があったことはいうまでもない。

住吉大社には廻船問屋はもちろん、雑喉場《ざこば》や堂島など様々な大坂の食関連の仲間（組合）などから献燈が行われている。また四天王寺へと連なる大坂を代表する観光名所でもあり、「三文字屋《さんも（ん）じや》」などの料理屋が参道

「三文字屋」（『摂津名所図会』より）

に沿って軒を連ねていた。

余談になるが住吉大社の東に「一運寺」という寺があり、赤穂浪士の寺として知られ、大石内蔵助らの墓がある。この墓は義士を援助した天野屋利兵衛の子孫が建てたとされている。なんでも天野屋は浪速の豪商であったが、商内《あきない》に失敗し窮地に立たされていたところ、赤穂藩より資金援助と塩の商内《あきない》という手を差し伸べられた。

その後に起こった松の廊下の刃傷沙汰と浅野家の断絶。討入《うちいり》に是非とも必要な刀や槍の調達を依頼された利兵衛。これの手配で堺の鍛冶職人達が、住吉の三文字屋に集まっているところを町奉行にあやしまれる。

ついに依頼人である利兵衛は捕まり、罪人のごとく詮議されるが、「天野屋利兵衛は男でござる」と拷問を耐え忍んだ話が、『仮名手本忠臣蔵』[1]をはじめ落語・講談などにもなっている。これはよくできた話だが、義士ゆかりの名刹や逸話も多く、話に出てくる天野屋利兵衛が実在の人物であったかも定かでない。しかし「三文字屋」は確かにあり、それゆえにできた話なら興味深い。

また「三文字屋」は上方落語の「住吉駕籠」のなかにも出てくる。この店の名物料理として「海老《えび》の鬼殻焼き」や「烏賊《いか》の鹿の子焼き」が紹介されている。また演者によっては「鰆《さわら》の味噌焼」もあげているようだ。これは季節の「烏賊や鰆」が大阪名物として有名であったことの裏づけともいえるだろう。

話は戻るが、天野屋利兵衛の事件の舞台となった「三文字屋」があった跡が、現在の住吉警察署だとか。面白いことは重なるものである。

[1]『仮名手本忠臣蔵』　人形浄瑠璃。寛永《かんえい》元（一七四八）年初演。『仮名手本忠臣蔵』では利兵衛は天川屋義平とされる。

❖主な人物一覧

*［ ］内はその人物が載っているページです。

あ

・**赤堀峯吉**…一八一六～一九〇四。料理研究家。日本橋に赤堀割烹教場を開く。割烹着の発案者とされる。［三一、三四三］

い

・**伊藤博文**…一八四一～一九〇九。政治家。明治21年、下関の料亭・春帆楼で伊藤博文がふぐ料理を食べたことが契機となり県下の禁制が解かれた。［四三、一一七］

・**今井伊太郎**…泉州黄玉葱の生みの親。今井伊太良監修、畑中加代子著『玉葱王――今井伊太郎とその父佐次平』で、伊太郎母球を精選する際に、病虫害におかされていないか、一球が約300グラム以内か、色は黄色かなどに留意したと記している。［二六三、二六四、三三二、三三三、三三六、三四三］

・**今中伊八**…大阪の老舗菓子店「鶴屋八幡」の創業者。［三〇三］

・**入江若水**…一六七一～一七二九。江戸前・中期の漢詩人。［二三〇］

え

・**遠藤留吉**…一九〇七～一九九七。一説にたこ焼を発案した人とされている。［三〇七、三四三］

お

・**大久保利通**…一八三〇～一八七八。政治家。明治八（一八七五）年、大阪の老舗料亭「花外楼」において木戸孝允、伊藤博文、井上馨、板垣退助らが集結し大阪会議がひらかれた。［四三、三四三］

・**大久保彦左衛門**…一五六〇～一六三九。江戸前期の旗本。［二三〇、二五五、三四三］

・**大田南畝**…一七四九～一八二三。江戸中・後期の狂歌師・戯作者。別号蜀山人。大阪には銅座の役人として来阪。食通としても知られ、後に大阪の味を偲び「おもひでる鱧の骨きりすりながし すいたくわいに天王寺かぶ」の狂歌を残している。［二四八、三四二］

・**大伴家持**…七一八?～七八五。奈良時代の公卿・歌人。［一六一、三四二］

・**岡部長泰**…一六五〇～一七二四。岸和田藩の第三藩主。京都伏見稲荷大社に豊穣を祈願したことが「岸和田だんじり祭」の起源となっている。［一五七］

・**小田鬼八**…蔬菜園芸研究者。［二五〇］

・**織田作之助**…一九一三～一九四七。小説家。大阪生まれ。［二一九、二九八、三三六、三四二］

か

・**貝原益軒**…一六三〇～一七一四。江戸前・中期の儒学者、博物学者、教育思想家。［二二九、二四八］

・**覚海尊者**…一一四二～一二二三。平安末期から鎌倉前期、高野山・真言宗の高僧。凍り豆腐を作ったとされる説などがある。［一九七］

・**河村瑞賢**…一六一七～九九。伊勢（三重）出身の商人。材木商を経て治水・航路整備事業なども手がける。［一五、一七、二二四、三四二］

き

・**喜田川守貞**…一八一〇～?。著書に関東そ

して関西のそれぞれの風俗を解説した『守貞謾(漫)稿』がある。[九七、三三六、三四二]

・木下謙次郎…一八六九～一九四七。明治から昭和初期の政治家。美食家としても知られる。著書『美味求真』。[一六二、一六九、三四二]

・京極若狭之助…江戸時代、昆布刻む鉋(かんな)を考案したとされる。[二一七、三四二]

く

・楠木正成…南北朝時代の武将。[二九三]

こ

・好田宗信…屋号は奈良屋。富田の酒造家。[二二九]

・小西篤好…一七六七～一八三七。江戸後期の篤農家。[二五八、三四一]

・後村上天皇…一三二八～一三六八。一三三九～一三六八年在位。後醍醐天皇の第七皇子。[二二五]

・今東光…一八九八～一九七七。小説家。[二六〇、三四一]

・昆布屋伊兵衛…江戸時代の松前問屋商人。[二一六、三四一]

さ

・斎藤彦麿…一七六八～一八五四。江戸後期の国学者。[一六三、一七〇]

・三条西実隆…一四五五～一五三七。室町時代の公卿・文化人。[二三六]

し

・シーボルト…フィリップ・フランツ・フォン・シーボルト。ドイツ生まれ。文政六(一八二三)年に長崎出島のオランダ商館つき軍医として来日。[四一]

・塩見安三…料理人。大正十三(一九二四)年、北浜の仕出屋で修行をしたのち、森川栄とともに新町に「浜作」を開業。[二九、三七、三三一、三四一]

・四郎右衛門…元禄時代の「浮瀬亭」主人とされる。[四一]

す

・菅原道真…八四五～九〇三。平安前期の公卿・文人。[七七、一九三、二九三、三四〇]

せ

・千利休…一五二二～一五九一。安土桃山時代の茶人。[三〇八、三四〇]

そ

・曽呂利新左衛門…豊臣秀吉の寵臣。歌人、茶人。[三〇八]

た

・高津屋吉右衛門…玉造の有力町人。[二七一、三四〇]

・高田屋嘉兵衛…一七六九～一八二七。江戸後期の廻船業者。[二一四、三四〇]

・高山右近…一五五二～一六一五。安土桃山時代のキリシタン大名。茶人。[二二九、二五六]

・宝井其角…一六六一～一七〇七。江戸前・中期の俳人。[二三〇]

ち

・近松門左衛門…一六五三～一七二四。江戸前・中期の浄瑠璃・歌舞伎作者。[三四、一〇一、三三九]

て

・出崎鶴吉…料亭つる家の創業者。[三五、三三九]

と

・徳川家康…一五四二～一六一六。江戸幕府

初代将軍。一説には「鯛の天麩羅」を食べたために命を落としたとされている。［一六五、一七〇、一九七、二三〇、二五五、二五六、三一二］

・**豊臣秀吉**…一五三七～一五九八。天下を統一した武将。大坂城築城を行うと共に大阪の町づくりに着手。城下町に家臣らが集まることで食料はもちろん生活用品や武具などが必要となった。秀吉は大阪で力を持っていた平野商人そして堺商人といった商業者ら（後には京都の伏見商人も）を船場周辺に移住させることで町づくりを進めた。こうしたことから船場周辺に市が生まれ仕出屋や料亭などが次々と誕生することになった。［五二、五七、一一六、一二五、一五〇、一六〇、一八九、二〇九、二二六、二四八、二七一、三〇八、三二九］

・**豊臣秀頼**…一五九三～一六一五。秀吉の子。大坂夏の陣で大坂城が陥落し自害。豊臣家が滅んだ。［一八四］

な

・**灘屋萬助**…なだ萬創業者。［四二、三三九］

・**南木芳太郎**…一八八二～一九四五。郷土史家。大阪生まれ。昭和六年『上方』を創刊。［四二、四三、三三九］

に

・**西沢一凰**…一六六五～一七三一。江戸中期の浮世草子・浄瑠璃作者。『皇都午睡（みやこのひるね）』の作者［九八、一〇四、一六九］

・**西中熊一**…料理人。著書『板前の気概』［三一、三三九］

は

・**長谷川貞信**…上方浮世絵師。文政中期から活躍、役者絵と風景画を手がけ、天保以降の上方絵の様式を確立した絵師。［八、九五、一一二、一一三、三三八］

ひ

・**平松弘之**…料亭「浮瀬」研究の第一人者。［一四、三三二、三三三］

・**平野権太夫**…江戸時代、青蓮院に仕え長崎土産の唐芋（海老芋）と「棒鱈（ぼうだら）」を炊き合わせた料理をはじめたとされる。［二八四］

・**平山半兵衛**…「播半」創業者。［四三］

ふ

・**藤田友閑**…江戸前期の書家。松花堂昭乗の弟子。播磨の人。［二三〇］

・**藤原忠実**…一〇七八～一一六二。平安後期の公卿。［一八二、一八四］

ほ

・**細川勝元**…一四三〇～一四七三。室町中期の武将。［一六六］

・**細川忠興**…一五六三～一六四五。安土桃山・江戸初期の武将。細川幽斎の子。［二七〇］

・**牡丹花肖柏**…一四四三～一五二七。室町中期の連歌師・歌人。［二三六］

ま

・**前田利家**…一五三八～一五九九。安土桃山時代の武将。［二七〇］

・**牧野富太郎博士**…日本の植物分類学の権威。吹田慈姑の植物的研究を行う。［二四七、二四八、二四九、三三八］

・**松尾芭蕉**…一六四四～一六九四。江戸前期の俳人。［二六、四〇、二三〇、三三八］

・**松平不昧**…十七歳、出雲松江藩の七代藩主。茶人。不昧とも。［三六、三三八］

・**松永貞徳**…一五七一～一六五三。江戸前期の俳人・歌人・歌学者。［三一八、三三八］

・**松原武助**…松原久七の子孫にその名が見ら

れる。［二一八、三三七］

・松原久七…びんつけを商う小倉屋に奉公。一子相伝で暖簾分けが許されなかったことから、昆布商小倉屋本家を構えた。［二一八、三三一、三三七］

み

・水落家…船場安土町の旧商家。［七五、七六、七七、三三七］

・都の錦…一六七五～?。江戸中期の浮世草子作者。［一四、一五、四〇、三三七］

・宮本又次…一九〇七～一九九一。大阪生まれ。歴史学者。［三三三、三三五、三三六、三三七］

む

・武者小路実篤…一八八五～一九七六。小説家。［二六〇］

も

・本山荻舟…一八八一～一九五八。小説家・随筆家。［三〇四、三一八、三三五、三三六］

・森川栄…料理人。一九二四年、北浜の仕出屋で修行をしたのち、塩見安三とともに新町に「浜作」を開業。その後京都へ。［二八、二九、三七、三一九、三三七］

や

・山内一豊…一五四六～一六〇五。安土桃山・江戸初期の武将。［三〇八］

・山田六郎…一九〇五～一九八三。大阪・道頓堀「くいだおれ」の創業者。［一四、三三三、三三七］

・山本西武…一六一〇～一六八二。江戸期の俳人。［三一八、三三七］

・山本利助…小倉屋山本の創業者、松原久七に丁稚奉公。嘉永元（一八四八）年暖簾分けを許され、小倉屋山本創業。［二一八、三三七］

ゆ

・湯木貞一…一九〇一～一九九七。日本料理家。吉兆の創業者。［三六、三三七］

よ

・与謝蕪村…一七一六～一七八三。江戸中期の俳人・画家。摂津の生まれ。［二六、二六七、二六九、三三七］

・淀屋个安…一五七七～一六四三。豪商淀屋の二代目。のちの堂島米市の端緒を開いた。［一五、一七、五七、三三七］

・淀屋常安…淀屋の祖。［一五、一七、五七、三三七］

わ

・渡辺儀五朗…「川富」の真板を務めた料理人。［三九、三三七］

❖『浮瀬』執筆者一覧（敬称略）

◎No.1「天王寺蕪」

猿田　博・元天王寺蕪の会代表／森下　正博・元大阪府立食とみどりの総合技術センター　農学博士／西野　孝仁・浪速伝統野菜生産農家（インタビュー）／村上　蕪芳・六萬堂子孫／藤原　健三・藤原育種場／酒井　亮介・（社）大阪市中央卸売市場　本場市場協会資料室／北村　英一・吹田慈姑保存会会長、薬学博士）／吉野　輝雄・摂津市農業振興会前会長／上野　修三・元浪速旬膳　天神坂上野　大阪料理研究家

◎No.2「毛馬胡瓜」

森下　正博・元大阪府立食とみどりの総合技術センター　農学博士／臼井　幹生・元社団法人大阪府食品産業協会相談役／石橋　明吉・元木津市場漬物商（インタビュー）／岡本佳男・淀川連合振興町会会長／北山　澄雄・毛馬キュウリ栽培農家（南河内郡河南町）／村上　蕪芳・六萬堂子孫／畑中加代子・「玉葱王　：今井伊太郎とその父佐次平」著者／松村　基・浪速の語部／酒井　亮介・（社）大阪市中央卸売市場本場市場協会資料室／高木　美千子・エッセイスト　旅行作家／平松　弘之・元星光学園教諭　浮瀬研究家／上野　修三・元浪速旬膳　天神坂上野　大阪料理研究家

◎No.3「雑喉場」

酒井　亮介・（社）大阪市中央卸売市場　本場市場協会資料室／小泉　國次郎・雑喉場生魚問屋八代目／入江　国太郎・元南雑喉場　蛸問屋「大勘」三代目／近江　晴子・大阪天満宮文化研究所所員　船場料理研究家／小谷　公穂・大寅蒲鉾株式会社　代表取締役社長／上野　修三・元浪速旬膳　天神坂上野　大阪料理研究家／渡邊　忠司・大阪市史料調査会主任調査員　佛教大学文学部教授／村上　蕪芳・六萬堂子孫／平松　弘之・元星光学園教諭　浮瀬研究家

◎No.4「田辺大根」

吉村　直樹・田辺大根をふやしたろう会世話人／森下　正博・元大阪府立食とみどりの総合技術センター　農学博士／小早川　春雄・元・田辺前川種苗（インタビュー）／柿木央久・「くいだおれ会長・山田六郎伝」著者／高木　美千子・エッセイスト　旅行作家／太田　雅士・食材研究家／酒井亮介・（社）大阪市中央卸売市場　本場市場協会資料室／山本　信子・元武庫川女子大学生活環境部食物栄養学科教授／住原　有紀・元京都大学農学部生　生物資源経済学専攻／上野　修三・元浪速旬膳　天神坂上野　大阪料理研究家

家／村上　蕪芳／平松　弘之

◎No.5「魚島（櫻鯛）」

島本　信夫・水産学博士　兵庫県立農林水産技術センター増殖部長／酒井　亮介・（社）大阪市中央卸売市場　本場市場協会資料室／日野　逸夫・元仲積船元機関長　活魚運搬船卸業（有）かねか商店代表取締役（インタビュー）／中　正敏・生魚問屋　元・「野田庄」店主　大正五年生れ　詩人／上野　修三・元浪速旬膳　天神坂上野　大阪料理研究家／河野　通博・岡山大学名誉教授／三好　広一郎・食とハーブの図書室／太田　雅士・食材研究家／中川原　敏雄・財団法人自然農法国際研究開発センター／畑中　加代子・「玉葱王：今井伊太郎とその父佐次平」著者

◎No.6「玉造黒門越瓜」

鈴木　伸廣・玉造稲荷神社　禰宜／森下　正博・元大阪府立食とみどりの総合技術センター　農学博／金谷　一郎・大阪市東成区役所区民企画室／安原　美帆・奈良女子大学大学院人間文化研究科博士後期課程研究生／酒井　亮介・中央卸売市場　本場市場協会資料室／太田　雅士・食材研究家／稲葉　修・つまようじ資料室／林野　春美・大阪府漬物事業（協）副理事長　水なす部会長／石橋　明吉／上野　修三／平松　弘之

◎No.7「ふぐ」

酒井　亮介・大阪市中央卸売市場　本場市場協会資料室／北濱　喜一・日本ふぐ研究会会長　ふぐ博物館館長／山田　好章・下関ふく連盟会長／松田　敏男・（株）づぼらや相談役／木畑　清・大阪市水産物卸協同組合常任理事　大阪水産卸ふぐ組合前代表幹事　木屋水産（株）代表取締役／浜岡　勝／伊藤　孝美・大阪府立食とみどりの総合技術センター／安原　美帆・奈良女子大学大学院ＣＯＥ研究員／太田　雅士・食材研究家／平松　弘之／上野　修三

◎No.8「河内一寸蚕豆」

西元　常雄・西元庵　共伸産業（株）代表取締役／森下　正博・元大阪府立食とみどりの総合技術センター／白川　公人・高田種苗株式会社（インタビュー）／平尾　善次・平尾食糧（株）（インタビュー）／石綿　薫・（財）自然農法国際研究開発センター研究部育種課／太田　雅士・食材研究家／酒井　亮介・中央卸売市場　本場市場協会資料室／上野　修三／安原　美帆・奈良女子大学大学院ＣＯＥ研究員／平松　弘之

◎No.9「蛸」

鍋島　靖信・大阪府立水産試験場／酒井　亮介・大阪市中央卸売市場　本場市場協会資料室／入江　国太郎・南雑喉場蛸問屋「大勘」三代目／西上　雅偉・(株)伊加清代表取締役　大阪市水産物卸協同組合理事（インタビュー）／中西　弘行・株式会社蛸清代表取締役社長　章和会会長／小川　節美・淡路市北淡歴史民族資料館館長／佛願　節子・大阪の食文化研究会／太田　雅士・食材研究家／安原　美帆・大分大学教育福祉科学部講師／上野　修三

◎No.10「酒」

西條　陽三・西條合資会社　天野酒蔵主／石井　清隆・清鶴酒造株式会社代表取締役／山野　久幸・「片野桜」山野酒造場／井坂酒造場・創業文政元年　遊酒造元／藤本　武史・伊丹酒造組合顧問／辰馬　朱満子・白鷹禄水苑／得本　嘉和・NPO法人酒好会代表／安原　美帆・浪速食物史研究家／酒井　亮介・大阪市中央卸売市場　本場市場協会資料室／上野　修三

◎No.11「なにわの伝統野菜　認証十五品目」

◎No.12「大阪の川魚」

宮下　敏夫・大阪府立食とみどりの総合技術センター　水生生物センター長／酒井　亮介・大阪市中央卸売市場　本場市場協会資料室／別府　千足・鰻問屋(株)別府代表取締役（インタビュー）／河野　通博・岡山大学名誉教授　関西大学名誉教授／伊藤　廣之・大阪歴史博物館学芸員／太田　雅士・食材研究家／安原　美帆・浪速食物史研究家

◎No.13「乾物」

上野　誠三郎・(株)上野商店元代表取締役／藤田　留三・花菱乾物(株)元代表取締役社長／酒井　亮介・大阪市中央卸売市場　本場市場協会資料室／近江　晴子・大阪天満宮文化研究所研究員　船場料理研究家／森下　正博・元大阪府立食とみどりの総合技術センター／村瀬　景三・株式会社大乾会長／辻　政彦・元千早豆腐生産者（インタビュー）／池田利三郎・池利商店／上野　修三・なにわ料理研究家／安原美帆・浪速食物史研究家／鍋島　靖信・大阪府立水産試験場

❖主要参考文献

1『大阪食文化専門誌 浮瀬
（特集：天王寺蕪）』浪速魚菜の会
『大阪食文化専門誌 浮瀬
（特集：毛馬胡瓜）』浪速魚菜の会
『大阪食文化専門誌 浮瀬
（特集：雑喉場）』浪速魚菜の会
『大阪食文化専門誌 浮瀬
（特集：田辺大根）』浪速魚菜の会
『大阪食文化専門誌 浮瀬
（特集：櫻鯛）』浪速魚菜の会
『大阪食文化専門誌 浮瀬
（特集：玉造黒門越瓜）』浪速魚菜の会
『大阪食文化専門誌 浮瀬
（特集：ふぐ）』浪速魚菜の会
『大阪食文化専門誌 浮瀬
（特集：河内一寸蚕豆）』浪速魚菜の会
『大阪食文化専門誌 浮瀬
（特集：蛸）』浪速魚菜の会
『大阪食文化専門誌 浮瀬
（特集：大阪の酒）』浪速魚菜の会
『大阪食文化専門誌 浮瀬
（特集：なにわ伝統野菜）』浪速魚菜の会
『大阪食文化専門誌 浮瀬
（特集：大阪の川魚）』浪速魚菜の会
『大阪食文化専門誌 浮瀬
（特集：乾物）』浪速魚菜の会
2『助松屋文書』近江晴子
3『水産物流通の変貌と組合の三十年
資料編』蒼人社
4『聞き書 大阪の食事』農文協
5『飲食事典』本山荻舟著・平凡社
6『うまいもの歳時記』
久保田恒次著・朝日新聞社
7『食いだおれ』吉田三七雄著・知性社
8『船が運んだ出会いもん』
なにわの海の時空間
9『大阪昆布の八十年』大阪昆布商工同業会
10『関東と関西』宮本又次著
11『大阪町人論』宮本又次著
13『江戸と上方』笹川臨風著
14『食道楽』（各号）
15『大阪方言事典』牧村史陽編
16『趣味と名物』（各号）
17『趣味の名物及び特産』（各号）
18『遊覧と名物』（各号）
19『人づくり風土記』農文協
20『浪花の風』温知叢書
21『大阪府漬物事業組合創立二十周年記念誌』
22『大阪府漬物事業組合創立三十周年記念誌』
23『大阪鶴橋鮮魚卸商組合創立五十周年記念誌』
24『日本の味と文化』辻勲著
25『浪華百事談』著者不詳
26『なにわ大阪再発見第3号』なにわ文化研究会編
27『本草和名』深根輔仁撰
28『延喜式』
29『和名類聚抄』
30『本朝食鑑』
31『日本唐土二千年袖鑑』
32『摂津名所図会』
33『浮瀬 奇杯ものがたり』坂田昭二著
34『浪華の賑ひ』鶏鳴舎暁晴翁編
35『日本山海名物図会』
36『浪花百景』

37『浪花名所図会』
38『商工技芸　浪華之魁』
39『郷土研究 上方』（各号）
40『大阪案内』宮本又次
41『守貞謾稿』喜田川守貞
42『類聚近世風俗誌』喜田川守貞
43『飲食日本史』本山荻舟著
44『大阪人物辞典』三善貞司編
45『大阪春秋』（各号）
46『太陽 特集〈割烹読本〉』平凡社
47『資料 大阪水産物流通史』三一書房
48『鰹節』日本鰹節協会
49『花の下影幕末浪花のくいだおれ』朝日新聞阪神支局
50『素人包丁』
51『豆腐百珍』
52『鯛百珍料理秘密箱』
53『浪花十二月書譜』
54『浪花百景』一荷堂半水著
55『浪花風俗図絵』
56『写真集 おおさか百年』
57『街能噂』平亭銀鶏著
58『太陽と雨と土のめぐみ』
八尾の郷土食を21世紀につなぐ実行委員会
59『大阪市農業誌』大阪市農業団体協議会
60『大阪府漁業史』大阪府漁業史編纂協議会
61『大阪の芝居』山口広一著
62『大阪歳時記』長谷川幸延著
63『嬉遊笑覧』
64『日本たべもの百科』
65『雑喉場魚市場史』酒井亮介著
66『玉葱王――今井伊太郎とその父佐次平』
畑中加代子著　今井伊太良監修
67『大阪の酒米』大阪府酒米振興会
68『機関誌うなぎ』全国淡水漁業組合連合会
69『夫婦善哉』織田作之助
70『日本史小辞典』
71『大辞林』

❖主な資料・図版等提供先・協力機関一覧

- 大阪市中央卸売市場本場市場協会
- ケンショク「食」資料室
- 大阪府漁業共同組合連合会
- 北淡町歴史民族資料館
- 大阪府立水産試験場
- 大阪市水産物卸共同組合
- 大阪府立中之島図書館
- 財団法人　角屋保存会
- 村上家資料
- 大阪府酒造組合
- 大阪木津市場（株）
- 大阪商工会議所　など

※大阪食文化専門誌『浮瀬』からの編集にあたり、雑喉場・天満青物市場等大阪の市場流通に関しては、酒井亮介氏の同誌への原稿を、また大阪湾ならびに近海の海産物については鍋島靖信氏、太田雅士氏からのものを、大阪の料理に関しては上野修三氏、船場料理に関しては近江晴子氏、伝統野菜に関しては森下正博氏からの原稿を中心に引用・編集させていただいた。またこれまで『浮瀬』へ寄稿いただいた多くの執筆者にこの場をお借りして厚く感謝の意を表します。

の

は

ひ

ふ

ほ

ま

ち

つ

て

と

な

に

す

せ

そ

た

か

き

❖索引❖

あ

い

う

え

お

笹井良隆 ❖ ささいよしたか

1956年、大阪市生まれ。
NPO法人 浪速魚菜の会　代表理事。
大阪食文化専門誌『浮瀬』編集長。
大阪料理研究会世話役。
朝日カルチャーセンター大阪食文化講座講師。
近著『プロ好みの器づくり』など。

大阪食文化大全

2010年11月7日初版第一刷発行

編著者…浪速魚菜の会　笹井良隆
発行者…内山正之
発行所…株式会社西日本出版社
http://www.jimotonohon.com/
〒564-0044
大阪府吹田市南金田1-8-25-402
［営業・受注センター］
〒564-0044
大阪府吹田市南金田1-11-11-202
TEL：06-6338-3078
FAX：06-6310-7057
郵便振替口座番号　00980-4-181121

編　集…飯野角音（エクリュ舎）
デザイン…吉見まゆ子（鷺草デザイン事務所）
印刷・製本…株式会社シナノパブリッシングプレス

ISBN978-4-901908-54-2 COO39